Hohenecк

Buchreihe der Sächsischen Landesbeauftragten zur Aufarbeitung der SED-Diktatur

Band 21

Sebastian Lindner
unter Mitarbeit von Teresa Tammer und Nancy Aris

Hoheneck

Die Geschichte des zentralen Frauengefängnisses der DDR

EVANGELISCHE VERLAGSANSTALT
Leipzig

Sebastian Lindner, Jahrgang 1980, ist Historiker und lebt bei Berlin. Nach seinem Studium der Neueren und Neuesten Geschichte, Technikgeschichte sowie Germanistik/Literaturwissenschaft an der Technischen Universität Dresden folgten berufliche Stationen im Stadtarchiv Dresden und am Deutschen Hygiene-Museum Dresden. Anschließend arbeitete er für das Stasi-Unterlagen-Archiv in Dresden und Berlin, u.a. im Bereich Bildung und Forschung. Sein Hauptaugenmerk lag dabei vor allem auf der Repressionsgeschichte der DDR.

Die Deutsche Nationalbibliothek verzeichnet diese Publikation in der Deutschen Nationalbibliographie; detaillierte bibliographische Daten sind im Internet über http://dnb.dnb.de abrufbar.

Das Buch wurde auf alterungsbeständigem Papier gedruckt.

Cover: Friedrich Lux, Halle/Saale
Coverfoto: Strafvollzugseinrichtung Hoheneck, Außenansicht, ca. 1975, Stiftung Sächsische Gedenkstätten (StSG), A 0001.
Satz: laut wie leise, Halle/Saale
Druck und Binden: BELTZ Grafische Betriebe GmbH, Bad Langensalza

ISBN Print 978-3-374-07945-2 // eISBN (PDF) 978-3-374-07946-9
www.eva-leipzig.de

Für Jeanette, Clara und Edgar

Inhalt

Quelle: Sächsisches Strafvollzugsmuseum Waldheim e.V., L93 42 4.

Luftaufnahme der Strafvollzugsanstalt Hoheneck, ca. 1993.

1 Eingang/Schleuse
2 Büroräume MfS
3 Zellenhaus/Südflügel
4 Kirchturm
5 Verwahrgebäude/Westflügel
6 Innenhof
7 Produktionsstätten
8 Übergangsbrücke
9 Wirtschaftsgebäude
10 Krankenrevier
11 Sicherungszaun
12 Objektmauer
13 Postenturm

Vorwort der Herausgeberin

Meine erste gravierende Begegnung mit Hoheneck erlebte ich im August 2004. Damals hatte ein Investor verkündet, das seit 2001 leerstehende Gefängnis erworben zu haben, um dort Erlebnisübernachtungen anzubieten. Auf dem Programm standen »hafttypische Essensausgabe«, »Knastfrühstück« und »erlebnisorientierte Entlassung«. Dazu Musik und Show im Gefängnistrakt unter dem Motto »Die Nacht ist nicht allein zum Schlafen da«. Ich hatte ein Jahr zuvor meine Tätigkeit beim Landesbeauftragten für die Stasi-Unterlagen aufgenommen und in diesem Zusammenhang auch Margot Jann und den »Frauenkreis der ehemaligen Hoheneckerinnen« kennengelernt – Frauen, die sich mit großem Engagement darum bemühten, an diesen dunklen Ort zu erinnern. In der Stollberger Bibliothek hatten sie eine kleine Ausstellung installiert. Vor diesem Hintergrund fragte ich mich damals, wie sich der saarländische Immobilienmakler Bernhard Freiberger nur zu so einer geschmacklosen Verhöhnung der Opfer versteigen konnte. Wusste er nichts über diesen Ort? Was war in der Öffentlichkeit überhaupt darüber bekannt?

Zu jener Zeit war das Gebäude unzugänglich. Auch die Kranzniederlegungen fanden damals vor dem Areal statt. Der Gedenkstein befand sich vor dem Gefängnis, neben dem Parkplatz. Noch gut habe ich das alles in Erinnerung. Eine junge Frau brach bei einer Gedenkveranstaltung neben mir fast zusammen. Ich sprach sie an und erfuhr, dass sie in den Unterlagen ihrer kürzlich verstorbenen Mutter entdeckt hatte, dass sie in Haft geboren war. Sie wusste nichts darüber und wollte diesen Ort kennenlernen, um ihre Herkunft und eine ihr unbekannte Seite im Leben ihrer Mutter besser verstehen zu können. Hier wurde für mich greifbar, dass Hoheneck keine Geschichte aus fernen Vorzeiten ist, sondern etwas, das die Menschen im Hier und Jetzt beschäftigt.

Ich half damals bei der Archivrecherche und dachte seit dieser Zeit, dass es einer Publikation bedarf. Die Berichte der Frauen sollten nicht einzeln für sich stehen, sondern eine Gesamtschau, die auch die Perspektive der Täter und das System dahinter aufzeigt, war nötig. Die Geschichte der »Burg« musste endlich von einem »unbefangenen Historiker« aufgearbeitet und aufgeschrieben werden. Ich war erleichtert und erfreut, als sich viele Jahre später Sebastian Lindner dieser Herausforderung stellte. Dass er die staatliche Überlieferung ins Zentrum seiner Untersuchung rückte, erschien uns zunächst als ein Bruch mit dem Ansatz unserer Schriftenreihe, die vor allem den Betroffenen eine Stimme geben möchte, um ihrer Perspektive mehr Gewicht zu verleihen. Im Verlauf zeigte sich jedoch, wie fruchtbar dieser Perspektivwechsel sein kann, da er vertiefte Einsichten bietet. Gerade weil Lindner den Blick auf jene Abgründe richtet, die die inhaftierten Frauen erlebten, und das System dahinter aufzeigt, eröffnet er einen neuen Erkenntnishorizont. Denn wer hat schon die Möglichkeit und auch die Zeit, tausende Aktenseiten im Archiv zu studieren? Letztlich haben auch wir im Überarbeitungsprozess eigene Impulse und Akzente in den Text einbringen können. Ich danke an dieser Stelle meiner Stellvertreterin, Dr. Teresa Tammer, für ihre engagierte Begleitung des gesamten Entstehungsprozesses. Ohne ihren analytischen Blick, ihre inhaltlichen Tiefenbohrungen, die von ihr übernommenen Bildrecherchen und ihre peinlich genauen Quellenprüfungen wäre das Buch in dieser Form undenkbar gewesen. Ganz besonders möchte ich mich bei den Archiven und Bildgebern bedanken, die uns bei der Recherche und der Bereitstellung von Materialien unterstützt haben – vor allem aber bei den Menschen, die ihre Erfahrungen mit Sebastian Lindner geteilt haben und damit einen unverzichtbaren Beitrag zum Verständnis dieses Ortes leisten konnten. Zudem haben uns Hannah Speer, Anika

Backhaus und Heléna-Marie Sahre beim Lektorat sehr unterstützt. Dafür gilt ihnen unser Dank.

Das Frauengefängnis Hoheneck war über Jahrzehnte ein zentraler Ort staatlicher Repression in der DDR. 24.000 Frauen wurden hier unter entwürdigenden Bedingungen inhaftiert – viele zu Unrecht, aber alle in einem System, das sie entmündigte und oft traumatisierte. Ehemalige Insassinnen sprechen von einem Ort, der für sie die Hölle war. Und doch war Hoheneck kein Ort außerhalb dieser Welt, sondern ein Teil der DDR. Es war eine staatliche Einrichtung, in der das tägliche Leben streng geregelt und kontrolliert war. Die Erfahrungen von Ohnmacht, Willkür und Gewalt markierten keinen Ausnahmezustand. Sie waren Folgen eines bewusst geschaffenen Systems, das auf Disziplin, Kontrolle und Abschreckung setzte. Verantwortlich dafür waren Menschen – sie bildeten das Strafvollzugssystem.

Wir können uns heute ein ziemlich genaues Bild davon machen, weil sich dieses System minutiös selbst dokumentierte. Die überlieferten Aufzeichnungen bilden den Bestand 30461, etwa sechs laufende Meter Akten, die im Sächsischen Staatsarchiv (Chemnitz) zugänglich sind. In Vorbereitung dieses Buches haben wir Einblick in diesen »Hoheneck-Bestand« nehmen können und waren sowohl vom Umfang der erfassten Sachverhalte als auch von der Akribie des Erfassens erstaunt und zugleich abgestoßen. Jeden Monat verfasste die Hohenecker Anstaltsleitung eine Lageeinschätzung, in der die Gefängnisleitung vornehmlich die Mängel des Wachpersonals erfasste: falsch durchgeführte Zählappelle oder zu viel Nachsicht mit den Gefangenen beim Freigang im Winter, weil kein Befehl zu gymnastischen Übungen kam. Aus Sicht der Hausspitze war der Umgang der Bediensteten mit den Gefangenen immer zu milde, zu nachsichtig, zu lax. Was die Inhaftierten als Schikane, Drill und Drangsalierung empfanden, war der Leitung nie genug.

Es gibt Listen, die Leibesvisitationen dokumentieren. Diese erfolgten u.a. als besondere Sicherheitsmaßnahme in Vorbereitung auf den IX. Parteitag der SED – zur Abschreckung und nicht wegen Verstößen gegen die »Hausordnung«. In den Akten sind Suizide und Suizidversuche, Arbeitsunfälle, Disziplinarmaßnahmen und sogar die Bewegungen der im Arrest befindlichen Gefangenen dokumentiert. Die Dokumente zeigen, dass die politischen Häftlinge sorgsamer beobachtet wurden. Ihnen wurde attestiert, dass sie gezielt langsam arbeiten würden. Diese Beobachtung war nicht falsch, denn aus Sicht der Frauen war dies eine Möglichkeit, sich zumindest ein wenig gegen die Zwangsarbeit zu wehren. Nicht oder in nicht ausreichender Qualität geleistete Arbeit war ein großes Thema. Es wurde genau festgehalten, was der Grund für einen Arbeitsausfall war: Krankheit, Besuchstermin, Arbeitsverweigerung, Arrest, Maschinenausfall oder »Körperselbstbeschädigung«. Mit Stolz erklärte die Leitung 1971, dass alle Gefangenen zur Arbeit eingesetzt seien, auch die »Pflegefälle in der Krankenhausabteilung«.

Die Akten zu den festgestellten Mängeln am Haus und in den Zellen offenbaren, unter welch katastrophalen Bedingungen die Frauen lebten: nicht funktionierende Heizkörper im Winter, kaputte Fenster, Wassermangel Mitte der 1970er Jahre oder die abbröckelnde Decke im Speisesaal, der deshalb teilgesperrt werden musste. In all diesen Hinterlassenschaften treten ein nach Regeln und Abläufen strukturierter Alltag im Strafvollzugssystem und die Eigenlogik einer Einrichtung zutage, die nur durch Zwang funktionierte.

Sebastian Lindner hat die Quellen sehr viel sorgfältiger analysiert, als wir dies bei unserer Recherche nach Bildmaterial im Sächsischen Staatsarchiv tun konnten. Weitgehend aus der Perspektive der staatlichen Überlieferung erzählt er die Geschichte von Hoheneck von den 1950er bis Ende der 1980er Jahre und rekonstruiert anhand der Akten nicht nur die baulichen Gegebenheiten und Veränderungen im Gefängnis im Laufe der Jahre. Er zeigt auch die Rahmenbedingungen, die den Haftalltag bestimmten, das Haftregime, die schwankenden Belegungszahlen und das Agieren des Personals. Ständige Begleiter der Frauen, wie die Mangelernährung, die desolaten hygienischen Verhältnisse, die unzureichende medizinische Versorgung und der Umgang mit den Kindern der inhaftierten Frauen, werden behandelt – vor allem aus dem Blickwinkel der Akten. Besonders das Kapitel zur Haftarbeit zeigt in einer beklemmenden Art, wie sehr das regionale Umfeld mit dem Gefängnis verwoben war, welche hohen Profite die Betriebe und die Anstalt mit der Haftarbeit erlösten und wie effizient hier um Höchstleistungen gerungen wurde – immer auf dem Rücken der Strafgefangenen. Dies alles wurde in den Akten statistisch ausgewertet und akribisch festgehalten.

Sebastian Lindner geht in seiner Publikation auch ausführlich auf die Personalstruktur ein, auf das Wachpersonal, die oft wechselnden Anstaltsleitungen, den medizinischen Dienst und die Verquickung des Personals mit der Staatssicherheit und übergeordneten Stellen. Was waren das für Menschen, die in Hoheneck ihren Dienst taten?

Das Buch zeichnet ein facettenreiches Bild von Hoheneck, das ganz deutlich die Zumutungen für die inhaftierten Frauen zeigt. Hoheneck hatte selbst im DDR-weiten Vergleich einen besonders schlechten Ruf. Die 8.000 aus politischen Gründen inhaftierten Frauen litten dort auf besondere Weise. Lindner zeigt, wie die »Politischen« im Haftalltag gegenüber den »Kriminellen« benachteiligt oder gegen sie ausgespielt wurden, wie sie bewusst mit Mörderinnen und Diebinnen in eine Zelle eingesperrt wurden, um Angst und Konflikte zu schüren.

Bemerkenswert ist die Fülle unterschiedlicher Archivalien, die Lindner befragt hat: Haftkarteikarten, Stasi-Unterlagen, Bauzeichnungen bis hin zu Wirtschaftsplänen der im Gefängnis produzierenden Betriebe. Ergänzend zur Aktenanalyse stellt Lindner exemplarisch und kursorisch inhaftierte Frauen und deren Haftgründe und Lebensschicksale vor. Dazu hat er Berichte von Zeitzeuginnen ausgewertet und eigene Interviews geführt. So sprach er mit ehemals Inhaftierten, aber auch mit ehemaligen Bediensteten.

Für die Anstaltsleitung und die übergeordneten Instanzen, wie Polizei und Innenministerium, war der Strafvollzug etwas, das organisiert werden musste. Personal musste rekrutiert, Material musste beschafft werden. Mit den Betrieben musste über den Einsatz der Gefangenen und über deren Arbeitszeiten verhandelt werden. Bei Überbelegung waren praktische Lösungen zu finden – wie etwa die Vierstockbetten. Die von Lindner dargestellten Abläufe und Entscheidungen aus der Sicht der verantwortlichen Instanzen machen eindrücklich klar, wie wenig dabei die Belange und Rechte der Gefangenen eine Rolle spielten. Und dennoch gab es hin und wieder bauliche Veränderungen, die auch den Frauen zugutekamen. Zuweilen war es sogar die Staatssicherheit, die Übergriffe des Personals auf Strafgefangene ahndete. Manch eine Gefangene entging einer Arreststrafe, weil sie bei ihrer Arbeit unabkömmlich war, eine andere blieb länger im Arrest, weil in den Zellen kein Bett für sie frei war. All dies gehört zur Komplexität des Strafvollzugs in Hoheneck dazu. Letztlich blieb das Gefängnis aber immer ein staatlicher Repressionsort, dem alle Frauen ausgeliefert waren.

Sebastian Lindner ist vielen verschiedenen Themen auf den Grund gegangen und hat aus den Akten vor allem die dahinterliegenden ideologischen Beweggründe, die politischen Ziele und die staatlichen Entscheidungen, von denen die inhaftierten Frauen nicht ansatzweise etwas wussten, rekonstruiert. Dafür ist ihm außerordentlich zu danken. Es ist die erste umfassende Monographie zu Hoheneck als dem zentralen Frauengefängnis der DDR. Dass es so lange gebraucht hat, bis dieses Buch geschrieben wurde, ist erstaunlich. Genauso erstaunlich wie die Tatsache, dass eine Gedenkstätte, die über den Ort informiert und an das Leid der zu Unrecht inhaftierten Frauen erinnert, erst im Sommer 2024 eröffnet werden konnte. Es ist gut, dass es beides nun gibt. Ich hoffe, dass dieses Buch dazu beiträgt, Hoheneck in unserer Erinnerungskultur als einen Ort von nationaler Bedeutung zu verankern. Auf dass es nie wieder Versuche geben wird, im ehemaligen zentralen Frauengefängnis der DDR spaßige Events mit Jailhouse-Feeling anzubieten oder das Leid der Frauen für populistische Zwecke auszunutzen. Gesichert ist jedoch nichts, wir werden uns weiter aktiv dafür einsetzen müssen.

Dr. Nancy Aris
Sächsische Landesbeauftragte
zur Aufarbeitung der SED-Diktatur

1 Einleitung

Hoheneck. Ein Gefängnis. Ein Frauengefängnis. Das zentrale Frauengefängnis der DDR. Im erzgebirgischen Stollberg, zwischen Chemnitz und Aue gelegen, thronen 160 Jahre alte Gemäuer über der Stadt, die beim unbedarften Betrachter beinah romantische Assoziationen wecken könnten. Doch die rote Backsteinfassade täuscht. Hoheneck war nie etwas anderes als ein Repressionsort, viele Jahrzehnte ein Ort der Unterdrückung. Hoheneck ist ein steinernes Mahnmal. Mit seiner Existenz von 1864 bis 2001 steht Hoheneck für die Geschichte des Strafvollzugs in Deutschland wie kaum ein anderes Gefängnis. Doch trotz seiner herausragenden Bedeutung fehlt es an einem Überblick zur Geschichte dieses historischen Ortes sowie an Zahlen und Fakten. Diese Lücke will das vorliegende Buch schließen, zumindest für die Zeit der DDR, denn gerade diese knapp 40 Jahre prägen die Wahrnehmung Hohenecks im öffentlichen Diskurs. Zwischen 1950 und 1989 wurden 24.000 Frauen aus der gesamten DDR nach Hoheneck gebracht und dort inhaftiert, darunter Frauen, die wegen Diebstahl, Betrug oder Tötungsdelikten eine Strafe verbüßen mussten. Wie in allen anderen Gefängnissen des DDR-Strafvollzugs saßen in den Hohenecker Zellen aber auch Gefangene, die aus politischen Gründen verurteilt worden waren, etwa weil sie ein selbstbestimmtes Leben in Freiheit führen wollten. Damit hatten sie sich gegen die sozialistische Ordnung versündigt und waren nun als »Staatsfeinde« gemeinsam mit Kriminellen eingesperrt.

Doch wer waren diese Frauen, die in Hoheneck einen Teil ihres Lebens verbringen mussten? Aus welchen Gründen sind sie verurteilt worden? Wie erlebten sie ihre Inhaftierung und die Haft, das Eingesperrtsein mit anderen Frauen auf engstem Raum?

Der DDR-Strafvollzug war militärisch organisiert. Anweisungen des Personals erfolgten in Kommandosprache, die Bediensteten waren uniformiert und bekleideten militärische Ränge. Die meisten von ihnen waren Frauen. Nur die Leitung lag immer in den Händen von Männern, die allerdings zu keiner Zeit allein das Sagen hatten. Die meiste Zeit mischte sich das Ministerium für Staatssicherheit (MfS) in die Belange des Strafvollzugs ein. Die Mitarbeiter und Mitarbeiterinnen der Stasi überwachten nicht nur die Strafgefangenen, sondern auch das Personal. Sie wandten hier die gleichen perfiden Methoden an wie auch außerhalb der Gefängnismauern. Wer waren die Stasi-Leute und wer versorgte sie mit Informationen?

Das Buch fragt auch nach denjenigen, die täglich ihren Dienst in Hoheneck taten. Was waren ihre Motive? Wer waren die Anstaltsleiter, die das Geschehen in Hoheneck verantworteten? Auf welcher Grundlage agierte das Strafvollzugspersonal, und wie verhielt es sich gegenüber den Strafgefangenen? Wie haben letztere die »Schließerinnen« wahrgenommen?

Die wichtigste Aufgabe der Strafvollzugsbediensteten war die Bewachung. Daneben wurde der sogenannten Erziehung der Gefangenen höchste Priorität eingeräumt. »Erzogen« werden sollten die Frauen in allererster Linie durch Arbeit. In Stollberg und Umgebung hatten sich nach und nach Großbetriebe aus der Region angesiedelt, für die die Strafgefangenen meist im Dreischichtsystem zu arbeiten hatten. Die Arbeit war körperlich anstrengend, es musste ein hohes Pensum geleistet werden. Zudem erschwerte der oft nicht ausreichende Arbeitsschutz den Arbeitsalltag. Die Arbeitswoche ging von Montag bis Samstag, nur der Sonntag war frei. Für welche Betriebe mussten die Strafgefangenen arbeiten und unter welchen Bedingungen? Wer profitierte vom Arbeitseinsatz der Strafgefangenen?

Die Praxis des Strafvollzugs war durch Gesetze bestimmt, an die sich das Personal in Hoheneck zu halten hatte. In der

Umsetzung zeigt sich, dass es durchaus Spielräume gab, die vor Ort genutzt wurden. Innerhalb des Gefängnisses bestimmten vor allem die schlechten baulichen und sanitären Verhältnisse den erlebten Haftalltag. Wie war der Zustand des Gefängnisses? Welche Bedingungen fanden die Frauen in den Zellen vor?

Einen öffentlichen Diskurs über das Gefängniswesen, einzelne Strafvollzugsanstalten oder gar über Hoheneck hat es in der DDR nicht gegeben, völlig unbekannt war das Frauengefängnis jedoch nicht.[1] Es war eher ein Flüstern, ein vages Wissen um den Ort, der die Silhouette des erzgebirgischen Städtchens Stollberg prägt. Dieser Schleier hob sich nach dem Mauerfall und der Öffnung der Grenzen. Vollständig erforscht ist das zentrale Frauengefängnis der DDR jedoch bis heute nicht.

Auch wenn in diesem Buch nicht alle Fragen zum Thema Hoheneck beantwortet werden können, so versteht es sich doch als Einstieg in das Thema und als Ergänzung zu den autobiografischen Schriften zahlreicher ehemaliger Hoheneckerinnen, die ihre Erlebnisse eindrucksvoll schildern. Diese stellen den schriftlichen Überlieferungen in den Archiven, die stark durch die ideologische Sichtweise der Urheber geprägt sind, andere Perspektiven gegenüber. Nichtsdestotrotz liefern die Archivbestände, auch wegen der sehr dichten Quellenlage, wichtige Erkenntnisse. Die entsprechenden Akten sind nicht an einem Ort gebündelt, sondern verteilen sich auf unterschiedliche Archive. Alles, was den Strafvollzug im Ganzen betrifft, wie etwa übergeordnete Entscheidungen, findet sich im Berliner Bundesarchiv (BArch). Aus diesen Beständen lassen sich strukturelle Gegebenheiten, die über Hoheneck hinausweisen, rekonstruieren. Seit der Integration des Stasi-Unterlagen-Archivs in das Bundesarchiv im Juni 2021 gehören auch die Akten der ehemaligen DDR-Geheimpolizei zum Bundesarchiv. Das Archivgut des ehemaligen MfS offenbart die geheimpolizeiliche Tätigkeit im Strafvollzug der DDR,

1 Vgl. »Eingesperrt, um frei zu sein. Das geheime Frauengefängnis der DDR«, Spiegel-TV, Erstausstrahlung 14.11.2009.

der formal dem Ministerium des Innern (MdI) unterstand. So verfügen wir heute ausgerechnet aufgrund der überbordenden Kontrolle durch die Staatssicherheit über einen umfassenden Aktenkorpus, der nicht nur Einblick in das Wirken des MfS gewährt, sondern auch ganz unterschiedliche Aspekte des Stollberger Strafvollzugs minutiös beschreibt. Berichte der Kreisdienststelle der Staatssicherheit, der Bezirksbehörde, zentrale Anweisungen, aber vor allem die Berichte Inoffizieller Mitarbeiter (IM) geben Auskunft über allgemeine Rahmenbedingungen und die personelle Situation. Zahllose Treffberichte thematisieren alltägliche Probleme wie Konflikte unter den Angestellten des Strafvollzugs und legen Denunziationen und Vorteilsnahmen offen. Die Akten offenbaren ebenso Interna der Staatssicherheit und zeugen von dem allgegenwärtigen Misstrauen, auch gegenüber den eigenen Kadern.

Eine in ihrer Bedeutung nicht hoch genug einzuschätzende Überlieferung sind die Unterlagen, die in der Justizvollzugsanstalt (JVA) Waldheim zwischengelagert waren und nun nach und nach dem Sächsischen Staatsarchiv (Chemnitz) überantwortet werden. Dazu gehören unter anderem die Haftkarteikarten (HKK), die für die Auswertung personenbezogener Daten der Gefangenen essentiell sind. Neben den persönlichen Angaben wie Name, Geburtsdatum, Geburtsort und physische Merkmale finden sich auf den Karten auch Auskünfte zur Sozialisation der betreffenden Person, das heißt Angaben zu Beruf, Arbeitsstelle, Familienstand, Kindern und Vorstrafen. Selbstverständlich enthalten die HKK auch Informationen zur Strafsache, also Ort der Festnahme, Urteil, verurteilendes Gericht, Strafdauer, etc. Da eine Vollerhebung aus mehreren Gründen nicht leistbar war, wurde für die vorliegende Untersuchung stichprobenartig jede zehnte Karteikarte zur Auswertung herangezogen. Auch dieses Sample ermöglicht eine valide Einschätzung.

Bei der Aufnahme von Strafgefangenen wurde außerdem eine sogenannte Gefangenenpersonalakte angelegt, die aus drei Teilen bestand: aus der Vollzugsakte, in der alle die Strafgefangene betreffenden Schriftstücke abgelegt wurden, den Erziehungsunterlagen, zu denen der Lebenslauf, das »Erziehungsprogramm« und eine Übersicht über Anerkennungen und Strafen gehörten, sowie der Gesundheitsakte. Diese verwaltungsmäßige Erfassung war ein Standardprozedere. Die Gefangenenpersonalakten befinden sich heute in unterschiedlichen Archiven und Standorten: im Bundesarchiv (inklusive Stasi-Unterlagen-Archiv), in der Chemnitzer Außenstelle des Stasi-Unterlagen-Archivs sowie im Sächsischen Staatsarchiv in Chemnitz.

In Letzterem lassen sich zudem über mehrere Bestände verteilt Tätigkeits-, Rapport- und Klassenbücher, Parteiunterlagen, Korrespondenzen der Anstaltsleitung und der Abteilung Operativ, die für die Absicherung und Bewachung zuständig war, aber auch Unterlagen des Medizinischen Dienstes finden. Außerdem existieren verschiedene Statistiken, zum Beispiel Gehaltslisten der Angehörigen des Strafvollzugs und Übersichten zur Haushaltsplanung. Es lassen sich zudem Unterlagen zum allgemeinen Vollzug im gesamten Bezirk konsultieren, wozu unter anderem Geschäftsverteilungspläne, Produktionsstatistiken sowie Quartals- und Halbjahresberichte zählen. Diese geben umfassende und ungeschönte Einblicke in die Stimmungslage in Hoheneck und in die Meinungsbildung zum Strafvollzug im Bezirk Karl-Marx-Stadt. Hinzu kommen Berichte über die konkreten Zustände am Haftort Hoheneck.

Die Überlieferungen in weiteren Archiven helfen, die Geschichte Hohenecks aufzuarbeiten. Um das Mosaik zu vervollständigen, wurden sowohl in den Beständen des Hauptstaatsarchivs Dresden als auch in den Unterlagen des Diakonischen Werkes der Evangelischen Kirche in Deutschland

(ADW) recherchiert. Auskünfte über die baulichen Gegebenheiten geben vor allem das Archiv des Landesamtes für Denkmalpflege Sachsen in Dresden und die Bauzeichnungen der Polizeidirektion Chemnitz-Erzgebirge. Für einzelne Strafgefangene, die aus politischen Gründen verurteilt worden waren, sammelte die Internationale Gesellschaft für Menschenrechte (IGfM) Unterlagen. Darüber hinaus wurde ein Fragebogen erstellt und von ehemaligen Gefangenen ausgefüllt, der die Vorgeschichten, die (vermeintlichen) Straftaten, die Haftzeiten und Bedingungen der Haft erfasst. Hintergrundgespräche und Interviews sowohl mit ehemaligen Strafgefangenen als auch mit ehemaligen Strafvollzugsbediensteten aus Hoheneck wurden ebenfalls geführt.

Persönliche Angaben, die eine Identifizierung möglich machen würden, sind bei kriminellen Gefangenen anonymisiert bzw. pseudonymisiert worden. Die Identitäten von ehemaligen Strafvollzugsbediensteten, die sich zum Interview bereit erklärt haben, wurden ebenso verfremdet. Angaben zu den Anstaltsleitern sowie zu den hauptamtlichen Stasi-Mitarbeitern wurden aufgrund ihrer herausgehobenen Stellung im Repressionsapparat der DDR nicht anonymisiert. Ebenso tauchen Informationen zum Personal, die in den Akten durch das herausgebende Archiv nicht geschwärzt wurden, ungeschwärzt im Buch auf, sofern es keine rechtlichen Bedenken gab.

2 Vorgeschichte

2.1 Von der mittelalterlichen Burg zum »Weiberzuchthaus«

Das Gefängnis Hoheneck ist deutlich älter als die DDR. Ein Großteil der Bausubstanz stammt sogar noch aus der Zeit vor der Reichsgründung 1871. Die erste urkundliche Erwähnung der sogenannten Stalburg, die am gleichen Ort gestanden hat wie das spätere Gefängnis, stammt aus dem Jahr 1244. Es liegt die Vermutung nahe, dass es für die Siedler dieser frühdeutschen Befestigung gerade die strategisch günstige Höhenlage war, die den entscheidenden Ausschlag zur Besiedlung gab. Anhand einer Urkunde vom 21. März 1287 lässt sich Erkenbert, Burggraf von Stalburg, als erster verbriefter Eigentümer dieser Liegenschaft ausmachen. In den folgenden Jahrhunderten wechselten die besitzenden Adelsgeschlechter mehrfach. Nachdem schließlich der sächsische Kurfürst und leidenschaftliche Jäger, August I., im Jahr 1546 die Herrschaft Stollberg inklusive der Burg erworben hatte, wurde Hoheneck zu einem weiteren Jagdschloss des Wettiner Regenten. Mutmaßlich der Eckturm der Burg, der zugleich als Amtsgefängnis und Marterkammer diente, inspirierte zu der Bezeichnung »Hoheneck«. Infolge eines verheerenden Brandes und der ungeheuren Zerstörungen während des Dreißigjährigen Krieges verkam das ehemalige kurfürstliche Jagdschloss zu einer Ruine. Einen Zweck erfüllte das nun verwaiste Wahrzeichen aber immerhin noch: Es diente der umliegenden Bevölkerung fortan als Steinbruch.

Die wechselvolle Geschichte des Ortes fand ihre Fortsetzung, als das Schloss im Jahr 1815 wieder aufgebaut wurde und bis 1856 das örtliche Rent- und Justizamt beherbergte.[2] Der Neubau musste 1862 aber schließlich der Frauenstrafanstalt weichen. Dazu wurde das erst vier Jahrzehnte zuvor erbaute Schloss abgetragen und an seiner Stelle ein Gefängnis-

2 Vgl. Stadtverwaltung Stollberg (Hg.): Vergittertes Schloss, S. 4–7.

Quelle: Sächsische Landesbibliothek – Staats- und Universitätsbibliothek Dresden (SLUB), B8848.

Zeichnung von Schloss Hoheneck bei Stollberg von Gumal Alexander Hjorth, 1897.

bau errichtet. Das Gefängnis Hoheneck war demzufolge nie ein Schloss gewesen.

Mit der »Verordnung zur Eröffnung der Strafanstalt zu Hoheneck«, datiert auf den 9. Dezember 1864, wurde das »Königlich-Sächsische Weiberzuchthaus Hoheneck« eröffnet. Zwei Jahre hatten die Bauarbeiten gedauert. Nachdem der Nordflügel 1862 fertiggestellt worden war, folgte 1863 der Westflügel. Die gesamte Gefängnisanlage umfasste 13 Hektar Land und prägte schon damals das Erscheinungsbild Stollbergs. Im Nordflügel waren der 250 Quadratmeter große Speisesaal, Arbeitsplätze sowie Schlafquartiere für die Strafgefangenen untergebracht. Es existierten ein großer Schlafsaal und einzelne, kleine Kojen. Auch im Westflügel befanden sich im Parterre und im ersten Obergeschoss Arbeitssäle. In den Etagen zwei, drei und vier befanden sich die sogenannten Kojenschlafsäle, wo einzelne Verschläge durch Drahtgeflechte voneinander getrennt waren. Eine Besonderheit war die

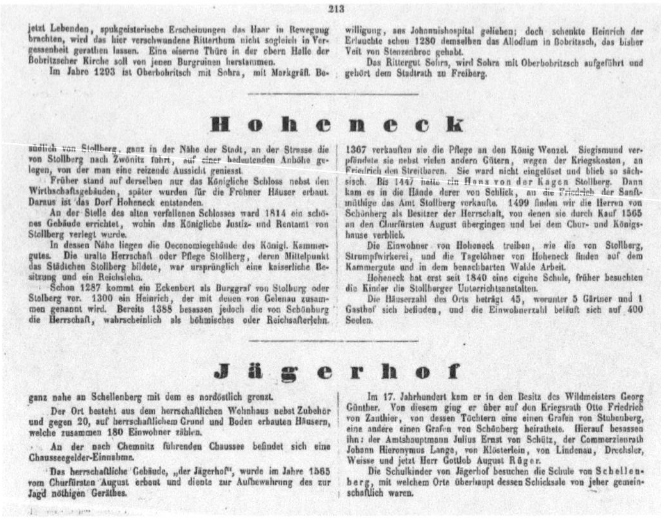

213

jetzt Lebenden, spukgeisterische Erscheinungen das Haar in Bewegung brachten, wird das hier verschwundene Ritterthum nicht sogleich in Vergessenheit gerathen lassen. Eine eiserne Thüre in der obern Halle der Bobritzscher Kirche soll von jenen Burgruinen herstammen.

Im Jahre 1293 ist Oberbobritsch mit Sohra, mit Markgräfl. Bewilligung, ans Johannishospital geliehen; doch schenkte Heinrich der Erlauchte schon 1280 demselben das Allodium in Bobritzsch, das bisher Veit von Stenzenbroc gehabt.

Das Rittergut Sohra, wird Sohra mit Oberbobritzsch aufgeführt und gehört dem Stadtrath zu Freiberg.

H o h e n e c k

südlich von Stollberg, ganz in der Nähe der Stadt, an der Strasse die von Stollberg nach Zwönitz führt, auf einer bedeutenden Anhöhe gelegen, von der man eine reizende Aussicht geniesst.

Früher stand auf derselben nur das Königliche Schloss nebst den Wirthschaftsgebäuden, später wurden für die Fröhner Häuser erbaut. Daraus ist das Dorf Hoheneck entstanden.

An der Stelle des alten verfallenen Schlosses ward 1814 ein schönes Gebäude errichtet, wohin das Königliche Justiz- und Rentamt von Stollberg verlegt wurde.

In dessen Nähe liegen die Oeconomiegebäude des Königl. Kammergutes. Die uralte Herrschaft oder Pflege Stollberg, deren Mittelpunkt das Städtchen Stollberg bildete, war ursprünglich eine kaiserliche Besitzung und ein Reichslehn.

Schon 1287 kommt ein Eckenbert als Burggraf von Stolburg oder Stolberg vor. 1300 ein Heinrich, der mit denen von Gelenau zusammen genannt wird. Bereits 1388 besassen jedoch die von Schönburg die Herrschaft, wahrscheinlich als böhmisches oder Reichsafterlehn. 1367 verkauften sie die Pflege an den König Wenzel. Siegismund verpfändete sie nebst vielen andern Gütern, wegen der Kriegskosten, an Friedrich den Streitbaren. Sie ward nicht eingelöset und blieb so sächsisch. Bis 1447 hatte ein Hans von der Kagen Stollberg. Dann kam es in die Hände derer von Schlick, an die Friedrich der Sanftmüthige das Amt Stollberg verkaufte. 1499 finden wir die Herren von Schönberg als Besitzer der Herrschaft, von denen sie durch Kauf 1565 an den Churfürsten August übergingen und bei dem Chur- und Königshause verblieb.

Die Einwohner von Hoheneck treiben, wie die von Stollberg, Strumpfwirkerei, und die Tagelöhner von Hoheneck finden auf dem Kammergute und in dem benachbarten Walde Arbeit.

Hoheneck hat erst seit 1840 eine eigene Schule, früher besuchten die Kinder die Stollberger Unterrichtsanstalten.

Die Häuserzahl des Orts beträgt 45, worunter 5 Gärtner und 1 Gasthof sich befinden, und die Einwohnerzahl beläuft sich auf 400 Seelen.

J ä g e r h o f

ganz nahe an Schellenberg mit dem es nordöstlich grenzt.

Der Ort besteht aus dem herrschaftlichen Wohnhaus nebst Zubehör und gegen 20, auf herrschaftlichem Grund und Boden erbauten Häusern, welche zusammen 180 Einwohner zählen.

An der nach Chemnitz führenden Chaussee befindet sich eine Chausseegelder-Einnahme.

Das herrschaftliche Gebäude, „der Jägerhof", wurde im Jahre 1565 vom Churfürsten August erbaut und diente zur Aufbewahrung des zur Jagd nöthigen Geräthes.

Im 17. Jahrhundert kam er in den Besitz des Wildmeisters Georg Günther. Von diesem ging er über auf den Kriegsrath Otto Friedrich von Zanthier, von dessen Töchtern eine einen Grafen von Stubenberg, eine andere einen Grafen von Schönberg heirathete. Hierauf besassen ihn: der Amtshauptmann Julius Ernst von Schütz, der Commerzienrath Johann Hieronymus Lange, von Klösterlein, von Lindenau, Drechsler, Weisse und jetzt Herr Gottlob August Rüger.

Die Schulkinder von Jägerhof besuchen die Schule von Schellenberg, mit welchem Orte überhaupt dessen Schicksale von jeher gemeinschaftlich waren.

Poenicke, G.A. (Hg.): Album der Rittergüter und Schlösser im Königreiche Sachsen […]. IV. Section: Erzgebirgischer Kreis, Leipzig ca. 1860.

anstaltseigene Gefängniskapelle. Noch bis 1920 galt für alle Strafgefangenen die Pflicht, am Gottesdienst teilzunehmen. Mit der Einlieferung der ersten 24 Strafgefangenen am 17. Dezember 1864 nahm Hoheneck seinen eigentlichen Betrieb als Frauenstrafanstalt auf.[3] Keine der Frauen hatte bis dato irgendeine Art von Hafterfahrung. Sie waren allesamt erstmalig zu einer Freiheitsstrafe verurteilt worden. Vorbestrafte Frauen wies die Justiz damals noch ins »Weiberarbeitshaus« Hubertusburg ein.[4] Als dieses jedoch im Dezember 1871 geschlossen wurde, änderte sich die Zusammensetzung der Strafgefangenen. Denn nach Hoheneck kamen dann auch die wiederholt straffällig gewordenen Frauen. Fortan wurden sämtliche Frauen aus dem Königreich Sachsen, die eine Zuchthausstrafe anzutreten hatten, nach Hoheneck überstellt. Hoheneck wurde damit das zentrale Frauengefängnis des Königreichs Sachsen.

3 SächsStA, 30068, 55, Bl. 19: Das Eintreffen von 24 Sträfl. betreffend, 18.12.1864.

4 Gesetz- und Verordnungsblatt für das Königreich Sachsen, 1871, S. 353.

2.2 Von der Männerstrafanstalt zum Jugendgefängnis im Nationalsozialismus

Der Frauenstrafvollzug in Hoheneck war nicht von langer Dauer. Bereits 1886 zog das Weiberzuchthaus ins etwa 60 Kilometer entfernte Waldheim um. Hier war gerade erst ein neuer Gebäudetrakt speziell für den Strafvollzug von Frauen entstanden. In Hoheneck begannen nun umfangreiche Baumaßnahmen: Verwaltungsgebäude, Wirtschaftsgebäude und der noch heute markante Südflügel sowie das Verbindungshaus wurden errichtet. Nach deren Fertigstellung war Hoheneck nunmehr eine Landesstrafanstalt für Männer und blieb es bis in die 1930er Jahre.[5] Während des Ersten Weltkriegs fungierte Hoheneck zwischenzeitlich als Reservelazarett. Am 1. Januar 1920 wurde es wieder als Strafanstalt für männliche Gefangene eröffnet.[6] Als die Nationalsozialisten nach ihrer Machtübernahme 1933 mit der Verfolgung politisch unliebsamer Personen begannen, wurden unter anderem die Reichstagsabgeordneten der KPD Johann Knöchel und Dalmatius Konietzny festgenommen und in Hoheneck inhaftiert.[7]

Im Spätsommer 1936 stand abermals eine Neuausrichtung Hohenecks zur Debatte. Die Diskussion begann, als in Waldheim die Kapazitätsgrenze erreicht worden war und keine weiteren Gefangenen mehr aufgenommen werden konnten. Das Reichsinnenministerium plante nun, Hoheneck als reine Sicherungsanstalt zu nutzen. Diese Entscheidung hätte aber eine Abkehr von der üblichen Gemeinschaftsunterbringung in großen Zellen bedeutet, denn in Sicherungsanstalten wurden die Delinquenten grundsätzlich in Einzelzellen untergebracht. Rasch wurde diese Idee wieder zu den Akten gelegt,

5 Vgl. Stadtverwaltung Stollberg (Hg.): Vergittertes Schloss, S. 7, 15, 18; Justizvollzugsanstalt Waldheim (JVAW), Strafvollzugseinrichtung Hoheneck: Chronik der Jahre 1200–1970, S. 7–11. Die Chronik wurde im Auftrag des Anstaltsleiters von Bediensteten angefertigt. SächsStA, 30461, 38: Beschlußprotokoll 25/71, 20.9.1971.

6 SächsStA, 30068, 67, Bl. 143: Jahresbericht des Anstaltsdirektors, 30.4.1921.

7 JVAW, Strafvollzugseinrichtung Hoheneck: Chronik, S. 16. Erste Erkenntnisse und empirische Befunde zu Hoheneck im Nationalsozialismus liefert Lindner/Werner: Hoheneck unterm Hakenkreuz. Männer- und Jugendstrafvollzug 1933–1945. Forschungsbericht, Dresden 2014 (unveröffentlicht).

weil sie unweigerlich einen Umbau nach sich gezogen hätte und die Kosten für die baulichen Anpassungen einfach zu hoch gewesen wären.[8] Allerdings stand eine andere tiefgreifende Veränderung an: Im Sommer 1939 wurde das Jugendgefängnis von Bautzen nach Hoheneck verlegt.[9] Damit wirkten sich Veränderungen an einem anderen Haftort unmittelbar auch auf Hoheneck aus. Diese Verlegung war ein erster Schritt hin zur vollständigen Umwidmung Hohenecks, denn seit 1940 waren in Stollberg schließlich nur noch Jugendliche inhaftiert.

2.3 Von der sowjetischen Besatzungsmacht in die Zuständigkeit der DDR

Irgendwo…
Irgendwo fliegt wohl ein Vogel einsam übers weite Meer…
Irgendwo läuft meine Sehnsucht wie ein Vagabund umher,
späht in tausend Gitterfenster nächtens voll Verlangen ein,
hört die vielen tausend Gitter immer wieder »Mutter!« schrein.
Fragt die kleinen blassen Wolken, die im Blau des Himmels stehn,
ob sie meines fernen Bruders Augen tränenvoll gesehn…
Wenn der Nachtwind meine Sehnsucht sanft wie eine Schwester küßt,
flüstert sie den anderen Namen, der im Nichts verschollen ist,
Und sie findet einen alten Mann, der bunte Blumen bricht,
doch die diese Blumen säten, findet meine Sehnsucht nicht.
Irgendwo, da weint ein Vogel einsam übers weite Meer, und die Schwingen meiner Sehnsucht sind von lauter Tränen schwer.

Zuchthaus Hoheneck, Herbst 1951
Alexandra Dust-Wiese[10]

8 SächsStA, 30068, 61, Bl. 1–17: Korrespondenz zwischen dem Reichsjustizministerium, dem Dresdner Generalstaatsanwalt und der Leitung Hohenecks zwischen dem 1.9.1936 und 2.10.1936.

9 SächsStA, 30067, 80, Bl. 55.

10 Dust-Wiese: …und schreie in den Wind…, S. 11.

Nach dem Ende des Zweiten Weltkriegs plante die sowjetische Besatzungsmacht die Entlassung der Jugendlichen aus Hoheneck. Diese sollten freikommen, wenn die ihnen zur Last gelegten Straftaten noch vor Kriegsende begangen worden waren. Die übrigen jugendlichen Insassen sollten in andere Gefängnisse verlegt werden.[11] Dennoch blieb Hoheneck auch in der unmittelbaren Nachkriegszeit weiterhin ein Jugendgefängnis,[12] wohl auch, weil nach der bedingungslosen Kapitulation die Jugendkriminalität merklich angestiegen war.[13] Zeitgleich machten Beschwerden ehemaliger Inhaftierter und mehrerer Behörden die Runde, die die eklatanten Defizite im Strafvollzug in Hoheneck anprangerten.[14] Die Behandlung der Strafgefangenen und deren Versorgung waren die Hauptkritikpunkte. Auch fehlte es an Wachpersonal. So konnte die Leitung der Strafanstalt 1946 gerade einmal jede zweite Stelle besetzen. Für den Stichtag 1. Juli 1946 wurde eine Belegung von 557 Strafgefangenen angegeben, für die nur 40 Gefängnisangestellte zuständig waren. Gegenüber dem sächsischen Justizministerium mahnte die Gefängnisleitung deshalb dringend eine Aufstockung des Personals an.[15]

Im August 1947 erließ die Sowjetische Militäradministration in Deutschland (SMAD) den folgenschweren Befehl 201, welcher als formale Grundlage für die Entnazifizierung der deutschen Bevölkerung genutzt wurde. Der Befehl über die Anwendung der Direktiven Nr. 24 und Nr. 38 des Alliierten Kontrollrats zur Entnazifizierung sollte vorgeblich ein Vehikel sein, um zwischen aktiven Nationalsozialisten und bloßen Mitläufern zu unterscheiden, den Verwaltungsapparat zu entnazifizieren und gleich-

11 SächsStA, 11380 1031: Schreiben an Landesjustizverwaltung Sachsen, 28.7.1945; Räumung des Jugendgefängnisses, 31.7.1945, 8.8.1945.

12 Waren bis zur Jahresmitte 1947 neben Jugendlichen auch immer wieder erwachsene Straftäter in Hoheneck untergebracht, so wurde Hoheneck im Sommer 1947 zum reinen Jugendgefängnis. SächsStA, 11380 1032: Jugendstrafvollzug, 6.6.1947.

13 Vgl. Possekel: Stalins Pragmatismus, S. 171.

14 SächsStA, 11380 1032: Bericht über Hoheneck, 10.3.1947; Schreiben des Arbeitsamtes Leipzig, 14.2.1947.

15 Vgl. JVAW, Strafvollzugseinrichtung Hoheneck: Chronik, S. 21; SächsStA, 11380 1041: Besetzung der Justizvollzugsanstalten im Lande Sachsen, Juli 1946.

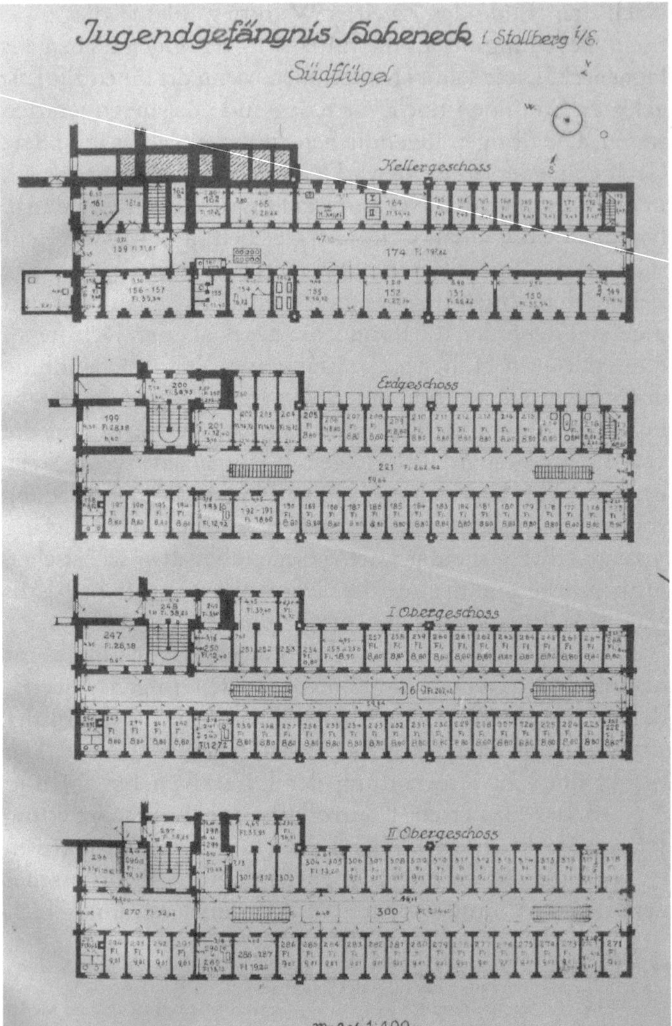

Quelle: SächsStA 11018, 1601.

Grundriss Südflügel des Jugendgefängnisses Hoheneck, ca. 1939.

zeitig die Ahndung von Kriegsverbrechen in der SBZ einheitlich zu gestalten. Übergeordnetes Ziel der Sowjets war es, die Entnazifizierung in der SBZ durch möglichst viele Verurteilungen zügig abzuschließen. Dafür räumte die Besatzungsmacht den ostdeutschen Gerichten nun auch das Recht ein, NS-Verbrechen zu ahnden, was bislang ausschließlich im Kompetenzbereich der sowjetischen Besatzer lag. Die ostdeutschen Gerichte erfuhren dadurch eine enorme Aufwertung. Mit zunehmendem Einfluss der SED erhielt der SMAD-Befehl auch eine machtpolitische Dimension: Er wurde vermehrt gegen politisch unliebsame Personen eingesetzt anstatt gegen tatsächliche Kriegsverbrecher.[16] Weil die nach SMAD-Befehl 201 verurteilten Personen konzentriert an einem Ort eingesperrt werden sollten, mussten zunächst mehrere Gefängnisse geräumt werden, darunter auch Hoheneck. Alle Strafgefangenen, die bis dato in Hoheneck einsaßen, wurden nun in andere Anstalten verlegt, um Platz für die Neuankömmlinge zu schaffen. Mit der abermaligen Umwidmung Hohenecks stieg die Zahl der Inhaftierten rapide an. Zeitweise beherbergte Hoheneck bis zu 1.200 Strafgefangene, was die Maximalbelegung von 650 Insassen bei Weitem übertraf.[17] Unter diesen Bedingungen ließen sich die angemahnten Mängel nicht abstellen. Krankheiten, Unterernährung und Beschäftigungslosigkeit waren stete Begleiter der Strafgefangenen. Nur einmal in der Woche erhielten sie eine warme Mahlzeit.[18] Beschwerden der Anstaltsleitung wie etwa beim Handelsministerium, das eine Aufstockung der Lebensmittelzuweisung für Hoheneck versagte,[19] blieben unbeantwortet.

16 Vgl. Wentker: Justiz in der SBZ/DDR, S. 399.

17 Vgl. Schriftliche Aussage Wachtmeister Otto H., nach: Stadtverwaltung Stollberg (Hg.): Vergittertes Schloss, S. 48. Am 3.2.1949 waren 879, am 22.3.1949 820 und am 17.6.1949 744 Strafgefangene inhaftiert. BArch (Bundesarchiv), DP1 30031, Bl. 133: Frühbericht, 3.2.1949; Bl. 241f.: Niederschrift über die Besichtigung der Strafanstalt Hoheneck, 22.3.1949; Bl. 255: Frühbericht, 22.3.1949; Bl. 262: Schreiben an die Justizverwaltung der SBZ, 17.6.1949.

18 Vgl. JVAW, Strafvollzugseinrichtung Hoheneck: Chronik, S. 21.

19 SächsStA, 11380, 1033: Schreiben der Anstaltsleitung, 1.4.1948; Antwort des Ministeriums für Handel und Versorgung, 20.4.1948.

Die Zuständigkeit für den Strafvollzug oblag in der Nachkriegszeit zunächst dem Justizministerium. Allerdings ging sie nach dem Vorbild der Sowjetunion gemäß der »Verordnung zur Übertragung der Geschäfte des Strafvollzugs« vom 16. November 1950 an das Innenministerium über. Der Strafvollzug gehörte nun in den Zuständigkeitsbereich der Volkspolizei. Von dieser Kompetenzverschiebung erhofften sich die sowjetische Besatzungsmacht und die SED-Führung eine Abkehr vom humanen Strafvollzug, den sie mit dem Justizministerium und Protagonisten wie Werner Gentz verbanden.[20] Werner Gentz war Jurist und vertrat bereits in den 1920er Jahren die Ansicht, der Strafvollzug müsse die Resozialisierung der Straftäter zum Ziel haben. Er leitete die Abteilung Strafvollzug im Ministerium der Justiz der DDR, bis diese an das Innenministerium übergeleitet wurde.

Um den Jahreswechsel 1949/50 befanden sich auf ostdeutschem Boden noch immer rund 45.000 Personen in sowjetisch kontrollierten Haftanstalten und Speziallagern. Sie waren willkürlich interniert oder von Sowjetischen Militärtribunalen (SMT) oft zu drakonischen Strafen verurteilt worden – viele von ihnen aus rein politischen Motiven. Dieses harte Vorgehen diente der Etablierung und Stabilisierung der sowjetischen Macht in der SBZ. Mit Gründung der DDR ging die Zuständigkeit für die Gefangenen in den Verantwortungsbereich des jungen ostdeutschen Staates über. Laut Planung sollten bis zum 10. März 1950 die letzten sowjetischen Speziallager geschlossen und die Häftlinge entlassen oder der Hauptverwaltung der Deutschen Volkspolizei (HVDVP) überantwortet werden.[21] Doch um Gefangene in die Haftanstalten der DDR aufnehmen zu können, war es zwingend erforderlich, dort Kapazitäten zu schaffen. Dies ließ sich nur durch umfassende Entlassungen bzw. Verlegungen realisieren. Die Schaffung von Platz allein genügte jedoch nicht, denn im

20 Vgl. Ansorg: Politische Häftlinge im Strafvollzug der DDR, S. 45f.; Wunschik: Der Strafvollzug als Aufgabe, S. 74, 77; Wunschik: Das »Organ Strafvollzug«, S. 490.

21 Vgl. Finn: Die politischen Häftlinge der Sowjetzone, S. 66ff.; Foitzik: Sowjetische Militäradministration in Deutschland, S. 174.

Quelle: BArch, Bild 183-M0528-302, Foto: Otto Donath.

Propagandaaufnahme der Entlassung von Internierten aus dem sowjetischen Speziallager Sachsenhausen im Januar 1950. Die Originalbildunterschrift lautete: »Entlassung ehemaliger Nazi-Aktivisten, die auf Grund der Kontrollrats-Direktive 38 zum Schutz des demokratischen Aufbaus im Lager Sachsenhausen interniert waren.«

Innenministerium war die Anweisung ergangen, die von Sowjetischen Militärtribunalen Verurteilten und nun zu übernehmenden Häftlinge nicht mit den übrigen Gefangenen zusammen unterzubringen. Das Ministerium des Inneren ging nämlich davon aus, dass die SMT-Verurteilten die anderen Strafgefangenen politisch negativ beeinflussen würden.

Eine erste durch das Justizministerium im November 1949 vorgenommene Bestandsaufnahme zu den bestehenden Haftorten in der DDR offenbarte die Platznot. Die Statistik wies aus, dass die DDR-Gefängnisse eine Kapazität von insgesamt etwa 15.000 Plätzen boten.[22] Diese waren allerdings sämtlich belegt. In die vollen Gefängnisse sollten ungeachtet dessen 14.000 zusätzliche Insassen aus den aufzulösenden sowjetischen Speziallagern verlegt werden.[23] Weil

22 Bei Michael Buddrus, der sich auf ein Schreiben von Werner Gentz an Herbert Warnke vom 12.11.1949 beruft, wird die Belegungsfähigkeit mit 14.966 angegeben. Vgl. Buddrus: »... im Allgemeinen ohne besondere Vorkomnisse«, S. 10. In der Stellungnahme der Hauptabteilung X vom 14.12.1949 wird die Belegungsfähigkeit mit 15.566 beziffert. BArch, DO1 28479: Stellungnahme.

23 Ebd.; vgl. Foitzik: Sowjetische Militäradministration in Deutschland, S.174.

die Beamten des DDR-Innenministeriums den Auftrag hatten, eine Lösung für die Unterbringung der Gefangenen zu finden, erfanden sie kurzerhand eine neue Kategorie zur Beschreibung der Gefängniskapazität – die »höchstmögliche Belegungsfähigkeit«. Dieser Terminus löste das Problem der Unterbringung zumindest auf dem Papier, bedeutete aber in der Realität eine enorme Überbelegung der Zellen zulasten der Inhaftierten. Hatte das Justizministerium die Aufnahmekapazität Mitte November 1949 für die Strafvollzugsanstalt Brandenburg-Görden noch auf 1.000 Häftlinge beziffert, korrigierten die Statistiker des Innenministeriums die höchstmögliche Belegungsfähigkeit nun auf das über Vierfache, auf absurde 4.350 Personen. Umgerechnet auf die zehn größten Strafvollzugseinrichtungen in der DDR[24] bedeutete dies eine Kapazitätssteigerung von 8.232 Plätzen auf 17.200.[25] Die Überbelegung der Gefängnisse wurde damit zur Methode, denn durch das Hochsetzen der Belegungskapazitäten mussten sie jetzt mehr Gefangene aufnehmen. Das Resultat waren unhaltbare Zustände.

Die Anpassung der Belegungszahlen war nur der erste Schritt.[26] Der nächste führte von der rein zahlenmäßigen Ausweitung der Kapazitäten zur tatsächlichen Umsetzung vor Ort und gestaltete sich ungleich schwieriger. Denn die vom Innenministerium zu übernehmenden Haftanstalten konnten nicht derart reibungslos integriert werden, wie sich das die ministeriellen Verantwortlichen gedacht hatten. So sperrten sich die Landesjustiz Sachsen und das Ministerium der Justiz lange gegen eine Übergabe der Strafvollzugsanstalt Waldheim. Und weil Brandenburg-Görden nicht zu bekommen war, wurden Hoheneck und Luckau ins Portfolio des Innenministeriums aufgenommen.[27]

Die Übergabe Hohenecks in den Geschäftsbereich des Innenministeriums, inklusive Personal und Inventar, erfolgte

24 Brandenburg-Görden, Bützow-Dreibergen, Luckau, Waldheim, Zwickau, Hoheneck, Ichtershausen, Untermaßfeld, Fort Zinna und Rüdersdorf.

25 Vgl. Buddrus: »... im Allgemeinen ohne besondere Vorkomnisse«, S. 14; Wunschik: Der Strafvollzug als Aufgabe, S. 77.

26 BArch, DO1 3450: Bericht (undatiert, vermutlich Ende 1949).

27 BArch, DO1 28587: Zwischenbericht, 6.2.1950.

zum 1. Februar 1950.[28] Das Gefängnis Hoheneck sollte nun Häftlinge aus den aufzulösenden Speziallagern aufnehmen. Dafür wurde der Großteil der hier Inhaftierten verlegt. Bis auf 88 Frauen, die den Betrieb der Anstalt aufrechterhielten, wurden alle nach SMAD-Befehl 201 Verurteilten nach Brandenburg-Görden verbracht. Nachdem sie nicht mehr benötigt wurden, kamen auch die bis zuletzt verbliebenen strafgefangenen Frauen in die Strafvollzugsanstalt Zwickau.[29]

Am 11. Februar 1950 setzte sich ein Transport von Frauen aus dem sowjetischen Speziallager Sachsenhausen nach Hoheneck in Bewegung. Damit begann eine neue Phase in der Geschichte des Gefängnisses. Hoheneck wurde nun zum reinen Frauengefängnis, zum zentralen Frauengefängnis der DDR. Der Zug, mit dem die Frauen nach Stollberg verbracht wurden, war noch von den sowjetischen Besatzern bereitgestellt worden.[30] Annerose Matz-Donath, die als eine der 1.119 Frauen von Sachsenhausen nach Hoheneck gebracht wurde, erinnert sich, dass bis zu 35 Frauen in einem Viehwaggon zusammengepfercht waren, in dem sich nur ein Loch in der Mitte zur Verrichtung der Notdurft befand. »Das verstopfte schnell, das vereiste in dem kalten Winter. Die Exkremente verteilten sich auf dem Boden.«[31] Die Lokomotive zog insgesamt 44 Waggons. Wohin es ging, wussten die Frauen nicht. Ihre Angst, in die Sowjetunion deportiert zu werden, verflog erst, als der Zug im Stollberger Bahnhof zum Halten kam. Von dort wurden die Frauen zu Fuß, im Bus oder auf dem LKW in die Strafvollzugsanstalt Hoheneck verbracht.[32] Hier empfing sie ein außerordentlich harter Strafvollzug, der auch darin seine Ursache hatte, dass die von Sowjetischen Militärtribunalen Verurteilten pauschal als vermeintliche Nazi- und Kriegsverbrecher klassifiziert wurden.[33] In den ersten Jahren durften die SMT-Verurteilten keinen Besuch erhalten.

28 SächsStA, 11380, 858: Übergabe des Strafgefängnisses Hoheneck an das Ministerium des Innern der Deutschen Demokratischen Republik, 2.2.1950.
29 BArch, DO1 28587: Transportplan, 24.1.1950.
30 BArch, DO1 28587: Zwischenbericht, 6.2.1950.
31 Finn: Die Frauen von Hoheneck, S. 23.
32 Vgl. Latotzky: Kindheit hinter Stacheldraht, S. 33.
33 Vgl. Oleschinski/Pampel: »Nazis«, »Spione«, »Sowjetfeinde«, S. 464.

Sie durften keine Zeitungen oder Bücher lesen, und oft waren sie von den Gottesdiensten ausgeschlossen. Selbst nach dem Tod erfuhren sie eine Sonderbehandlung. Die Leichname von ehemaligen Speziallagerhäftlingen wurden nicht etwa an die Angehörigen überführt, sondern eingeäschert. Die Urnen wurden versteckt.[34] Nachdem man 1957 auf dem Dachboden der Hohenecker Anstalt 35 Urnen fand, konnten mit jahrelanger Verspätung die sterblichen Überreste von 32 Frauen und drei Kindern in Karl-Marx-Stadt beigesetzt werden.[35]

Mit dem Transport vom 11. Februar 1950 waren nicht nur 1.119 Frauen ins Stollberger Gefängnis gekommen, sondern auch 30 Kleinkinder und Babys. Die Hohenecker Gefängnisleitung war darauf nicht vorbereitet, was zur Folge hatte, dass es am Notwendigsten zur Versorgung der Kleinkinder fehlte. Allein der Hilfsbereitschaft der Gefangenen untereinander war es zu verdanken, dass aus zerrissenen Laken oder anderen aufgetriebenen Stofffetzen Windeln improvisiert werden konnten. Auch kindgerechte Nahrung und passendes Mobiliar gab es nicht.[36] Während für die Säuglinge noch Wiegen vorhanden waren, mussten Kinder ab einem Jahr mit ihren Müttern zusammen auf einem Strohsack schlafen. Ab dem vierten Lebensmonat gab es für die Kinder das gleiche Essen wie für die Erwachsenen: Schwarzbrot und Kohlsuppe. Für die Kleinsten war diese Kost allerdings unbekömmlich.

34 Vgl. Morré: Vom Niedergang des Erziehungsgedankens, S. 246.
35 Vgl. Werl: Damit sie nicht vergessen sind, S. 13f.
36 BArch, DO1 3466, Bl. 6: Entlassungen und Übernahme von Häftlingen des Internierungslagers Sachsenhausen, 20.2.1950.

3 DDR-Frauengefängnis: Belegungszahlen 1950 bis 1989

»Wir wussten, was uns erwartete:
Kälte, Schmutz und Hunger.«[37]
Margret Bechler

Quelle: Sächsisches Strafvollzugsmuseum Waldheim e.V

Strafvollzugseinrichtung Hoheneck, Südflügel, o.D.

3.1 Überbelegung seit Anfang der 1950er Jahre

»Überbelegung« war ein immer wiederkehrendes Thema im Hohenecker Strafvollzug. Bereits der erste Häftlingstransport nach Hoheneck im Februar 1950 schaffte für die nächsten Jahre eine Situation, in der das Gefängnis überfüllt war. Es waren vor allem zwei Umstände, die dann dafür sorgten, dass sich die Belegungszahlen in Hoheneck deutlich änderten. Da gab es die regulären Entlassungen aus der Haft nach Verbüßung der Strafe bzw. wenn die Reststrafe unter bestimmten

37 Bechler: Warten auf Antwort, S. 359.

Bedingungen zur Bewährung ausgesetzt wurde. Diese Entlassungen waren für die Gefangenen voraussehbar und nachvollziehbar. Gänzlich unkalkulierbar waren hingegen die Amnestien sowohl für die Strafgefangenen selbst als auch für die Gefängnisleitung, die von den kurzfristig angekündigten Entlassungsaktionen mitunter selbst überrascht wurde.

Stichtag / Jahr	11.02.1950	25.05.1951	10.06.1953	1954	1955	1956
Zahl der Strafgefangenen	1.119	1.281	1.281	900	1.070	610

Tabelle 1: Belegungszahlen Frauengefängnis Hoheneck, 1950–1956[38]

Einen Spezialfall im DDR-Strafvollzug und auch im Hinblick auf die Entlassung bildeten die SMT-Verurteilten. Denn für ihre Freilassung trugen nicht die entsprechenden staatlichen Stellen der DDR die Verantwortung, sondern die sowjetischen Behörden. Diese Entscheidungsgewalt übertrug die sowjetische Staats- und Parteiführung erst 1954 der DDR-Justiz. Während seit Stalins Tod im März 1953 die neuen sowjetischen Machthaber versucht hatten, bisheriges Unrecht zu kaschieren, indem sie Strafgefangene massenweise amnestierten, betrachtete die DDR-Staatsführung die SMT-Verurteilten nach wie vor als »Staatsfeinde«.[39] Das bedeutete auch, dass sie trotz ihrer Entlassung aus der Haft nicht als vollwertige Mitglieder der Gesellschaft galten und dass die Strafverbüßung nicht mit der Begleichung einer vermeintlichen Schuld gleichgesetzt wurde.

Zur ersten Amnestie in der Geschichte der DDR kam es 1950 anlässlich des ersten Jahrestages der Staatsgründung. Diese auch später erfolgten Jubiläumsamnestien waren unter Wilhelm Pieck, Walter Ulbricht und Erich Honecker feste Rituale. Vor den Augen der Öffentlichkeit ließen die Staats-

38 Zusammengestellt nach: BArch, DO1 28586, Bl. 23, 48: Belegungs- und Personalstärke; DO1 28578, Bl. 2–5, 7–10, 27, 33, 60, 80: Gefangenenstand; DO1 3453: Liste der zum 20.11.1950 in Haft befindlichen Personen. Die Zahlen für die Jahre 1954–1956 basieren auf Hochrechnungen der erfassten Daten aus den Haftkarteikarten.

39 Vgl. Hilger/Morré: SMT-Verurteilte als Problem der Stalinisierung, S. 685f., S. 749; Werkentin: Politische Strafjustiz, S. 45.

oberhäupter Gnade vor vermeintlichem Recht walten und inszenierten sich als nachsichtige Führungspersönlichkeiten. Fanden Amnestien nicht anlässlich eines Jahrestages statt, wurden diese dennoch im zeitlichen Umfeld eines herausragenden Ereignisses durchgeführt, um positive öffentliche Aufmerksamkeit dafür zu erzeugen. Alle Amnestien unterlagen einem innen- und/oder außenpolitischen Kalkül. So war für die Amnestie vom Januar 1954 nicht die Barmherzigkeit gegenüber den Strafgefangenen, sondern die öffentliche und vor allem internationale Wahrnehmung das Hauptmotiv. Denn die Entlassungsaktion erfolgte im Kontext der 1954 in Berlin stattfindenden Außenministerkonferenz.[40] Die Amnestie wurde in der UdSSR initiiert. Die KPdSU hatte der SED verordnet, Fehler im Regierungs- und Verwaltungshandeln zu korrigieren. In der Folge wurden die Staatsanwaltschaften und Gerichte der DDR angewiesen, die bis dato gefällten Urteile dahingehend zu prüfen, welche Strafgefangenen entlassen werden könnten. Der grundsätzlichen Ansage aus Moskau war der Ministerrat der DDR gefolgt und hatte die »Beseitigung vorliegender Härten« angeordnet. In der gesamten DDR kamen dadurch beinahe 30.000 Männer und Frauen auf freien Fuß.[41]

3.2 Forderung nach Überprüfung der SMT-Urteile: Hungerstreik 1953

Im Oktober 1953 sorgte eine Zeitungsmeldung für Aufregung, von der die Strafgefangenen in Hoheneck erfuhren. Auslöser war der Bericht über eine Entlassungsaktion von deutschen Gefangenen aus Lagern in der Sowjetunion. Auf den mitveröffentlichten Listen erkannten die Frauen auch Namen der mit ihnen angeklagten Männer, welche in die Sowjetunion verschleppt worden waren. Dass die Männer nun freigelassen wurden, während sie selbst noch einsaßen, empfanden sie als ungerecht. Unverständnis und Unmut nahmen zu, als die Frauen

40 Vgl. Katzer: »Eine Übung im Kalten Krieg«, S. 265, 280.
41 Werkentin: Politische Strafjustiz, S. 121.

feststellten, dass in ihren Fällen keinerlei Aussicht auf eine Überprüfung ihrer Urteile bestand. Auch wurde der Wunsch, mit einem sowjetischen Verbindungsoffizier zu sprechen, durch die Anstaltsleitung abgelehnt. Angesichts der ohnehin schikanösen Behandlung und der Tatsache, dass ihnen als SMT- oder Waldheim-Verurteilten[42] das Besuchsrecht entzogen wurde,[43] war ihre Frustration an einem Punkt angelangt, an dem die Frauen bereit waren, drastische Mittel anzuwenden.[44] Die Protestformen, die ihnen zur Verfügung standen, waren Arbeitsverweigerung[45] und Hungerstreik, was beides harte Strafen für die Streikenden nach sich ziehen würde. Der eigeninitiierte Verzicht auf Nahrung war vor dem Hintergrund der ohnehin schon schlechten Versorgung und der daraus resultierenden geschwächten körperlichen Verfassung der Strafgefangenen ein extrem radikaler Schritt.[46] Dass die SMT-Verurteilten dennoch mit Hungerstreik auf die Nichtbefassung mit ihren Fällen reagierten, ist umso bewundernswerter. Es gelang ihnen sogar, trotz der äußerst begrenzten Kommunikationsmöglichkeiten im Gefängnis eine koordinierte Protestaktion nahezu aller gefangenen Frauen zu initiieren. Von insgesamt 1.152 Strafgefangenen beteiligten sich 1.039. Lediglich die Frauen im Krankenrevier sowie einige zu lebenslanger Haft Verurteilte und acht kurzbestrafte männliche Kommandoarbeiter blieben außen vor.[47] Die Protestierenden schrieben Kassiber, das heißt geheime Mitteilungen, nutzten

42 Während der sogenannten Waldheimer Prozesse wurden zwischen dem 21. April und dem 29. Juni 1950 im Zuchthaus Waldheim 3.324 Personen verurteilt, die zuvor von sowjetischen Behörden an die DDR übergeben worden waren. Es wurden Freiheitsstrafen von bis zu 25 Jahren und lebenslängliche Haft sowie Todesurteile verhängt. Viele der Angeklagten hatten nachweislich eine NS-Belastung, dennoch wurden die Waldheimer Prozesse aufgrund fehlender Rechtsstaatlichkeit zum Inbegriff der Willkürjustiz der jungen DDR.

43 BArch, DO1 28577, Bl. 42: Besprechung mit dem Gen. Oberst Titow, 25.3.1953.

44 Vgl. Interview mit Sigrid Seime (2009), S. 33; Dust-Wiese: Oh Gott, S. 76; Trampota: Russische zehn Minuten dauern Jahre, S. 94f.; Kempowski: Ein Kapitel für sich, S. 307f.

45 Der Hebel der Arbeitsverweigerung war nur deshalb so wirkungsmächtig, weil die Gefängnisleitung an einer störungsfreien Durchführung der Arbeit interessiert war. Vgl. Wunschik: Primat der Erziehung oder der Ökonomie?, S. 158.

46 Vgl. Wunschik: Selbstbehauptung und politischer Protest, S. 284.

47 BArch, DO1 28560, Bl. 224: Bericht über besonderes Vorkommnis in der StVA Hoheneck, 24.10.1950.

Klopfzeichen und gaben Informationen mündlich weiter, um einen gemeinsamen Hungerstreik zu planen. Dieser begann am 18. Oktober 1953 und währte drei Tage. Die Frauen waren gut organisiert, hatten eine Sprecherin gewählt und sogar die Anstaltsküche informiert, dass weniger Mahlzeiten zubereitet werden müssten. Die Suppe vom ersten Tag, die bereits zubereitet und von den Gefangenen abgelehnt worden war, wurde an die Schweine verfüttert.[48] Um den Streik zu beenden, bedienten sich die Strafvollzugsbediensteten unterschiedlicher Methoden. Einem von der Anstaltsleitung über Nacht erarbeiteten Acht-Punkte-Plan folgend wurde den Strafgefangenen das Wasser abgedreht und ihnen ihre Getränkevorräte entzogen. Auch die aus Paketen, dem Anstaltskiosk oder der Anstaltsversorgung stammenden Lebensmittelvorräte wurden vom Personal einkassiert. Unmittelbar nach Verkündung des Streiks hatten die Bediensteten noch versucht, die Strafgefangenen unter Zwang zu ernähren. Den gewünschten Effekt brachte dies jedoch nicht. Am zweiten Tag erfolgte eine radikale Kehrtwende. Mit einer deftigen Portion Gulasch und Kartoffeln sollten die Strafgefangenen zur Aufgabe bewegt werden. Nie zuvor und nie danach hatte es eine solche Mahlzeit in Hoheneck gegeben. Die Strafgefangenen blieben dennoch standhaft. Die 33 vermeintlichen Rädelsführerinnen wurden daraufhin in Einzelhaft gesteckt, die etablierten Zellengemeinschaften aufgelöst, und immer wieder wurden die Zellen gefilzt. An der Forderung nach Überprüfung ihrer Urteile hielten die Gefangenen dennoch fest.[49]

Das Anstaltspersonal zweifelte an der Spontaneität des Hungerstreiks. Es wurde vielmehr vermutet, dass es sich um eine von langer Hand geplante Aktion handelte. Als Beweis dienten die aufgefundenen Lebensmittel. Dies verkannte jedoch die Realität im Strafvollzug, denn die Aufbewahrung von Lebensmitteln, die nicht unmittelbar benötigt wurden, war eine Überlebensstrategie. Die Versorgungslage war so unsicher, dass die Strafgefangenen immer auf Engpässe vorbereitet sein mussten.

48 Vgl. Kempowski: Ein Kapitel für sich, S. 309.
49 BArch, DO1 28560, Bl. 224f.: Bericht über besonderes Vorkommnis in der StVA Hoheneck, 24.10.1950.

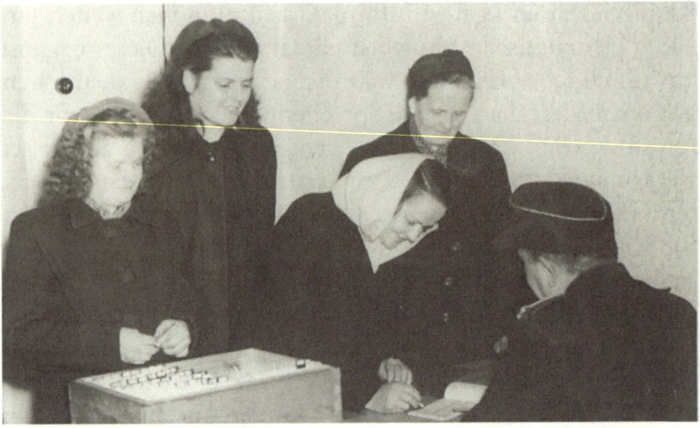

Quelle: BArch, Bild 183-23113-0005, Foto: Heinz Junge.

Mediale Begleitung der Entlassung von Strafgefangenen aus der Strafvollzugseinrichtung Hoheneck im Rahmen der Amnestie von 1954, 20. Januar 1954.

Nach drei Tagen waren die Strafgefangenen am Ende ihrer Kräfte, und der Streik endete. Die Maßnahme, den Gefangenen das Wasser abzustellen, machte den Hungerstreik unmöglich. An den darauffolgenden drei Tagen erhielten die Strafgefangenen nur Haferflockensuppe. Im Vergleich zum vorher angebotenen Gulasch musste diese den Strafgefangenen natürlich wie Hohn vorgekommen sein. Die offizielle Begründung der Anstaltsleitung war, dass sich die Häftlinge erst langsam wieder an warme Mahlzeiten gewöhnen sollten.[50]

Die SMT-Urteile blieben weiterhin gültig. 49 Frauen, die als Anführerinnen galten, wurden in andere Gefängnisse verlegt. Die Streikenden hatten jedoch kleine Erfolge erzielen können. Es durfte nun eine Theatergruppe gegründet werden, und die Häftlinge erhielten die Möglichkeit, Bücher auszuleihen.[51] Doch der wohl größte Erfolg war das Wissen um den Zusammenhalt unter den Gefangenen und das Wir-Gefühl, das die Aktion bestärkt hatte. Ein Großteil von ihnen kam schließlich mit der Amnestie von 1954 frei.

50 Vgl. Kempowski: Ein Kapitel für sich, S. 311.
51 Vgl. Nayhauß/Riepl: Der dunkle Ort, S. 32.

3.3 Renovierungen und sinkende Häftlingszahlen bis Ende der 1960er Jahre

Aus Hoheneck wurden 1954 insgesamt 688 Frauen entlassen, 676 aufgrund der Amnestie. Dies bedeutete eine deutliche Entspannung der Situation im Gefängnis. Aufgrund der signifikant abgesunkenen Belegungszahl war es nun möglich, umfangreichere Renovierungen vorzunehmen wie etwa den Einbau von Toiletten. Bis dahin gab es lediglich Trockenabortanlagen und Kübel, was für die Strafgefangenen bedeutete, dass sie die Exkremente selbst entsorgen mussten. Cecilia Mühlberg berichtete vom sogenannten Kübelkommando, das jeden Tag die Fässer leeren musste, die die Notdurft zentral auffingen. Aus den oberen Etagen führten Fallrohre zu diesen Tonnen. Die schweren, übelriechenden Behälter mussten zur Leerung 90 Stufen hinuntergetragen werden. Sie wurden dann unten entleert und gesäubert, bevor sie wieder heraufgetragen werden mussten.[52] Mit der Installation der WC-Anlage sollte dieses Prozedere endlich der Vergangenheit angehören. Ergänzend wurden Doppelkastenfenster eingebaut, aber nicht aus Sorge um die ständig frierenden Strafgefangenen, sondern zum Investitionsschutz. Die neuen Toilettenanlagen sollten schließlich nicht einfrieren. Dass dies auch den eingesperrten Frauen zugutekam, war dabei nur ein Nebeneffekt.[53] Die Kälte war in Hoheneck von Anfang bis zum Ende ein steter Begleiter der inhaftierten Frauen.[54]

Auch an anderer Stelle sorgte die umfassende Entlassung von 1954 für Entlastung. Angesichts der chronischen personellen Engpässe[55] waren die sechs Angestellten, die die medizinische Versorgung in Hoheneck sicherstellen sollten, permanent überfordert. Mit der Amnestie nahm auch die

52 Vgl. Interview mit Cecilia Mühlberg (2009), S. 25, 31; Aris: Das lässt einen nicht mehr los, S. 155.

53 Polizeidirektion Chemnitz-Erzgebirge, Bauunterlagen Hoheneck 639, Einbau von WC-Anlagen in die Gebäude der Strafvollzugsanstalt Hoheneck, 11.1.1954.

54 Vgl. u.a. Hergert: Das Begreifen, daß die Dummen die Macht haben, S. 253.

55 Grundlage für die Berechnung ist der Stellenplan von 1966 (179 Planstellen). BArch, DO1 11973: Stellenplan der StVE Hoheneck, 1.1.1966. Früher datierte Pläne waren nicht aufzufinden.

Zahl der Kranken und vor allem der Bettlägerigen, für die ein intensiver Personaleinsatz notwendig war, ab.[56]

Die Strafvollzugsbediensteten erhofften sich von der Amnestie zudem Entlastung bei ihrer täglichen Dienstdurchführung. Einige hofften gar, dem Strafvollzug wieder den Rücken kehren und an ihre alten Dienststellen zurückkehren zu können, von denen sie abkommandiert worden waren.[57] Der Job im Gefängnis war nicht besonders beliebt. Aufgrund des Personalmangels wurden deshalb aus anderen Bereichen der Volkspolizei immer wieder Angestellte hinzugezogen.

1955 wurden aus Hoheneck noch einmal 123 und 1956 noch einmal 237 Strafgefangene freigelassen.[58] Mit der Amnestie von 1956 waren damit fast alle SMT-Verurteilten entlassen. Denjenigen, die noch in Haft bleiben mussten, sicherte die Oberste Staatsanwaltschaft im Januar 1957 zu, dass auch sie bald das Gefängnis verlassen könnten. Zu den letzten SMT-Verurteilten in Hoheneck gehörten Annerose Matz-Donath und Elfriede Dubois. Dubois kam erst am 25. Januar 1957 auf Gnadenerweis des Präsidenten frei.[59]

Mit der Entlassung ging eine administrative Neuordnung einher, die die Sonderstellung Hohenecks als Spezialstrafanstalt beendete. Fortan war Hoheneck nicht mehr der Verwaltung Strafvollzug unterstellt, sondern der regional zuständigen Bezirksbehörde der Deutschen Volkspolizei (BDVP) in Karl-Marx-Stadt.[60]

Mit der Amnestie im Jahr 1960 sank die Belegung erstmals unter 500 Personen. Infolge der 1964er Amnestie, der sogenannten »Gnadenaktion des Präsidenten der DDR«,

56 BArch, DO1 40045: Zusammenstellung der GW-Stellen in den Strafvollzugs- und Haftanstalten.

57 BArch, DO1 28577, Bl. 243: Kontrollauftrag. Durchführung der Entlassungs-Aktion in der StVA Hoheneck, 17.2.1954.

58 Vgl. Matz-Donath: »Kämpferinnen und Opfer«, S. 96; JVAW, Strafvollzugseinrichtung Hoheneck: Chronik, S. 30.

59 BArch, DO1 28560, Bl. 90: Bericht über das I. Quartal 1957 der StVA Hoheneck, 25.3.1957; vgl. Ahrberg: Abgeholt und verschwunden, S. 63; BArch/StUA, MfS Bezirksverwaltung Karl-Marx-Stadt, AGI 553/64 I, Bl. 41: Bericht zum Treff mit GI [Geheimer Informator] »Petra«, 5.3.1957; Bl. 44: Bericht zum Treff mit GI »Petra«, 6.4.1957.

60 BArch, DO1 3743: Befehl des Leiters der VSV [Verwaltung Strafvollzug] 4/56, 3.3.1956.

bei der DDR-weit etwa 10.000 Strafgefangene vorzeitig freikamen, sank die Zahl der Strafgefangenen sogar auf unter 400. Bis 1970 blieben die Belegungszahlen dann auf einem etwa gleichbleibenden Niveau von 580 bis 630 Strafgefangenen (siehe Tabelle 2).

Jahr	**1957**	**1958**	**1959**	**1960**	**1961**	**1962**	**1963**	**1964**
Belegung Ø	589	680	660	616	483	586	526	581
Jahr	**1965**	**1966**	**1967**	**1968**	**1969**	**1970**	**1971**	**1972**
Belegung Ø	347	431	592	666	600	634	805	823
Jahr	**1973**	**1974**						
Belegung Ø	498	1.483						

Tabelle 2: Jahresdurchschnittsbelegung Frauengefängnis Hoheneck, 1957–1974.

3.4 Amnestien und erneute Überbelegung Mitte der 1970er Jahre

Im Jahr 1971 stieg die Zahl der Gefangenen wieder sprunghaft an. Auch eine im Jahr 1972 durchgeführte Amnestie hatte nur kurzfristig einen entspannenden Effekt. Im Mai 1974 kam es dann zur höchsten jemals verzeichneten Belegungszahl. In diesem Monat befanden sich im Gefängnis Hoheneck, das für maximal 650 Strafgefangene ausgelegt war, 1.612 Frauen. Das war mehr als das Doppelte der maximal zulässigen Kapazität. Einer der Hauptgründe für diese Entwicklung war der generelle Anstieg der Verurteilungszahlen seit Beginn der 1970er Jahre. Mehr Verurteilungen bedeuteten mehr Freiheitsstrafen, denn diese wurden nun vermehrt ausgesprochen. Statt Bewährungsstrafen zu gewähren, wurde nun dem Freiheitsentzug Vorrang eingeräumt,[61] ohne dass dafür mehr Haftraum zur Verfügung gestanden hätte. Diese Situation weckte auch den Unmut der Bediensteten, die sich im Frühjahr 1972 über die außergewöhnliche Belastung beschwerten, welche die extreme

61 Vertreter der Verwaltung Strafvollzug hatten für den Mai 1974 eine Aussprache beim Generalstaatsanwalt vorbereitet. Sie sahen vor allem in der Verurteilungspraxis die Hauptursache des gestiegenen Strafgefangenenbestandes. Die vermehrte Verurteilung zu Freiheitsstrafen hatte die Gefängnisse zusehends gefüllt. BArch, DO1 3697: Probleme des Strafvollzugs (Beratungskonzeption).

Belegungssituation mit sich brachte. Eine starke psychische Belastung für die Strafgefangenen, Streitigkeiten, Tätlichkeiten, Diebstähle, selbst sexuelle Beziehungen unter den Frauen erklärten sich die Bediensteten mit der dramatischen Überbelegung.[62] Wenngleich die Beschreibung der Probleme nicht frei von Übertreibungen war, so traf sie in der Sache den Kern.

Schon 1972, also noch weit vor der enormen Überbelegung des Jahres 1974, konnten die Strafgefangenen nur alle zwei Wochen duschen und bekamen am Tag nur einen halben Eimer warmes Wasser.[63] In den Jahren 1973/74 nahmen die Belastungen noch einmal deutlich zu. Die einfachsten Dinge wurden zur Mangelware. Betten und Decken fehlten. Die sanitären Anlagen waren verschlissen, sodass nicht einmal die hygienischen Mindeststandards eingehalten werden konnten.[64] Abhilfe sollte eine Neuprofilierung schaffen, die vorsah, die Strafgefangenen zu kategorisieren: nach Rückfalltäterinnen, Erstbestraften mit einem Strafmaß von zwei bis fünf Jahren, Straftäterinnen mit einem Strafmaß von fünf bis zehn Jahren, von zehn bis 15 Jahren und lebenslänglicher Freiheitsstrafe sowie nach der allgemeinen Vollzugsart.[65] Schnelle Abhilfe versprach abermals jedoch nur ein Mittel: die Amnestie, die immer auch eine (notwendige) Korrektur der eigenen Strafverfolgungspraxis darstellte, um den Strafvollzug funktionsfähig zu halten.[66] Dabei mussten auch praktische Erwägungen einbezogen werden. Denn beispielsweise war die von den Strafgefangenen verrichtete Arbeit ein bedeutender Wirtschaftsfaktor. Wie bei vorausgegangenen Amnestien spielte demnach auch im Jahr 1972 die Ersetzbarkeit der jeweiligen Strafgefangenen am Arbeitsplatz bei der Reihenfolge der Entlassungen eine gewichtige Rolle.

62 SächsStA, 30461, 38: Auskunftsbericht vor dem Leiter der Kontrollgruppe der VSV, 29.5.1972.

63 BArch/StUA, MfS Bezirksverwaltung Karl-Marx-Stadt, AKG 8809, Bl. 98: Bericht des Leiters der KD [Kreisdienststelle des Ministeriums für Staatssicherheit] Stollberg über die Situation in der StVA Hoheneck, 28.6.1972.

64 SächsStA, 30441, 25.1 142, Bl. 131–133: Vertrauliche Vorlage. Probleme der Sicherheit in den Strafvollzugseinrichtungen, 30.4.1974.

65 SächsStA, 30461, 38: Bericht des Leiters der StVA Hoheneck vor der Leitung der BDVP am 28. Juli 1972, 14.2.1972.

66 Vgl. Wunschik: Der politische Strafvollzug der DDR, S. 211.

Signalisierten die Betriebe, dass eine bestimmte Arbeit nur schwer einer anderen Strafgefangenen übertragen werden konnte, wurde die Entlassung möglichst lange hinausgezögert.

Die meisten der Strafvollzugsbediensteten vertraten die Meinung, politische Strafgefangene sollten nicht von einer Amnestie profitieren, weil sie nicht nur gegen Gesetze verstoßen hätten, sondern gegen die sozialistische Ordnung insgesamt. Diese Geisteshaltung teilten sie mit jenen kriminellen Strafgefangenen, die von vornherein von der Entlassungsaktion ausgeschlossen waren.[67] Denn auch wenn die Amnestie breite Anwendung finden sollte, blieben Gefangene, die wegen Mordes, Verbrechen gegen die Menschlichkeit, Nazi- und Kriegsverbrechen, Verbrechen gegen internationale Abmachungen (Flugzeugentführungen, Piraterie, Drogenhandel, Menschenhandel zum Zwecke der Prostitution) oder wegen Gewalt- oder Sittlichkeitsverbrechen inhaftiert waren, außen vor. Auch Rückfalltäterinnen, die drei oder mehr Vorstrafen hatten, fielen nicht unter die Amnestie. Übrig blieben insgesamt 673 Frauen, die für eine vorzeitige Haftentlassung aus Hoheneck zwischen dem 1. November 1972 und dem 31. Januar 1973 qualifiziert waren.[68] In wenigen Wochen fiel die Belegung deshalb auf 142 Strafgefangene.[69]

Die Entlastung durch die Amnestie von 1972/73 hielt jedoch nicht lange vor. Im Mai 1974 sahen sich Personal und Strafgefangene mit einer nie dagewesenen Überbelegung konfrontiert. Diese Extremsituation führte dazu, dass es nicht einmal ausreichend Betten für alle Strafgefangenen gab. Diejenigen Frauen, denen es selbst an einem Bett mangelte, wurden zu sogenannten »Bodenschläferinnen«. Zur Nachtruhe zogen sie ihre Matratzen unter dem Bett anderer Strafgefangenen hervor, die ihren

67 SächsStA, 30441, 25 134, Bl. 109: Besondere Vorkommnisse während der Durchführung der Entlassungsaktion ab 1.11.1960, 9.11.1960; Bl. 92: Einschätzung der politisch-ideologischen Arbeit der Partei- und Dienststellenleitung des Strafvollzuges zur politischen Sicherstellung des Beschlusses des Staatsrates über den Gnadenerweis, 26.10.1960.

68 SächsStA, 30441, 25.2.B 846: Disposition zum Beschluß des Staatsrates über die Durchführung einer umfassenden Amnestie, 5.10.1972; Ergänzungsmeldung 21.1.1973 bis 31.1.1973.

69 SächsStA, 30461, 33: Amnestie 6.10.1972. Übersicht über Strafgefangene, die nicht durch Amnestie zur Entlassung kommen, 25.10.1972.

Schlafplatz ganz unten im jeweiligen Etagenbett hatten. Dann platzierten sie diese in den Gängen zwischen den Betten und dem Mobiliar. Wenn eine andere Strafgefangene nachts die Toilette aufsuchte, kam es nicht selten vor, dass sie buchstäblich auf eine Bodenschläferin trat. Am nächsten Morgen wurde die Matratze dann wieder unter dem Bett verstaut.

Dass die Überbelegung nicht plötzlich und unerwartet zustande kam, sondern die Verantwortlichen vielmehr hätten damit rechnen müssen, zeigen die Unterlagen der Bezirksbehörde der Deutschen Volkspolizei Karl-Marx-Stadt vom November 1973. Der DDR-Innenminister Friedrich Dickel (von 1963 bis 1989) hatte die für die Durchführung des Strafvollzugs zuständigen Bezirksbehörden der Deutschen Volkspolizei unzweideutig darauf aufmerksam gemacht, dass sich die Zugangsquoten in den nächsten Monaten erhöhen werden, sodass die Strafvollzugsanstalt Hoheneck im Schnitt 1.150 Frauen unterbringen müsse.[70] Dies deckte sich auch mit dem Gesamttrend im DDR-Strafvollzug. Ein Bericht aus dem Innenministerium machte das ganze Ausmaß deutlich. Demnach lag die Auslastung der Männerhaftanstalten zum Jahresende 1973 bei 128 Prozent, die der Frauenhaftanstalten sogar bei 154 Prozent.[71] Um der fortdauernden Überbelegung zu begegnen, mussten neue Kapazitäten geschaffen werden. In Hoheneck selbst waren längst alle Möglichkeiten ausgeschöpft. Es blieb lediglich ein räumliches Ausweichen auf andere Liegenschaften. Dafür wurde im Januar 1974 in Freiberg ein sogenanntes »Reserveobjekt« in Betrieb genommen. Im Jargon der Bediensteten nannte sich das Objekt »Standkommando«. Es war der Strafvollzugsanstalt Hoheneck unterstellt.

Der erhoffte Entlastungseffekt hielt jedoch nur kurz an. Bereits zwei Monate später, am 30. März 1974, waren auch die Zellen in Freiberg belegt. Eine andere Lösung für das Problem der Überlastung des Strafvollzugs gab es nicht. Damit

70 SächsStA, 30441, 25.1 142, Bl. 116: Bericht über den Stand der Erfüllung und Durchsetzung der Maßnahmen zur weiteren Verbesserung der Arbeit des Organs Strafvollzug gemäß Weisung Nr. 10/73 des Chefs der BDVP vom 7.8.1973, 19.11.1973.

71 BArch, DO1 3697: Informationen über Probleme zur Lage im Strafvollzug, 14.2.1974.

wenigstens die Statistik stimmte, wurde die Belegungskapazität erhöht. Hoheneck nahm kurz darauf, im April 1974, weitere 250 bis 300 Frauen auf, das »Standkommando« in Freiberg bekam zusätzliche 100 Frauen.[72] Der Anstieg der Gefangenenzahlen hatte nicht nur damit zu tun, dass insgesamt mehr Frauen in Haft kamen, sondern resultierte auch daraus, dass diese zu längeren Haftstrafen verurteilt wurden. Saßen 1972 die Frauen im Schnitt drei Jahre ein, waren es 1974 durchschnittlich fünf Jahre. Die Belegungszahlen zeigen, dass in dieser Zeit auf eine Entlassung acht Neuzugänge kamen.

Mag die vorgetäuschte Ausweitung der Haftkapazität auf Ministerebene zur Zufriedenheit geführt haben, wurde in den Reihen der BDVP weiterhin nach Lösungen gesucht, um den Haftalltag praktisch zu organisieren. Neben der massiven Überbelegung führte der fortwährende Personalmangel zur Zuspitzung der Situation in Hoheneck. Die BDVP ordnete deshalb das Aussetzen von Reststrafen auf Bewährung an.[73] Dieser pragmatische Ansatz wurde allerdings von der Hohenecker Anstaltsspitze torpediert, indem sie strengere Bedingungen für vorzeitige Entlassungen stellte, als es die gesetzlichen Bestimmungen verlangt hätten. Der Anstaltsleiter, Heinz Georgi, war damit ganz wesentlich selbst verantwortlich für die angespannte Situation in seinem Haus.[74] Bei ausbleibendem Personalaufwuchs war die Aufrechterhaltung des regulären Anstaltsbetriebs in Hoheneck gefährdet. Außerdem war die Infrastruktur vollkommen überlastet. Es gelang nicht einmal, jeder Frau einen Arbeitsplatz zuzuweisen, obwohl gerade die Arbeit das zentrale Instrument zur vermeintlichen Erziehung der Strafgefangenen sein sollte. Um die Lage weiterhin beherrschbar zu halten, wurden die Strafvollzugsbediensteten dazu angehalten, die Disziplin in der Anstalt noch konsequenter als ohnehin schon durchzusetzen. Konkret bedeutete dies unter anderem, dass Strafgefangene, denen durch das Personal eine besondere Gefährlichkeit attestiert

72 SächsStA, 30441, 25.1 142, Bl. 125: Vertrauliche Vorlage. Probleme der Sicherheit in den Strafvollzugseinrichtungen, 30.4.1974.

73 Ebd., Bl. 126.

74 SächsStA, 30461, 38: Strafaussetzung auf Bewährung gemäß § 349 StPO, 12.1.1972.

wurde, kurzerhand isoliert wurden.[75] Ein anderer Vorschlag, um dem Problem der Überbelegung beizukommen, stammte von Beamten der Verwaltung Strafvollzug im Innenministerium. Diese schlugen vor, auf den Etagenfluren provisorische Verschläge einzubauen, um zusätzliche Verwahrkapazitäten zu schaffen. Diese Idee wurde allerdings nicht umgesetzt. Die Staatssicherheit lehnte das Vorhaben rundweg ab. Aber nicht etwa wegen des offenkundig menschenunwürdigen Charakters dieser Art der Unterbringung, sondern vielmehr, weil die Geheimpolizei darin die Sicherheitsaspekte nicht ausreichend berücksichtigt sah.[76] Weder war bei einer solchen Verwahrung die Kontaktaufnahme unter den Gefangenen zu kontrollieren noch wären diese Verschläge ausbruchssicher gewesen. Die Gefangenen aus den anderen Zellen hätten zudem auf komplizierteren Wegen durch das Hafthaus geführt werden müssen. Es wurden folglich keine Käfige auf den Fluren installiert.

Der Höhepunkt der Überbelegung war im Mai 1974 erreicht: 1.612 Frauen waren zu diesem Zeitpunkt in Hoheneck untergebracht. Danach weisen die Belegungsstatistiken ein langsames, aber stetiges Absinken der Häftlingszahlen aus (Tabelle 3). Bis dauerhaft eine der tatsächlichen Kapazität entsprechende Belegung erreicht wurde, dauerte es allerdings noch mehr als drei Jahre.

Jahr	**1975**	**1976**	**1977**	**1978**	**1979**	**1980**	**1981**	**1982**
Belegung Ø	1.303	763	669	430	345	365	534	436

Jahr	**1983**	**1984**	**1985**	**1986**	**1987**	**1988**	**1989**	**1990**
Belegung Ø	379	658	449	467	375	211	369	131

Tabelle 3: Jahresdurchschnittsbelegung Frauengefängnis Hoheneck, 1975–1990.

Ab Ende der 1970er Jahre konnte von Platznot schließlich keine Rede mehr sein. Und auch in den 1980er Jahren blieb die Zahl

75 BArch, DO1 3697: Gefangenenbestand.

76 BArch/StUA, MfS Bezirksverwaltung Karl-Marx-Stadt, AKG 8809, Bl. 96: Bericht des Leiters der KD Stollberg über die Situation in der StVA Hoheneck, 28.6.1972.

der Gefangenen stabil niedrig. Mit der Amnestie von 1987, die die Anstaltsleitung ebenso überraschte wie die Strafgefangenen, wurde das Gefängnis noch weiter geleert. Damit war die Zahl der Bediensteten im Gefängnis Hoheneck doppelt so hoch wie die der Strafgefangenen. Die Anstaltsleitung stand vor einem ungewohnten Problem: Für einen reibungslosen Strafvollzug waren zu wenige Gefangene vorhanden. Sowohl die interne Logistik als auch die Planerfüllung bei der Häftlingsarbeit in den Anstaltsbetrieben waren in Gefahr. Als die Anstaltsleitung kurzfristig von der bevorstehenden Amnestie erfuhr, reagierte sie deshalb umgehend mit der Anordnung zahlreicher Sonderschichten in den Anstaltsbetrieben. Durch diese Mehrarbeit sollte der zu erwartende Produktionsrückgang abgefedert werden.[77]

Eine wiederkehrende Begleiterscheinung von Entlassungsaktionen, sowohl bei Amnestien als auch bei den späteren Freikäufen, waren die Gerüchte, die wie ein Lauffeuer die Runde im Gefängnis machten.

> *»Die wildesten Spekulationen wucherten in den knasteigenen Kommunikationssystemen der WC-Rohre.«*[78]
>
> Ines Veith

So wurde im Vorfeld der Amnestie von 1954 unter den Strafgefangenen gemunkelt, dass es zeitnah zu einer größeren Entlassungsaktion kommen müsse. Auslöser waren die Aussagen von einzelnen Strafgefangenen, die zu Gesprächen mit Stasi-Mitarbeitern geholt wurden und denen gesagt worden sein soll, sie würden spätestens am 16. Januar 1954 entlassen werden. Ein derartiges Gerücht über eine anstehende Amnestie konnte Euphorie unter den Gefangenen auslösen. Aus den wenigen Anhaltspunkten, die die Frauen hatten, versuchten sie zu schlussfolgern, wer als nächste entlassen werden würde. Bisweilen wurden historische Vergleiche bemüht: Weil es in zeitlicher Nähe zu Piecks Tod Entlassungsaktionen gegeben

77 SächsStA, 30441, 25.2.B 164: Orientierung der Staatlichen Plankommission über Schwerpunkt-Arbeitseinsatzbetriebe bis zum Beginn der Amnestie-Entlassungen, 21.8.1987.

78 Veith: Hoheneck, S. 95.

Strafvollzugsanstalt Hoheneck
Der Leiter
915 Stollberg

Ablage

Vertrauliche Dienstsache

I	43	74	2.	1-4

Stollberg, 10. Okt. 1974
Az.: 0010?0/Di/Fr

000137

Lageeinschätzung
- Monat September 1974 -

1. Ordnung und Sicherheit

Ordnung und Sicherheit sind durch folgende Faktoren gekennzeichnet:

- Verstöße gegen Ordnung und Sicherheit:
  Schwerpunkt bilden dabei die Rückfalltäterschichten, die jugendlichen Strafgefangenen und alle nach § 213 StGB verurteilten Strafgefangenen.
  Das äußert sich in:
  - Verletzung der Disziplin und Nichteinhaltung der Hausordnung, da die Strafgefangenen der Meinung sind, daß ein ordentliches Disziplinverhalten auf Grund der angeblich zu erwartenden Amnestie nicht mehr erforderlich ist;
  - Mangelnde Arbeitsleistungen vor allem bei den zu § 213 StGB verurteilten Strafgefangenen und
  - Nichteinhaltung der Bekleidungsordnung.
- Verbreitung von Gerüchten über angeblich zu erwartende Verlegungen größeren Ausmaßes, da nach der StVA Hoheneck nur noch zu Arbeitserziehung verurteilte Strafgefangene kämen, alle anderen würden nach Halle und nach Rummelsburg verlegt.
  Diese Diskussionen traten besonders im Erzieherbereich der Genossin Leutnant des SV Suttinger auf (Langbestrafte).
  Dadurch entstand eine gespannte Atmosphäre unter den Strafgefangenen.
- Durch die Veränderung der Belegung der Verwahrräume in der Aufnahme konnte jetzt eine Trennung der Strafgefangenen von den jugendlichen Strafgefangenen und den zu Arbeitserziehung Verurteilten erreicht werden. Damit erhöhte sich die Sicherheit in diesem Bereich. Schwerpunkt bildet die hohe Konzentration von Strafgefangenen mit staatsgefährdenden Delikten.
- Störungen im Tagesablauf traten auf durch mangelnde Konzentration bei der Durchführung des Zählappells. Mehrmals traten Unstimmigkeiten auf. Im Standkommando Freiberg mußte ein Zählappell nach KP 17 durchgeführt werden, da die 2. Zählung keine Übereinstimmung erbrachte.

Quelle: SächsStA, 30441, 25.1 339.

»Lageeinschätzung« der Hohenecker Anstaltsleitung für September 1974, 10.10.1974.

hatte, müsse es diese doch auch bei Ulbrichts Tod geben, so die Logik.[79] Gab es genug vermeintliche Vorzeichen, begannen einige der Strafgefangenen daraufhin, gar schon Zukunftspläne zu schmieden. Umso größer war dann die Enttäuschung, wenn es anders kam.[80]

Auch Brunhilde Bruscha weiß von immer wiederkehrenden Gerüchten im Gefängnis zu berichten. So gab es unter den Gefangenen immer Frauen, die mit ihrer Entlassung rechneten. Andere verschwendeten gar keine Gedanken daran. Sie selbst versuchte so wenig wie möglich, daran zu denken, auch als ihre Zellengenossinnen immer wieder auf sie einredeten, dass sie sicher bald freikäme. Daran glauben wollte sie erst, wenn es ihr durch eine offizielle Stelle bestätigt würde.[81] Wütend und traurig fühlte sich Elke Schlegel, als sie von Gerüchten über anstehende Entlassungen hörte. Und dennoch halfen sie ihr, die Zeit in Hoheneck durchzustehen.[82]

Einige der Strafgefangenen entwickelten daraus ein Geschäft. Das waren Häftlinge, die zum Putzdienst in den Räumlichkeiten der inneren Verwaltung eingeteilt waren, wo auch die Staatssicherheit ihre Büros hatte. Dort hätten die Frauen heimlich Listen mit den geplanten Entlassungen einsehen können. Einmal sei dadurch tatsächlich das korrekte Entlassungsdatum von zehn Strafgefangenen bekannt geworden, sodass die Übermittlerinnen eine gewisse Glaubwürdigkeit hatten. Sie machten sich letztlich die Hoffnungen ihrer Mitgefangenen zunutze, indem sie für entsprechende Auskünfte Gegenleistungen wie Süßigkeiten, Zigaretten, Hygieneartikel oder auch Geld verlangten. Nachdem die Vorhersagegenauigkeit immer schlechter wurde, ging der Bedarf an solchen Diensten jedoch zurück.[83]

79 Vgl. Thiemann: Stell dich mit den Schergen gut, S. 189.

80 Vgl. Stötzer: Die bröckelnde Festung, S. 107f., 112. Bei der Amnestie zum 30-jährigen Bestehen der DDR erwarteten die »213er«, ohne belastbare Hinweise dafür zu haben, noch vor dem 10. Oktober 1979 in die BRD entlassen zu werden. SächsStA, 30441, 25.2.B 365: Situationsbericht zur Lage in den StVE/UHA [Untersuchungshaftanstalt] im Zusammenhang mit der Amnestie, 4.10.1979.

81 Vgl. Bruscha: Als Gefangene in Bautzen, S. 128–131.

82 Vgl. Schlegel: 5 Monate und 24 Tage, S. 133.

83 Veith: Hoheneck, S. 125–127.

4 Haftgründe: Wofür kamen Frauen nach Hoheneck?

Zwischen 1950 und 1989/90 waren Frauen aus der gesamten DDR aufgrund unterschiedlicher Delikte in Hoheneck eingesperrt. Ihre soziale Herkunft war sehr unterschiedlich. Insgesamt saßen über den gesamten Zeitraum etwa 24.000 Frauen in den Hohenecker Zellen ein, 8.000 von ihnen aus politischen Gründen. Eine feste Definition der politischen Haft in der DDR gibt es nicht. Politische Verurteilungen basierten zumeist auf Straftatbeständen, die den Angeklagten vermeintliche »Staatsverbrechen« zur Last legten. Opposition gegen das Regime, aber auch unangepasstes Verhalten oder der Wunsch, die DDR zu verlassen, wurden so als »staatsgefährdendes« Verhalten bestraft. Die politischen Häftlinge waren also diejenigen, die nach rechtsstaatlichen Maßstäben gar keine Straftat begangen hatten und somit zu Unrecht inhaftiert waren.

Bis zum Jahresanfang 1954 war die Zusammensetzung der inhaftierten Frauen überdeutlich durch die SMT-Verurteilten aus dem Speziallager Sachsenhausen geprägt. Durch reguläre Entlassungen und Amnestien nahm ihre Zahl im Laufe der Jahre jedoch ab. Zeitgleich nahm die Zahl der von DDR-Gerichten verurteilten Frauen zu. Bis 1953 kann von einem Gleichgewicht zwischen politischen und kriminellen Häftlingen gesprochen werden. Danach kippte das Verhältnis in nur wenigen Jahren, und der Anteil der Kriminellen nahm deutlich zu. Mit der Entlassung sämtlicher SMT-Verurteilten aus Hoheneck um 1956 wandelte sich der Charakter der Häftlingsgesellschaft endgültig. Bis auf wenige Ausnahmen saßen in Hoheneck jetzt nur noch Frauen ein, die von DDR-Gerichten verurteilt worden waren. Der Anteil der politisch Inhaftierten ging in dieser Zeit rapide zurück. Waren in den ersten Jahren im Schnitt 40 Prozent aller Neuzugänge wegen eines politischen Delikts nach Hoheneck gekommen, lag der Prozentsatz zwischen 1957 und 1974 bei durchschnittlich 25 Prozent (Tabelle 4).

Um die Zeit des Mauerbaus 1961 ging der Anteil der politisch Inhaftierten kurzzeitig deutlich nach oben. Straftaten wie »Staatsverleumdung«, »staatsfeindliche Hetze« oder »Republikflucht« machten um den 13. August 1961 nahezu die Hälfte der Delikte aus, die die Angeklagten nach Hoheneck brachten. Etwa eine von vier Frauen, die im Jahr des Mauerbaus nach Hoheneck kam, war wegen »Staatsverleumdung« oder »Hetze« verurteilt worden. Einer von fünf Frauen war »Republikflucht« zur Last gelegt worden. Dies ist insofern von besonderer Bedeutung, als »Republikflucht« bis dahin eine untergeordnete Rolle gespielt hatte und sich der Anteil der deshalb inhaftierten Frauen im niedrigen einstelligen Prozentbereich bewegte.

Auch in anderer Hinsicht brachte das Jahr 1961 einen Einschnitt, der den Strafvollzug in Hoheneck neu ordnete. Ab da erfolgte eine Trennung der Strafgefangenen nach »allgemeinem« und »erleichtertem Vollzug«, wobei den politischen Häftlingen die erleichterte Vollzugsart grundsätzlich vorenthalten blieb. Die Einteilung in die eine oder andere Vollzugsart hatte letztlich Auswirkungen sowohl auf die Unterbringung einer Gefangenen als auch auf die Bedingungen am Arbeitsplatz.[84] Im erleichterten Vollzug wurden den Strafgefangenen mehr Zugeständnisse gemacht als im allgemeinen Vollzug: Die Zellen waren nicht immer verschlossen, die Strafgefangenen durften mehr Briefe schreiben, und auch die Besuchsregelung war großzügiger. Die Einteilung in die beiden Gruppen konnte allerdings nur solange aufrechterhalten werden, wie das Gefängnis nicht überbelegt war.[85] Eine Belegung, die die tatsächliche Kapazität nicht überschritt, wurde im August 1977 erreicht.[86]

84 JVAW, Strafvollzugseinrichtung Hoheneck: Chronik, S. 42.
85 SächsStA, 30441, 25.1 339, Bl. 70: Gesamtanalyse, 15.9.1968.
86 Die rückläufige Belegung ist dabei ein DDR-weiter Trend. BArch, DO1 3740: Lageeinschätzungen III. Quartal 1976, 16.11.1976; IV. Quartal 1976, 21.1.1977; I. Quartal 1977, 27.4.1977; II. Quartal 1977, 28.7.1977.

1957	1958	1959	1960	1961	1962	1963	1964	1965
Staatsverleumdung, Hetze u.ä.								
7,02 %	7,61 %	11,63 %	4,3 %	22,92 %	2,7 %	5 %	3,33 %	14,71 %
(versuchter) Mord								
-	-	-	1,08 %	2,08 %	2,7 %	-	3,33 %	5,88 %
Diebstahl, Unterschlagung, Betrug								
49,12 %	43,48 %	41,86 %	40,86 %	18,75 %	43,24 %	47,5 %	43,33 %	47,06 %
Unzucht, Kuppelei u.ä.								
21,05 %	9,78 %	13,95 %	7,53 %	6,25 %	8,11 %	12,5 %	10 %	-
Republikflucht, Passvergehen								
-	2,17 %	2,33 %	7,53 %	18,75 %	2,7 %	5 %	10 %	14,71 %

1966	1967	1968	1969	1970	1971	1972	1973	1974
Staatsverleumdung, Hetze u.ä.								
2,5 %	11,43 %	3,39 %	-	7,14 %	8,45 %	2,08 %	5,48 %	4,49 %
(versuchter) Mord								
-	1,43 %	6,78 %	3,45 %	6,12 %	2,82 %	8,33 %	2,05 %	2,25 %
Diebstahl, Unterschlagung, Betrug								
50 %	45,71 %	38,98 %	44,83 %	44,29 %	46,48 %	33,33 %	43,84 %	26,97 %
Unzucht, Kuppelei u.ä.								
10 %	2,86 %	3,39 %	5,17 %	1,43 %	-	2,08 %	-	-
Republikflucht, Passvergehen								
30 %	21,43 %	13,56 %	8,62 %	21,43 %	15,49 %	20,83 %	20,55 %	26,97 %

Tabelle 4: Prozentuale Verteilung der Häftlinge in Hoheneck nach Deliktgruppen, 1957–1974.

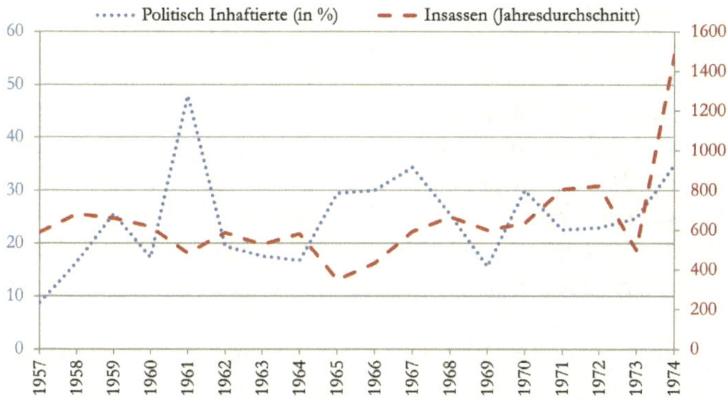

Grafik 1: Durchschnittliche Jahresbelegung und Anteil der politisch Verurteilten in Hoheneck, 1957–1974.

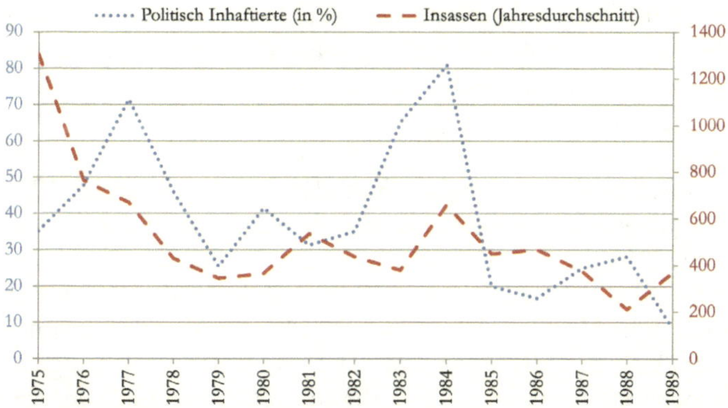

Grafik 2: Durchschnittliche Jahresbelegung und Anteil der politisch Verurteilten in Hoheneck, 1975–1989.

Ab Ende der 1950er Jahre waren Eigentumsdelikte bei den kriminellen Häftlingen und (versuchte) Republikflucht bei den politischen Häftlingen die Hauptgründe für Inhaftierungen in Hoheneck. Seit Mitte der 1970er Jahre kam ein weiteres signifikantes Delikt hinzu: das sogenannte »asoziale Verhalten«, das nach § 249 des Strafgesetzbuches der DDR geahndet wurde. Schwere Straftaten und Kapitalverbrechen wie Tötungsdelikte, Raub oder Erpressung blieben auch in dieser Zeit quantitativ eine Randerscheinung (Tabelle 5). Es darf jedoch nicht vergessen werden, welche psychologische Wirkung von den Menschen ausging, die sich besonders schwerer Gewaltverbrechen schuldig gemacht hatten. Vor allem die politischen Häftlinge empfanden das Zusammenleben mit ihnen als enorme Belastung und zusätzliche Drangsal.

Andere Straftatbestände wie etwa »Unzucht« und Wirtschaftsverbrechen, die in den 1950er Jahren noch zu zahlreichen Verurteilungen und langjährigen Haftstrafen geführt hatten, waren ab den 1970er Jahren völlig bedeutungslos geworden für den Strafvollzug in Hoheneck; ebenso wie Spionage, einer der Hauptgründe für SMT-Verurteilungen und in den 1950er Jahren noch von großer Bedeutung.

Der Anteil der politischen Strafgefangenen schwankte ab 1977 in Hoheneck erheblich und stieg im Vergleich zu den 1960er Jahren deutlich an. Knapp 39 Prozent der Frauen, die seit der Mitte der 1970er Jahre nach Hoheneck kamen, waren wegen politischer Delikte belangt worden.[87] Absoluter Höhepunkt war das Jahr 1981. Insgesamt 81 Prozent der Neuzugänge in Hoheneck waren in diesem Jahr aus politischen Gründen verurteilt worden.

87 Dies deckt sich mit den Beobachtungen der Staatssicherheit. Nach Angaben des MfS belief sich der Anteil der politischen Gefangenen an der Gesamtbelegung der DDR-Gefängnisse auf zwischen 33 und 40 Prozent. BArch/StUA, MfS Bezirksverwaltung Karl-Marx-Stadt, AKG 1864 II, Bl. 65: Information zur Zusammensetzung des Gefangenenbestandes der StVE Hoheneck im Zusammenhang mit bekanntgewordenen und vermuteten Erscheinungen der Feindtätigkeit, 27.1.1982.

1975	1976	1977	1978	1979	1980	1981	1982
Staatsverleumdung, Hetze u.ä.							
7,02 %	15,91 %	14,29 %	8 %	3,64 %	9,76 %	10,42 %	15 %
(versuchter) Mord							
1,75 %	2,27 %	2,86 %	-	-	2,44 %	4,17 %	5 %
Diebstahl, Unterschlagung, Betrug							
31,58 %	25 %	20 %	16 %	16,36 %	17,07 %	27,08 %	15 %
Wirtschaftsverbrechen							
-	-	-	2 %	-	-	-	5 %
Kindesmisshandlung, Vernachlässigung der Fürsorgepflicht							
-	-	-	4 %	1,82 %	3,66 %	6,25 %	5 %
Republikflucht, Passvergehen							
29,82 %	34,09 %	57,14 %	38 %	20 %	29,27 %	20,83 %	20 %
asoziales Verhalten							
28,07 %	25 %	22,86 %	26 %	43,64 %	36,59 %	27,08 %	37,5 %

1983	1984	1985	1986	1987	1988	1989	
Staatsverleumdung, Hetze u.ä.							
41,3 %	66,18 %	10 %	12,5 %	12,5 %	25 %	-	
(versuchter) Mord							
-	1,47 %	3,33 %	4,17 %	-	-	8,33 %	
Diebstahl, Unterschlagung, Betrug							
17,39 %	13,24 %	76,67 %	58,33 %	43,75 %	56,25 %	50 %	
Wirtschaftsverbrechen							
2,17 %	1,47 %	3,33 %	-	-	-	-	
Kindesmisshandlung, Vernachlässigung der Fürsorgepflicht							
2,17 %	1,47 %	-	8,33 %	6,25 %	3,13 %	-	
Republikflucht, Passvergehen							
21,74 %	17,65 %	10 %	-	18,75 %	6,25 %	8,33 %	
asoziales Verhalten							
19,57 %	8,82 %	6,67 %	16,67 %	25 %	28,13 %	25 %	

Tabelle 5: Prozentuale Verteilung der Häftlinge in Hoheneck nach Deliktgruppen, 1975–1989.

Werden die Zugänge nicht nur hinsichtlich der Deliktgruppe, sondern auch unter dem Gesichtspunkt der wiederholten Haft betrachtet, fällt der anteilsmäßige Zuwachs von Straftäterinnen auf, die bereits über Hafterfahrung verfügten, das heißt bereits vorbestraft waren. Das hatte einen Grund. Denn wer nach Hoheneck zu überstellen war, regelte die Ordnung Nr. 0107/77 des Innenministers und somit des Chefs der Deutschen Volkspolizei. In der Durchführungs-Anweisung vom März 1982 war festgelegt worden, dass Erstbestrafte und Rückfalltäterinnen ab einem Strafmaß von mindestens drei Jahren ihre Freiheitsstrafe in Hoheneck zu verbüßen hatten. Der Anteil der strafvollzugserfahrenen Insassinnen lag in Hoheneck damit über dem DDR-Durchschnitt.[88] Dementsprechend trafen politische Strafgefangene, die nach Hoheneck kamen, überwiegend auf Frauen, die langjährige Haftstrafen absitzen mussten und über einschlägige Hafterfahrungen verfügten. Unabhängig vom Strafmaß sollten außerdem all jene Frauen nach Hoheneck überstellt werden, bei denen die Staatssicherheit die Ermittlungen geführt hatte. Das Gleiche galt für Frauen, deren Wohnsitz sich im nichtsozialistischen Ausland bzw. in West-Berlin befand.

Zu Beginn der 1980er Jahre waren 28 Prozent der Hoheneckerinnen vorbestraft. Nach der Amnestie von 1987 stieg deren Anteil auf 54 Prozent.[89] Selbst dem Anstaltsleiter missfiel diese Situation. Wiederholt wies er daraufhin, dass die Vorbestraften eine Belastung für die Disziplin in der Anstalt seien und das Zusammenleben in den »Verwahrräumen«, wie die Zellen im Sprachgebrauch des DDR-Strafvollzugs hießen, erschwerten. Die vorbestraften Frauen, über deren stete

88 SächsStA, 30441, 25.2.B 233: Kontrollbericht, 15.11.1984. Dies wurde auch aus sogenannten »erzieherischen« Gründen veranlasst, wie etwa im Fall dreier Strafgefangener des erleichterten Vollzugs, die auf Geheiß des Anstaltsleiters mit Häftlingen des allgemeinen Vollzugs untergebracht wurden. SächsStA, 30461, 37: Einschätzung des Standes der Durchsetzung des StVG, 21.7.1977.

89 SächsStA, 30441, 25.2.B 232: Referat zur Dienstversammlung am 24. Juni 1981 zur Abrechnung der Arbeitsergebnisse des I. Halbjahres.

Präsenz in Hoheneck er sich beklagte, würden auch vor körperlichen Angriffen auf das Personal nicht zurückschrecken.[90]

Im folgenden Kapitel werden die Deliktgruppen vorgestellt, wegen derer im Zeitraum von 1950 bis 1989 die meisten Gefangenen in Hoheneck verurteilt worden waren. Anhand einzelner Beispiele wird deutlich, wofür die Staatsmacht die Frauen bestrafte und was sie in Haft in Hoheneck erlebten.

90 Ebd. Lageeinschätzung für das Jahr 1988, 17.1.1989; Lageeinschätzung für das 1. Halbjahr 1989, 11.7.1989; SächsStA, 30441, 25.2.B 233: Referat zur Vollzugskonferenz, 3.8.1981.

4.1 Vorwurf der Spionage

»Spionage« war in der Nachkriegszeit der Vorwurf, mit dem Beschuldigte sicher hinter Gitter gebracht werden konnten. Die Anklage wegen Spionagetätigkeit war einfach zu erheben und dramatisch in ihren Folgen. Denn wegen der faktischen Beweislastumkehr konnten sich die Angeklagten kaum verteidigen. Unter den politisch verfolgten Frauen in der SBZ traf der Vorwurf, für eine fremde Macht spioniert zu haben, Hausfrauen, Angestellte, Arbeiterinnen, aber auch Schülerinnen sowie Akademikerinnen gleichermaßen.[91] Jede zweite SMT-Verurteilte, die nach Hoheneck gebracht wurde, saß wegen des Spionagevorwurfs hinter Gittern. Zwei Drittel dieser vermeintlichen Spioninnen wurden zur höchstmöglichen Haftstrafe von 25 Jahren verurteilt. Diese für die sowjetische Strafjustiz typische Verurteilungspraxis diente in erster Linie der Abschreckung sowie der Stabilisierung der sowjetischen Macht. Um die Ahndung tatsächlicher Spionage ging es in der überwiegenden Mehrheit der Fälle nicht.

In seiner herausgehobenen Bedeutung für die Anfangszeit des Strafvollzugs sowohl in Hoheneck als auch in der DDR generell darf der Vorwurf der Spionage nicht unterschätzt werden. Mit dem Transport aus dem Speziallager Sachsenhausen im Februar 1950 waren 606 Frauen nach Hoheneck gekommen, die von Sowjetischen Militärtribunalen wegen Spionage abgeurteilt worden waren. Bis 1954 folgten weitere 28 wegen Spionage verurteilte Frauen.[92] Auch die DDR-Machthaber versuchten sich darin, diesen Straftatbestand möglichst schwammig zu halten. In einem Band aus der Schriftenreihe der Deutschen Volkspolizei hieß es, dass es sich bei Spionage um die Weitergabe von Kenntnissen »über irgendwelche Vorgänge im Leben unserer Republik« handle, »an denen der Gegner zur Vorbereitung eines Krieges besonderes Interesse hat«.[93] Ab Anfang der 1950er Jahre tauchte der Straftatbestand der Spionage in den Anklageschriften der DDR-Staats-

91 Vgl. Matz-Donath: »Kämpferinnen und Opfer«, S. 63.
92 Vgl. ebd.
93 Grandke: Zu den Begriffen Spionage, Abwerbung, Terror, S. 20.

anwaltschaften dann immer seltener auf. Eine Ausnahme bildet das Jahr 1956, als der Spionagevorwurf kurzzeitig wieder vermehrt zur Anwendung kam.

Strafmaß	1945	1946	1947	1948	1949	1950	insgesamt
bis 10 Jahre	2	24	12	11	20	5	74
10 bis 15 Jahre	-	19	16	10	11	3	59
16 bis 20 Jahre	-	12	19	16	23	7	77
25 Jahre	1	8	61	159	136	31	396
Lebenslänglich	-	-	-	-	-	-	-
Summe:	3	63	108	196	190	46	606

Tabelle 6: Wegen »Spionage« verurteilte Frauen in Hoheneck nach Verurteilungsjahr und Strafmaß, 1945–1950.

Fällten die neuen DDR-Gerichte durchaus seltener Urteile mit der Begründung »Spionage«, so waren die Strafen nicht milder als die von Sowjetischen Militärtribunalen verhängten. Auch nach 1950 fielen die Haftstrafen zunächst noch dramatisch hoch aus. Erst allmählich sank das Strafmaß für Spionage. Es lag dennoch stets höher als bei anderen politischen (Ausnahme 1951 und 1956) und auch als bei kriminellen Straftaten (Tabelle 7).

1950	1951	1952	1953	1954	1955	1956
			Spionage			
21 Jahre 8 Monate	12 Jahre 8 Monate	11 Jahre 6 Monate	10 Jahre	6 Jahre 3 Monate	8 Jahre	5 Jahre 8 Monate
			politisch			
19 Jahre 3 Monate	19 Jahre 8 Monate	7 Jahre 1 Monat	5 Jahre 11 Monate	5 Jahre 5 Monate	5 Jahre 11 Monate	6 Jahre
			gesamt			
13 Jahre 6 Monate	5 Jahre 11 Monate	5 Jahre 1 Monat	4 Jahre 3 Monate	3 Jahre 6 Monate	3 Jahre 7 Monate	2 Jahre 10 Monate

Tabelle 7: Durchschnittliche Haftdauer der wegen »Spionage« und wegen politischer Straftaten generell verurteilten Gefangenen in Hoheneck, 1950–1956.

4.2 Widerstand gegen Gleichschaltung und Unfreiheit in der SBZ

Dorothee Fischer

Während der Großteil der als Spioninnen Verurteilten tatsächlich nie in irgendeiner Form gegen die DDR gerichtete Taten begangen hatte, gab es durchaus Frauen, die aus Überzeugung Widerstand gegen die sich neu formierende Diktatur leisteten. Eine von ihnen war Dorothee Fischer.

Dorothee Fischer, Jahrgang 1923, war in der unmittelbaren Nachkriegszeit als Sekretärin im SPD-Kreisbüro Saalfeld beschäftigt. Über ihren Ehemann war sie zur Sozialdemokratie gekommen. Ihr Schwiegervater war der Vorsitzende der Saalfelder SPD, Paul Kreutzer. Als die SPD mit der KPD 1946 zur SED zwangsvereinigt wurde, fand für Dorothee Fischer das Kapitel SPD jedoch ein jähes Ende. Als im Frühjahr 1949 nahezu der komplette SED-Kreisvorstand Saalfeld ins Visier der sowjetischen Fahnder geriet, zielte diese Nachstellung auch auf Dorothee Fischer. Sie hatte wiederholt das Ostbüro der SPD in West-Berlin kontaktiert und heimlich über die Zustände in Saalfeld berichtet. Zur Tarnung ihrer Tätigkeit nutzte sie die sporadischen Besuche bei ihrer Mutter, die in Berlin-Spandau wohnte. Auf dem Rückweg nahm sie wiederum Informationsmaterial der SPD mit nach Saalfeld. Wegen dieser Kurierfahrten wurde sie vor ein Sowjetisches Militärtribunal gestellt. Mit ihr standen ihr Partner und Schwiegervater sowie drei weitere ehemalige Sozialdemokraten vor Gericht. Auch wenn es Dorothee Fischer war, die diese Botengänge unternahm, zählte sie nicht zu den führenden Köpfen des Saalfelder Widerstands. Die Richter interessierte jedoch nicht, wer welche Funktion in der Gruppe innehatte. Alle sechs Angeklagten wurden zu 25 Jahren Haft verurteilt. Dorothee Fischer wurde zunächst ins sowjetische Speziallager Sachsenhausen verbracht. Im Februar 1950 kam sie von dort mit dem ersten Transport nach Hoheneck. »Dorle«, wie Fischer von ihren Mitgefangenen genannt wurde, hatte sich während der Haft stets korrekt verhalten – sowohl den Bediensteten gegenüber als auch den Mithäftlingen. Vielleicht gelang es ihr deshalb, während der Haftzeit unbemerkt von den Aufseherinnen und mit Hilfe anderer Gefangener das Ostbüro der SPD über die körperliche sowie psychische Verfassung der Häftlinge zu informieren.[94] Nachdem ihr Strafmaß zwischenzeitlich auf zehn Jahre reduziert worden war, kam sie schließlich am 30. Juli 1956 frei.

Annerose Matz-Donath

Als am 25. Oktober 1959 Annerose Matz-Donath aus der Haft in Hoheneck entlassen wurde, hatte sie elfeinhalb Jahre im Räderwerk des kommunistischen bzw. realsozialistischen Strafvollzugs überstanden. Alle großen Gefängnisse der SBZ und DDR hatte sie erlebt: den »Roten Ochsen« in Halle, das »Gelbe Elend« in Bautzen, das Speziallager Sachsenhausen, die Gefängnisse Hoheneck und Brandenburg-Görden. Annerose Matz-Donath, Jahrgang 1923, war zeit ihres Lebens von der eigenen Diktaturerfahrung im Dritten Reich geprägt, die sie selbst einmal als »Erkenntnisschock« umschrieb.[95] Der Zweite Weltkrieg hatte ihren persönlichen Lebensentwurf vollständig auf den Kopf gestellt. Ihr Studium der Publizistik, Geschichte und Germanistik in Leipzig zu beenden, war unmöglich geworden. Auch nach dem Krieg war daran nicht mehr zu denken. Dennoch wollte sie ihren Traum, als Journalistin zu arbeiten, nicht aufgeben. Die Chance dazu bot sich, als in der Sowjetischen Besatzungszone »Volkskorrespondenten« gesucht wurden. Allerdings interpretierte Annerose Matz-Donath ihre Rolle als Journalistin anders, als es von ihr erwartet wurde. Sie sah sich nicht als Funktionärin der Arbeiterklasse, als eine ideologisch verpflichtete Handlangerin der Partei- und Staatsführung, sondern entwickelte sich zu einer unliebsamen, weil liberalen Journalistin. Begonnen hatte sie als Volontärin bei der *Liberal-Demokratischen Zeitung*

94 Vgl. Boll: Paul, Herrmann und Dorothee Kreutzer, S. 104, 109; JVAW, Haftkarteikarte Dorothee Fischer.

95 Schacht: Annerose Matz-Donath, S. 283.

in Halle, dem offiziellen Organ der Liberal-Demokratischen Partei Deutschlands (LDP). Nachdem sich im Herbst 1947 einer der beiden Chefredakteure in den Westen abgesetzt hatte, rückte Matz-Donath auf dessen Posten nach. Neben der inhaltlichen Verantwortung für das Politikressort fiel es in ihre Zuständigkeit, die Verbindung zu den Zensuroffizieren der sowjetischen Besatzungsmacht zu halten.[96] In dieser Funktion wurde ihr schmerzlich bewusst, dass es unter der sowjetischen Führung keine freie Presse gab und geben würde. Auch ihre Zeitung diente letzten Endes nur der Durchsetzung der sowjetischen Herrschaftspraxis. Weil sich Matz-Donath ihrem Gewissen und dem journalistischen Berufsethos verpflichtet fühlte, wollte sie dem Aufbau einer neuen Diktatur nicht tatenlos zusehen und erst recht nicht dabei behilflich sein. Dank der Unterstützung eines Freundes gelang es ihr, Informationen über die Zustände und Entwicklungen in der SBZ zusammenzutragen und direkt an den US-amerikanischen Vertreter im Alliierten Kontrollrat, General Lucius D. Clay, weiterzugeben, der seinen sowjetischen Amtskollegen mit diesen Informationen direkt konfrontieren konnte.[97] Auch wenn diese Informationsweitergabe nicht aufgeflogen war, blieb ihre kritische Haltung nicht unbemerkt. Etwa ein halbes Jahr vor ihrer Verhaftung waren Matz-Donath und ihr Chefredakteur entlassen und durch linientreue Journalisten ersetzt worden. Es gelang ihr jedoch, durch eine Intervention beim LDP-Vorstand ihren Posten wiederzubekommen. Doch das war nur von kurzer Dauer. Am 11. Mai 1948 wurde Annerose Matz-Donath Opfer einer typischen Kettenverhaftung. Sie wurde als Spionin zu den üblichen 25 Jahren Freiheitsstrafe verurteilt, zunächst ins Gefängnis Halle überstellt, von wo aus sie später nach Sachsenhausen kam. Das Strafmaß wurde später zwar gesenkt, doch sie profitierte weder von der Amnestie 1953 noch von jener im Jahr 1956. Die Bemühungen ihrer Familie sowie die der Bundesregierung und selbst ein durch Wilhelm

96 Vgl. Schacht: Annerose Matz-Donath, S. 283f.
97 Vgl. ebd.

Pieck befürworteter Entlassungsantrag führten nicht zu einer früheren Freilassung, weil sich die Staatssicherheit immer wieder dagegen ausgesprochen hatte. Matz-Donath zahlte für ihren Idealismus einen hohen Preis. Sie verlor nicht nur für über ein Jahrzehnt ihre Freiheit. Auch ihr Ehemann ließ sich scheiden, während sie in Haft war, und ihre damals dreijährige Tochter durfte sie erst nach ihrer Freilassung wiedersehen. Als sie schließlich im Oktober 1959 entlassen werden sollte, geschah dies nicht, ohne ihr vorher die Zusage zur inoffiziellen Mitarbeit beim MfS abzupressen. Mit der Freiheit zum Greifen nahe wollte sie nichts mehr riskieren und erklärte sich bereit, für die Staatssicherheit zu spitzeln. Nach der Haft verließ sie jedoch die DDR. Als sie in der Bundesrepublik ankam, offenbarte sie sich umgehend. Dort gelang es ihr, wieder als Journalistin Fuß zu fassen. Der politischen Berichterstattung blieb sie ebenfalls verpflichtet.[98]

4.3 Spionageaktivitäten nach 1950

Die Agentinnen »Linke« und »Kadelka«[99]

Fast alle Frauen, die von DDR-Gerichten seit 1950 zu Spioninnen erklärt wurden, kamen nach Hoheneck. Zwar erlangten sie zahlenmäßig nie wieder die Bedeutung wie Anfang der 1950er Jahre, sie wurden allerdings ähnlich hart bestraft wie die SMT-Verurteilten, auch wenn sich die gesetzliche Grundlage für deren Strafverfolgung geändert hatte. Artikel 6 der Verfassung der DDR (»Kriegs- und Boykotthetzte«) hatte als Universalparagraph bei sogenannten Staatsverbrechen ausgedient. Mit dem Strafrechtsergänzungsgesetz von 1957 wurden stattdessen elf einzelne Staatsschutzbestimmungen eingeführt, zu denen auch der Tatbestand der Spionage gehörte.

98 Vgl. ebd., S. 285ff.

99 Es finden ausschließlich die Decknamen Verwendung, um die Persönlichkeitsrechte der Betreffenden zu wahren. Weil sie mittlerweile verstorben sind, konnte keine Einwilligung eingeholt werden.

§ 14 StGB[100]
Wer es unternimmt, Tatsachen, Gegenstände, Forschungsergebnisse oder sonstige Nachrichten, die im politischen oder wirtschaftlichen Interesse oder zum Schutze der Deutschen Demokratischen Republik geheim zu halten sind, an andere Staaten oder deren Vertreter, an Organisationen oder Gruppen, die einen Kampf gegen die Arbeiter-und-Bauern-Macht oder andere friedliebende Völker führen, oder deren Vertreter oder Helfer auszuliefern oder zu verraten, wird wegen Spionage mit Zuchthaus nicht unter drei Jahren bestraft; auf Vermögenseinziehung kann erkannt werden.

Die Einführung dieses Strafrechtsparagraphen zeugte davon, wie sehr die DDR-Staats- und Pateiführung sich am sowjetischen Vorbild orientierte. Ihr war nicht entgangen, wie wirkungsvoll der Spionagevorwurf schon während der SMT-Verfahren eingesetzt werden konnte. Die daraus resultierenden harten Strafen schreckten ab und halfen den sowjetischen Besatzern, ihre Macht bzw. die ihrer Stellvertreter zu konsolidieren. Die DDR-Gerichte imitierten diese Vorgehensweise über Jahre, bis die Strafverfolgung wegen Spionage mehr und mehr an Bedeutung verlor. Tatsächlich waren die Befürchtungen der SED-Führung, westliche Geheimdienste würden den jungen Staat auskundschaften, nicht von der Hand zu weisen und realitätsnaher als bei den Spionageverfahren, die vor den Sowjetischen Militärtribunalen geradezu inszeniert worden waren. Handfeste Verdachtsmomente gab es genug. Die Staatssicherheit lieferte zahlreiche Belege dafür, dass die DDR im Fokus geheimdienstlicher Aktivitäten der Amerikaner, Briten und der Bundesrepublik stand.[101] Helene »Elli« Barczatis war wohl die bekannteste enttarnte Spionin. Die Chefsekretärin des Ministerpräsidenten Otto Grotewohl, die mehrere Jahre von der Staatssicherheit überwacht worden

100 Gesetz zur Ergänzung des Strafgesetzbuches, §14. Spionage, in: Gesetzblatt der Deutschen Demokratischen Republik, Teil 1, Nr. 78, 11.12.1957.
101 Vgl. Maddrell: Blütezeit der Spionage.

war, wurde zeitgleich mit ihrem Partner, der für die Organisation Gehlen, den Vorläufer des Bundesnachrichtendienstes (BND), tätig gewesen war, im März 1955 festgenommen. Das Gerichtsverfahren wurde an nur einem Verhandlungstag durchgeführt. Die ursprüngliche Strafmaßempfehlung sah lebenslange Haft vor. Am Ende erhielten Helene Barczatis und ihr Partner ein Todesurteil, das am 23. November 1955 in der damaligen zentralen Hinrichtungsstätte der DDR mit dem Fallbeil vollstreckt wurde.[102]

Über die gesamte Zeit des Kalten Krieges waren die Bundesregierung und mit ihr die westlichen Alliierten vor allem an den in der DDR stationierten Truppen der Roten Armee, deren Kampfkraft und Bewegungsprofil interessiert.[103] Auf dem Feld der Spionage war es oft der Bundesnachrichtendienst (BND) bzw. dessen Vorgängerinstitution, die Organisation Gehlen, die Agenten und Agentinnen in der DDR führte. Diese bedienten sich unterschiedlicher Methoden, um die von ihnen gesammelten Informationen in den Westen zu übermitteln. Sie nutzten den sogenannten Agentenfunk, eine kodierte Kommunikation meist mittels Zahlen- und/oder Buchstabengruppen, die über Kurzwelle gesendet wurden, sie schrieben ihre Informationen auf Zigarettenpapier, das im Notfall sofort verschluckt werden konnte oder nähten sich die Notizen in die Kleidung ein.[104] Größte Vorsicht war geboten, denn der Spionagevorwurf hatte nichts von seinen verheerenden Konsequenzen für die Beschuldigten verloren, egal, ob schuldig oder nicht.

Nicht selten wurden Spionagetätigkeiten für den Westen von mehreren Familienmitgliedern gleichzeitig ausgeübt. Die Agentin des BND mit dem Decknamen »Linke« hatte neben einem weiteren Komplizen auch ihren Sohn in ihre Aktivitäten eingebunden. Um den erschwerten Kommunikationsbedingungen nach dem Mauerbau zu begegnen, bat sie diesen, eine Hochantenne für sie zu konstruieren. Mit Hilfe

102 Zum Fall Barczatis vgl. Fricke/Engelmann: »Konzentrierte Schläge«, S. 181–194.

103 Vgl. Maddrell: Blütezeit der Spionage, S. 31; Wagner: BND contra Sowjetarmee, S. 93–99; Wagner: Der Fall »Antenne«, S. 37.

104 JVAW, Gefangenenpersonalakte (GPA) 596/60: Urteil, 9.1.1959; GPA 119/65: Urteil, 9.4.1962; GPA 669/60: Urteil, 2.9.1958.

der Antenne konnte sie über ihr Sprechfunkgerät aus dem sächsischen Grimma mit ihrem BND-Verbindungsmann in Kontakt bleiben. Es war die Hochzeit ihrer Agententätigkeit, in der sie die meisten Funksprüche und Berichte absetzte. Seit August 1960 hatte sie den Auftrag, die im Raum Grimma stationierten sowjetischen Streitkräfte auszuspionieren. Insgesamt verfasste sie 25 Berichte für den BND und traf sich sieben Mal mit ihrem Verbindungsmann. Der westdeutsche Dienst vertraute ihr so sehr, dass sie selbst einen Agenten anwerben sollte und diesen später auch anleitete.[105]

»Linke«, ihr Sohn und der angeworbene Agent wurden enttarnt und im April 1962 zu mehrjährigen Haftstrafen wegen Spionage im schweren Fall verurteilt. Am glimpflichsten kam dabei der Sohn davon. Er musste »nur« für fünf Jahre ins Gefängnis. Während der angeworbene Agent acht Jahre zu verbüßen hatte, wurde »Linkes« Freiheitsentzug auf 15 Jahre festgesetzt.[106] Ihre Strafe trat die überführte BND-Agentin am 25. Mai 1962 in Hoheneck an. Zu Beginn ihrer Haftzeit bemängelte das Personal ihre fehlende Einsicht in die Schwere ihrer Tat. Sie hätte, so der Vorwurf einer Bediensteten, nicht erfasst, wie »gesellschaftsgefährdend« sie sich verhalten habe. Eine Veränderung ihrer Geisteshaltung meinte die »Erzieherin« erst festgestellt zu haben, nachdem »Linke« die Möglichkeit gehabt hatte, ihren inhaftierten Sohn in der Strafvollzugsanstalt Waldheim zu besuchen. Danach schien sie sich einsichtig zu zeigen. »Linkes« Gesamtverhalten schätzte die Bedienstete schließlich als unauffällig ein. Sie übertrete keine Regeln, respektiere die Hausordnung, folge allen Weisungen und erfülle das verlangte Arbeitspensum in der Schneiderei.[107] Wohl auch deshalb musste sie nicht die volle Strafe verbüßen. Als Vorstufe zu ihrer Entlassung kann die Reduzierung ihrer Strafe per Gnadenentscheid des Staatsratsvorsitzenden Walter Ulbricht im Sommer 1965 betrachtet werden. Aus 15 Jahren wurden schließlich sechs. Nur wenige Tage nach dem Gnadenentscheid wurde die Reststrafe auf Antrag der

105 JVAW, GPA 119/65: Haftbefehl, 27.10.1961; Anklageschrift, 28.2.1962.
106 Ebd.: Urteil, 9.4.1962.
107 Ebd.: Einschätzung, 8.9.1964.

zuständigen Bezirksstaatsanwaltschaft zur Bewährung ausgesetzt, und »Linke« kam am 22. Juni 1965 frei.[108] Vom Tempo dieser Entscheidungen zeigte sich auch die Anstaltsleitung überrumpelt.[109] Der Umgang mit »Linke« zeigt den deutlichen Unterschied zu den von den Sowjetischen Militärtribunalen verurteilten angeblichen Spioninnen. Der aus Sicht der Anstaltsleitung eher nachsichtige Umgang mit »Linke« war ein Privileg, auf welches die SMTlerinnen nicht hatten hoffen können.

Der Auftrag des BND für eine Agentin mit dem Decknamen »Kadelka« ähnelte dem von »Linke«. Für die westdeutsche Aufklärung sollte sie die Flugplätze in Werneuchen, Neuruppin und Jüterbog auskundschaften. Sie sollte herausfinden, welche Flugzeugtypen dort stationiert waren und welche Waffensysteme die Rote Armee aufgefahren hatte. Zunächst operierte »Kadelka« noch allein mit ihrem Lebensgefährten. In der Zeit um den Jahreswechsel 1956/57 brachte sie schließlich auch ihre Tochter mit ihrem BND-Kontakt zusammen, und diese erklärte sich bereit, ihre Mutter und deren Lebensgefährten zu unterstützen. Wie die Gruppe um »Linke« flogen auch »Kadelka« und diejenigen auf, die mit ihr zusammenarbeiteten. Sie wurden durch die DDR-Justiz strafrechtlich belangt.[110] Im September 1958 sprach das Bezirksgericht Frankfurt/Oder sie schuldig. »Kadelka« wurde zu zwölf Jahren Freiheitsentzug verurteilt, ihre Tochter zu fünf Jahren.

Die ersten zwei Jahre verbüßten Mutter und Tochter ihre Haftstrafe gemeinsam in Görlitz, bevor sie nacheinander nach Hoheneck verlegt wurden. Hier erfuhren sie, dass ihre Strafen durch einen Amnestiebeschluss reduziert worden waren. Das Strafmaß der Mutter wurde auf neun, das der Tochter auf vier Jahre abgesenkt.[111] Eine Vergünstigung, von der die Mutter nichts mehr hatte. Sie wurde im September 1961 ins Haftkrankenhaus Klein Meusdorf eingewiesen, wo sie verstarb.[112]

108 Ebd.: Beschluss, 17.6.1965.
109 Ebd.: Führungs-Abschluss-Bericht, 22.6.1965.
110 JVAW, GPA 669/60: Urteil, 2.9.1958.
111 Ebd.: Veränderungsmitteilung, 8.12.1960.
112 Ebd.: Lebenslauf, 12.12.1961.

Die Tochter kam in Hoheneck immer wieder in Konflikt mit dem strengen Haftregime. Vorlaut sei sie gewesen, wiederholt hätte sie die Hausordnung missachtet und sich mehrmals undiszipliniert gezeigt, so die Bediensteten. In den Augen des Personals habe es bei ihr jedoch einen Wandel zum Besseren gegeben.[113] Mit ihrem zunächst unangepassten Verhalten hatte sie sich bei der zuständigen Staatsanwaltschaft allerdings nachhaltig in Misskredit gebracht. Diese lehnte nämlich unter Verweis auf die Berichte der Bediensteten eine Aussetzung der Strafe zur Bewährung ab, weil sie bezweifelte, dass der Verhaltenswandel Ausdruck einer angepassten Geisteshaltung sei. Aus Sicht der Staatsanwaltschaft war das Ziel der Inhaftierung bei der Tochter von »Kadelka« noch nicht erreicht.[114] Folglich musste sie bis Januar 1962 in Haft verbleiben.[115]

Für eine Verurteilung wegen Spionage war keine aktive Tatbeteiligung erforderlich. Auch das Nichtanzeigen vermeintlicher Agententätigkeiten konnte zu einem Schuldspruch führen. Hannelore Sprung[116] wurde es beispielsweise zum Verhängnis, ihren Mann nicht der Polizei gemeldet zu haben, obwohl sie wusste, dass dieser seit neun Jahren für die Bundesrepublik spioniert hatte. Dadurch hätte sie sich mitschuldig gemacht. Einen Tag vor dem Mauerbau, am 12. August 1961, wurde der Haftbefehl gegen sie ausgestellt.[117] Die Eheleute wurden schließlich wegen »gemeinschaftlicher Spionage« angeklagt. Beim Ehemann entschied das Gericht auf »einen schweren Fall von Spionage« und verhängte eine lebenslange Freiheitsstrafe. Hannelore Sprung wurde kurz vor ihrem 61. Geburtstag zu sieben Jahren Haft verurteilt.[118]

War tatsächliche oder vermeintliche Spionage noch bis Anfang der 1960er Jahre einer der Hauptgründe für die Überstellung von Frauen nach Hoheneck, spielte dieser Straftatbestand ab Mitte der 1970er Jahre keine Rolle mehr. In der Haftanstalt, in der vormals hunderte wegen Spionage verurteilte

113 Ebd. Führungsbericht, 30.12.1960.
114 Ebd. Schreiben des Staatsanwalts Frankfurt/Oder, 18.7.1961.
115 Ebd. Entlassungsschein, 16.1.1962.
116 Pseudonym.
117 JVAW, GPA 48/65: Haftbefehl, 12.8.1961.
118 Ebd. Beglaubigte Abschrift des Urteils, 19.12.1961.

Frauen eingesperrt waren, gab es diese Häftlingsgruppe ab 1975 überhaupt nicht mehr. Mit der Entwicklung der Nachrichtentechnik ging der Einsatz von Spitzeln generell zurück. Echte Spione und Spioninnen wurden seltener. Aber auch die Tatsache, dass die Repressionsmethoden seit den 1950er Jahren vielfältiger und subtiler geworden waren, erlaubte der DDR-Justiz, auf die Instrumentalisierung des Vorwurfs der Spionage weitgehend zu verzichten. Sowohl das 1968 eingeführte Strafgesetzbuch mit seinen erweiterten Paragraphen als auch diverse Repressionsformen außerhalb des strafrechtlichen Rahmens gaben der Staatsführung weit mehr Werkzeuge in die Hand als den bis dahin üblichen Holzhammer.

4.4 Republikflucht

Unter den politischen Strafgefangenen in Hoheneck waren diejenigen, die wegen »Republikflucht« (RF) oder wegen damit in Zusammenhang stehender Taten verurteilt worden waren, im statistischen Mittel die größte Gruppe. Den Wunsch nach einem Leben im Westen hatten nicht wenige DDR-Bürgerinnen und Bürger. Dabei waren mit dem Sehnsuchtsort Bundesrepublik ganz unterschiedliche Vorstellungen und Hoffnungen verknüpft. Bis zum Mauerbau hatten etwa 2,8 Millionen Menschen die DDR in Richtung Westen verlassen – fast jeder Sechste. Die Staatsführung der DDR wollte und konnte diesem Exodus der eigenen Bevölkerung nicht tatenlos zusehen. Doch weder die Abriegelung der innerdeutschen Grenze 1952 noch die Verschärfung des Passgesetzes 1957, das bereits die Vorbereitung der illegalen Ausreise unter Strafe stellte, zeigten die gewünschte Wirkung. Der Bau der Mauer im August 1961 und die Schließung des letzten Schlupflochs war dann die drastischste Maßnahme, um die Bevölkerung am Verlassen der DDR zu hindern.

Auf der einen Seite kämpfte die Staats- und Parteiführung also dagegen an, dass ihr die Menschen davonliefen. Auf der anderen Seite war sie um internationale Anerkennung bemüht. Die ersehnte Aufnahme in die Vereinten Nationen 1973 und die Unterzeichnung der Schlussakte der Konferenz über Sicherheit und Zusammenarbeit in Europa (KSZE) 1975, mit der sich auch die DDR zur Wahrung von Menschenrechten und von Grundfreiheiten ihrer Bürger verpflichtete, brachten die Staats- und Parteiführung in ein Dilemma. Denn würde der Staat den Verträgen folgend seinen Bürgern die legale Ausreise ermöglichen, musste er damit rechnen, dass immer mehr Menschen die DDR verließen. Ein allzu hartes Vorgehen gegen die Ausreisewilligen würde wiederum nicht nur das eigene internationale Ansehen gefährden. Auch der Druck aus der Bevölkerung würde zunehmen. Beides wollten die Verantwortlichen vermeiden und versuchten deshalb, einen Mittelweg zu gehen. Wenn sich Ausreisewillige auf die KSZE-Schlussakte beriefen, die das Recht auf Freizügigkeit verbriefte, antworteten die DDR-Behörden mit Schikanen. Die Antragssteller sollten zum einen dazu bewegt werden, ihre Anträge zurückzuziehen, und zum anderen sollten all diejenigen abgeschreckt werden, die ebenfalls mit dem Gedanken spielten, auszureisen. Nichtsdestotrotz wurde eine begrenzte Übersiedlung in die Bundesrepublik zugelassen.[119] Personen, die keine offizielle Erlaubnis erhielten, standen vor der Wahl, es bleiben zu lassen oder es auf ungesetzlichem Weg zu versuchen. Der maßgebliche Paragraph im Strafgesetzbuch der DDR von 1968, mit dem »Ungesetzlicher Grenzübertritt« geahndet wurde, war Paragraph 213 StGB.

119 Vgl. Schroeder: Der SED-Staat, S. 277.

§ 213 StGB

(1) Wer widerrechtlich die Staatsgrenze der Deutschen Demokratischen Republik passiert oder Bestimmungen des zeitweiligen Aufenthalts in der Deutschen Demokratischen Republik sowie des Transits durch die Deutsche Demokratische Republik verletzt, wird mit Freiheitsstrafe bis zu zwei Jahren oder mit Verurteilung auf Bewährung, Haftstrafe oder mit Geldstrafe bestraft.

(2) Ebenso wird bestraft, wer als Bürger der Deutschen Demokratischen Republik rechtswidrig nicht oder nicht fristgerecht in die Deutsche Demokratische Republik zurückkehrt oder staatliche Festlegungen über seinen Auslandsaufenthalt verletzt.

(3) In schweren Fällen wird der Täter mit Freiheitsstrafe von einem Jahr bis zu acht Jahren bestraft. Ein schwerer Fall liegt insbesondere vor, wenn

1. die Tat Leben oder Gesundheit von Menschen gefährdet;
2. die Tat unter Mitführung von Waffen oder unter Anwendung gefährlicher Mittel oder Methoden erfolgt;
3. die Tat mit besonderer Intensität durchgeführt wird;
4. die Tat durch Urkundenfälschung (§ 240), Falschbeurkundung (§ 242) oder durch Mißbrauch von Urkunden oder unter Ausnutzung eines Verstecks erfolgt;
5. die Tat zusammen mit anderen begangen wird;
6. der Täter wegen ungesetzlichen Grenzübertritts bereits bestraft ist.

(4) Vorbereitung und Versuch sind strafbar.

Anmerkung: Zuwiderhandlungen gegen die gesetzlichen Bestimmungen oder auferlegte Beschränkungen über Ein- und Ausreise oder Aufenthalt können in leichten Fällen als Ordnungswidrigkeit verfolgt werden.

Jahr	Strafgefangene Ø	Anteil der wegen »Republikflucht« verurteilten Strafgefangenen an der Gesamtzahl	Haftdauer der wegen »Republikflucht« verurteilten Strafgefangenen	vorbestraft	Alter Ø
1980	365	29,27 %	2 Jahre 6 Monate	0	30
1981	534	20,83 %	2 Jahre 2 Monate	0	31
1982	436	20 %	2 Jahre 5 Monate	0	28
1983	379	21,74 %	1 Jahr 11 Monate	0	30
1984	658	17,65 %	1 Jahr 8 Monate	0	27
1985	449	10 %	2 Jahre 3 Monate	0	33
1986	467	-	-	-	-
1987	375	12,5 %	2 Jahre 5 Monate	0	25
1988	211	6,25 %	3 Jahre 3 Monate	50 %[120]	36
1989	369	8,33 %	2 Jahre 8 Monate	0	29

Tabelle 8: Wegen »Republikflucht« verurteilte Frauen in Hoheneck, 1980–1989.

Die Strafverfolgung von Personen, die die DDR verlassen wollten, ohne auf eine behördliche Erlaubnis zu warten, erschöpfte sich jedoch nicht in der Anwendung des Paragraphen 213 StGB. Den Strafverfolgungsbehörden stand eine Reihe weiterer Paragraphen zur Verfügung. So konnten häufige Nachfragen zum Stand der Antragsbearbeitung, Eingaben und Protest gegen die Ablehnung eines Ausreiseantrags als »Beeinträchtigung staatlicher und gesellschaftlicher Tätigkeit« (§ 214 StGB) geahndet werden. Wenn Abgewiesene sich an Institutionen im westlichen Ausland wandten, konnten sie nach den Straftatbeständen der »Ungesetzlichen Verbindungsaufnahme« (§ 219 StGB) und »Landesverräterischen Nachrichtenübermittlung« (§ 99 StGB) belangt werden. Wer wiederum den Weg an die DDR-Öffentlichkeit suchte, dem drohte eine Anklage wegen der »Öffentlichen Herabwürdigung staatlicher Organe« nach § 220 StGB. Außerdem führten die Staatsanwaltschaften weitere Paragraphen des politischen Strafrechts ins Feld, um Ausreisewillige zu bestrafen

120 Die Zahl erklärt sich möglicherweise aus dem geringen Umfang des Samples, das lediglich zwei Stichproben umfasst. Die Vorstrafe der Strafgefangenen rührt aus einer vorangegangenen Verurteilung nach § 213. JVAW, GPA 252/89.

und damit andere abzuschrecken. Diese reichten von »Spionage« (§ 97 StGB), »Agententätigkeit« (§ 100 StGB), »Staatsfeindlicher Hetze« (§ 106 StGB) und »Zusammenrottung« (§ 217 StGB) über »Unterlassung der Anzeige« (§ 225 StGB) bis hin zu »Asozialem Verhalten« (§ 249 StGB).[121] Die Zahl der Frauen, die nach Hoheneck kamen, weil sie die DDR verlassen wollten, war also deutlich größer als die derjenigen, die wegen einer gescheiterten Flucht nach § 213 StGB (»Ungesetzlicher Grenzübertritt«) verurteilt worden waren.

Ellen Thiemann

> *»Wir wissen, in wenigen Minuten werden sie bei uns sein. Schnell gehen wir noch einmal die wichtigsten Punkte durch, um wenigstens unserem Sohn die Einweisung in ein Kinderheim zu ersparen, wenn wir wegen geplanter ›Republikflucht‹ verhaftet werden sollten.«* [122]
>
> Ellen Thiemann

Dass Menschen, wie etwa Ellen Thiemann, den riskanten Weg der Flucht wählten, zeigt, welchen Leidensdruck das Leben in der DDR bedeuten konnte. Familie Thiemann hatte geplant, mit gefälschten Pässen über das sozialistische Ausland in den Westen zu gelangen. Aufgrund logistischer Schwierigkeiten gaben sie diesen Plan jedoch auf. Sie setzten stattdessen auf einen weitaus gefährlicheren Fluchtweg: Die Familienmitglieder sollten Ende 1972 jeweils einzeln versteckt in einem Auto nach West-Berlin geschleust werden. Die Flucht scheiterte. Der Sohn, der als erster über die Grenze geschmuggelt werden sollte, wurde von der DDR-Grenzpolizei entdeckt. Ellen Thiemann hatte dies aus der Nähe mit angesehen und vermutete sofort, dass jemand sie verraten hatte. Ihren Ehemann, der selbst jahrelang als Inoffizieller Mitarbeiter für die Staatssicherheit tätig war, hatte sie damals nicht im Verdacht. Nach dem ersten Schock über die Entdeckung des Sohnes

121 Vgl. Gieseke: Die Stasi. 1945–1990, S. 187; Johannsen: Die rechtliche Behandlung ausreisewilliger Staatsbürger, S. 174–188.

122 Thiemann: Stell dich mit den Schergen gut, S. 7.

eilte sie nach Hause zurück und klärte ihren Gatten über das Geschehene auf. Die Verhaftung der Eltern erfolgte noch am selben Tag in der eigenen Wohnung. Um ihren Mann zu schützen, nahm Ellen Thiemann bei Verhören durch die Staatssicherheit sogar die alleinige Schuld auf sich. Nach mehreren Monaten in der Zentralen Stasi-Untersuchungshaftanstalt Berlin-Hohenschönhausen wurde sie im Mai 1973 wegen geplanter Republikflucht und »staatsfeindlicher Verbindungsaufnahme« zu drei Jahren und fünf Monaten Gefängnis verurteilt und im Juli nach Hoheneck überstellt.[123] Ihr Strafmaß lag deutlich über dem Durchschnitt derjenigen Hoheneckerinnen, die zur selben Zeit wegen Republikflucht abgeurteilt worden waren. Die durchschnittliche Strafdauer für solch ein »Verbrechen« betrug 1972 ein Jahr und zehn Monate, 1973 zwei Jahre und elf Monate und im Jahr 1974 zwei Jahre und neun Monate.

Schon die ersten Eindrücke vom überfüllten Gefängnis waren für Ellen Thiemann beklemmend. Sie wähnte sich in einer Art »dunkler Räuberhöhle«, die voll war mit »unsauberen und mörderischen Gesellen«.[124] Auch der Anblick der meterhohen Mauern, deren Kronen mit Scherben gespickt waren, ließ jeden Gedanken an einen Ausbruch, so flüchtig er auch gewesen sein mochte, sofort als vollkommen aussichtslos erscheinen.[125]

Thiemann wurde in Hoheneck wie alle anderen Strafgefangenen zum »verpflichtenden Arbeitseinsatz« herangezogen, nur musste sie im Unterschied zu anderen Strafgefangenen neben ihrer regulären Arbeit, der Fertigung von Elektromotoren für Waschmaschinen, zusätzliche Tätigkeiten verrichten. Als nämlich eine Strafvollzugsbedienstete ihr künstlerisches Talent bemerkte, sollte sie fortan auch kunstgewerbliche Gegenstände herstellen. Zunächst hatte sie Teller zu verzieren, später kamen Lederarbeiten dazu und Wandteppiche mit politischen Motiven, die sie knüpfen musste.[126] Von dieser

123 Vgl. ebd., S. 7–9, 13–15, 18; Nayhauß/Riepl: Der dunkle Ort, S. 62. Die Spitzeltätigkeit ihres Mannes arbeitet Thiemann in einer weiteren Publikation auf: Thiemann: Der Feind an meiner Seite.

124 Thiemann: Stell dich mit den Schergen gut, S. 121.

125 Vgl. ebd., S. 120.

126 Vgl. ebd., S. 135–137; Thiemann: Zwangsarbeit Kunst, S. 15.

Doppelbelastung wurde sie erst im Mai 1974 erlöst. Als die Belegungszahlen in Hoheneck am höchsten waren, wurde ein sogenanntes Kunstgewerbekommando eingerichtet, und Thiemann war nicht mehr allein dafür zuständig, den Wünschen der Anstaltsleitung nach Kunstprodukten gerecht zu werden.

Die Strafgefangenen waren in sogenannten Kommandos organisiert, das heißt in feststehenden Arbeitskollektiven mit bis zu 100 Strafgefangenen. Ellen Thiemann musste zwar keine Waschmaschinenmotoren mehr wickeln, arbeitete nun aber bis zu 16 Stunden am Tag durchgehend im neuen Kommando und leitete zudem andere Strafgefangene an.[127]

Das Recht der Häftlinge auf »kulturelle Selbstbetätigung« bildete die Grundlage für die Arbeit des Kunstgewerbekommandos. In dem vom DDR-Innenministerium herausgegebenen Nachschlagewerk *Schlag nach für Strafvollzugsangehörige* hieß es dazu: »Im Rahmen der kulturellen Selbstbetätigung ist es Strafgefangenen erlaubt, in Arbeitsgemeinschaften kunstgewerbliche Erzeugnisse nach genehmigten Motiven herzustellen. Strafgefangene sind vorschlagsberechtigt. Es sind nur solche kunstgewerblichen Erzeugnisse herstellen zu lassen, die künstlerischen Wert und handwerkliches Können in sich vereinen und der Befriedigung gesellschaftlicher Bedürfnisse dienlich sind.«[128] Diese euphemistische Umschreibung war blanker Hohn, verschleierte sie doch die Ausbeutung des künstlerischen Talents der strafgefangenen Frauen und den Zwangscharakter der Tätigkeit.

Noch ein Jahr war Thiemann in diesem Kommando tätig, bevor sie Ende Mai 1975 aus der Haft entlassen wurde. An ein Weiterleben wie vor der Inhaftierung war nicht mehr zu denken. Sie musste nun erfahren, dass der Mann, um den zu schützen sie die alleinige Schuld auf sich genommen hatte, mittlerweile mit einer anderen Frau zusammenlebte.[129] Nur wenige Wochen später war die Ehe geschieden. Ende des Jahres 1975

127 Vgl. Thiemann: Stell dich mit den Schergen gut, S. 164.
128 Ministerium des Innern (Hg.): Schlag nach für Strafvollzugsangehörige, S. 253.
129 Vgl. Thiemann: Stell dich mit den Schergen gut, S. 221, 230, 240.

wurden Ellen Thiemann und ihr Sohn schließlich von der Bundesrepublik freigekauft. Später erfuhr sie, dass ihr damaliger Ehemann die Fluchtpläne an die Staatssicherheit verraten hatte.

Karin Sorger

»Die schlimmste Zeit in meinem Leben«[130]
Karin Sorger

Als im August 1961 die deutsch-deutsche Grenze von DDR-Einheiten hermetisch abgeriegelt und um den Westteil Berlins eine Mauer errichtet wurde, erfasste die Leipziger Pathologin Karin Sorger, Jahrgang 1939, endgültig das beklemmende Gefühl des Eingesperrtseins. Der Verlust von Freiheit und Selbstbestimmung setzte der jungen Frau zu. Es war ein schleichender Prozess. Doch diese beunruhigende Gewissheit, in einem Staat zu leben, der ihr die berufliche Entwicklung unnötig erschwerte, etwa weil der grenzüberschreitende Austausch mit Fachkollegen kaum möglich war, ließ sie nicht mehr los. Eine Zukunft konnte sie sich in der DDR nicht mehr vorstellen, vor allem auch nicht für ihr Kind. Mitte der 1970er Jahre fasste sie deshalb den Entschluss, aus der DDR zu fliehen. Über einen Kollegen, mit dem sie die Flucht plante, versuchte sie, Kontakt zu einer Schleusergruppe zu bekommen. Da ihre Tochter jedoch noch mit ihrem Vater beim Camping war und Karin Sorger nicht ohne ihre Tochter fliehen wollte, machte sich der Kollege allein auf den Weg und kam im Westen an.[131] Nun wollte sie es ihm gleichtun und zusammen mit ihrer Tochter in einem Container-Lastwagen, ein eigens für den Personenschmuggel umgebautes Fahrzeug, über die Grenze fliehen. Als sich Karin Sorger am Vortag der beabsichtigten Flucht den Treffpunkt an der Transitstrecke von Leipzig nach West-Berlin anschauen wollte, wurde sie vom Abschnittsbevollmächtigten beobachtet. Dieser fuhr entlang der Transitstrecke routinemäßig Streife, als ihm

130 Fragebogen Karin Sorger, Resümee zu Hoheneck in einem Satz.
131 Vgl. Sorger: Das Geheimnis des Glücks ist die Freiheit, S. 104f.

das abgestellte Auto von Karin Sorger auffiel. Er notierte das Kennzeichen und meldete es der Kriminalpolizei, die Sorger daraufhin in Zivil verfolgte.[132] Das Fluchtvorhaben war aufgeflogen. Vom Kreisgericht Leipzig Mitte wurde sie 1977 wegen versuchter Republikflucht zu eineinhalb Jahren Freiheitsentzug verurteilt. Nach der Untersuchungshaft in Halle und Leipzig wurde Sorger nach Hoheneck überstellt.

In ihrer Zelle war sie die einzige Frau, die wegen eines politischen Delikts verurteilt worden war. Die übrigen 20 Strafgefangenen waren allesamt Kleinkriminelle. Diese gaben den Ton in der Zelle an, schikanierten Sorger aber nicht. Ein Grund dafür war, dass sie den Mitgefangenen beim Verfassen von Schreiben half.

Um drei Uhr morgens begann für Karin Sorger der Tag. Sie stand extra früher auf, um rechtzeitig an ein Waschbecken zu kommen und etwas Privatsphäre zu haben, denn für die 21 Frauen standen lediglich sieben Waschbecken und zwei Toiletten (ohne Trennwände) zur Verfügung.[133] Dann folgte nach der Körperpflege der immer gleiche Ablauf: Bettenmachen und Zelle reinigen. Nach dem Frühstück begann um sechs Uhr die Frühschicht. Am Nachmittag wurden die Strafgefangenen zum Freigang in den Innenhof geführt. Zurück in der Zelle war es beinah unmöglich, nicht gegen die Hausordnung zu verstoßen. Denn im »Verwahrraum« gab es nur einen Tisch und fünf Stühle. Diejenigen, die keinen Sitzplatz ergatterten, mussten stehen, da das Sitzen oder Liegen auf dem Bett tagsüber verboten war. In der Hausordnung hieß es: »Die Betten sind nur während der Schlafenszeit oder ärztlich angeordneten Ruhezeiten und nur in der festgelegten Bekleidung (Nachthemd) zu benutzen. Danach sind die Betten einheitlich in Kastenform zu ordnen.«[134]

Der Haftalltag war eintönig. Um sich auch hinter Gittern mit fachlichen Themen zu beschäftigen und geistig aktiv zu bleiben, bat die Medizinerin darum, Fachliteratur lesen zu dürfen. Immer wieder wurde ihr Literatur zugesichert, immer

132 Vgl. ebd., S. 111.
133 Vgl. ebd., S. 137.
134 SächsStA, 30441, 25.2.B 232: Hausordnung, 1.11.1979.

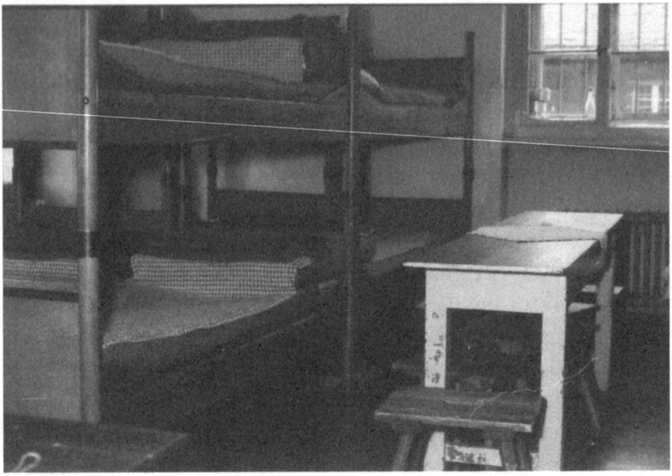

Verwahrraum für zehn Häftlinge in Hoheneck mit Zweistockbetten und Heizkörper, ca. 1963.

wieder fanden sich dann aber Gründe, warum sie diese nicht bekommen konnte. Einmal waren es Unterstreichungen im Buch, die als potenziell verschlüsselte Botschaften gewertet wurden. Eine andere druckfrische Publikation wurde ihr nicht weitergereicht, weil diese in englischer Sprache verfasst war.[135]

Die Staatssicherheit stellte Sorger in Aussicht, dass sie nach der Haftentlassung wieder als Ärztin arbeiten dürfe. Dafür müsste sie aber zusichern, in der DDR zu bleiben, was Karin Sorger rundweg ablehnte. Darüber hinaus hatte sie keinen Kontakt mit dem MfS.

Das Strafvollzugspersonal ergriff drastische Maßnahmen, um Ordnung und Disziplin in der Anstalt aufrechtzuerhalten. Es ließ die Strafgefangenen beispielsweise stundenlang vor der Zelle antreten, wenn es nicht gelang, »Fehlverhalten« aufzuklären bzw. dieses einer Strafgefangenen zuzuordnen. Als in einem Fall Tabletten vom Medikamentenwagen verschwunden waren, ließ das Personal Sorger und ihre Zellen-

135 Vgl. Sorger: Das Geheimnis des Glücks ist die Freiheit, S. 142; Fragebogen Karin Sorger.

Quelle: Sächsisches Strafvollzugsmuseum Waldheim e.V.

Seite »Ordnung und Sauberkeit« im Fotoalbum der Strafvollzugseinrichtung Hoheneck, o.D. Das Album wurde vermutlich als Schulungsmaterial für Bedienstete des Strafvollzugs angefertigt und vermittelt ausschließlich das von der Leitung und den übergeordneten Behörden geschönte und gewünschte Bild vom Gefängnisalltag.

genossinnen vor die Tür treten. Niemand durfte zurück, bis sich diejenige zu erkennen gab, die sich selbst bedient hatte.[136] Derartige Schikanen kamen immer wieder vor, ebenso wie Razzien in den Zellen.

Für Karin Sorger endete ihre Zeit hinter Gittern nach zehneinhalb Monaten mit der Entlassung in die Bundesrepublik. Sie saß gerade im Speisesaal, da erging die Aufforderung einer Wärterin, sie möge ihr folgen. Die Bedienstete führte sie zurück in ihre Zelle und wies sie an, ihre eigenen Habseligkeiten vom Eigentum der Anstalt zu trennen. Durch Erzählungen von Mitgefangenen wusste sie, dass dies ein eindeutiges Zeichen für die bevorstehende Entlassung sei.

136 Vgl. Sorger: Das Geheimnis des Glücks ist die Freiheit, S. 141.

Rasch verteilte sie ihre wenigen persönlichen Dinge, wie Kosmetika, unter den Kopfkissen ihrer Mitgefangenen, verfasste einige Zeilen zum Abschied und wartete dann darauf, von der Wärterin wieder abgeholt zu werden. Als diese erschien, brachte sie Sorger in einen Raum, in dem sich bereits zwei weitere Strafgefangene befanden. Anschließend wurden alle drei in einen Kleinbus gesetzt. Wie es in diesen Fällen üblich war, kam auch Sorger vor ihrer Ausreise in die Bundesrepublik zunächst in die größte aller Stasi-Untersuchungshaftanstalten nach Karl-Marx-Stadt. Das sogenannte Kaßberg-Gefängnis[137] war die Drehscheibe für den Häftlingsfreikauf. Hier wurden die zu entlassenden Strafgefangenen wieder aufgepäppelt, bevor sie endgültig aus der DDR und der DDR-Staatsbürgerschaft entlassen wurden. Die Gefangenen hatten das Gefängnis »Vogelkäfig« getauft, eine Anspielung auf die zentrale Figur im deutsch-deutschen Häftlingsfreikauf, den DDR-Rechtsanwalt Wolfgang Vogel.

Konstanze Helber

»Ich kam mir vor wie in einem riesigen Arbeitslager, einer Anstalt mit Personal in Polizeiuniform mit Dienstgraden und Kommandosprache.«[138]
Konstanze Helber

Die Gründe, der DDR den Rücken kehren zu wollen, waren zahlreich. Konstanze Helber, Jahrgang 1954, begann die falschen Fragen zu stellen, nachdem sie mit eigenen Augen gesehen hatte, wie 1968 sowjetische Panzer tagelang durch ihr Dorf Camburg in Thüringen gefahren waren. Die Erklärung, das Militäraufgebot der Roten Armee diene dem Schutz der Menschen, wollte ihr nicht einleuchten, denn sie wusste von der Niederschlagung des Prager Frühlings.

Weil sie nicht zum Abitur zugelassen worden war, kam ein Studium für die Tochter eines selbstständigen Handwerkers

137 Zum Häftlingsfreikauf aus der DDR vgl. u.a. Aris/Heitmann: Via Knast in den Westen; Wölbern: Der Häftlingsfreikauf aus der DDR.

138 Fragebogen Konstanze Helber.

nicht in Frage. Vielmehr war für sie eine Tätigkeit in der Produktion vorgesehen. Ihr gelang es jedoch durch Eigeninitiative, eine Ausbildung zur Kinderkrankenschwester in der Kinderklinik in Jena anzutreten. Die Einschränkung bei der Berufswahl und die fehlende Meinungs- und Reisefreiheit bedrückten sie. Deshalb entzog sie sich dem »politisch-gesellschaftlichen Leben«. Auf dem Radar der Staatssicherheit tauchte sie auf, als sie im Bulgarienurlaub einen Mann aus der Bundesrepublik kennen und lieben lernte. Weil die beiden ihr weiteres Leben gemeinsam verbringen wollten, stellte Konstanze Helber später zwei Ausreiseanträge, die jedoch abgelehnt wurden. In der Folge durfte sie bald gar nicht mehr ins Ausland reisen, und es wurde immer schwieriger, ihren Freund für längere Zeit zu treffen. Nur noch für Tagesaufenthalte konnte er nach Ost-Berlin einreisen. Ansonsten blieb den Liebenden das Telefonieren oder Briefeschreiben. Sich immer wieder verabschieden zu müssen, ohne dabei eine echte Perspektive zu haben, dass sich diese Situation einmal ändern würde, ließ Konstanze Helber zu dem Schluss kommen, dass sie die DDR verlassen müsse. Ein Freund stellte den Kontakt zwischen ihr und einer Fluchtorganisation her, die sie über die Transitautobahn durch die DDR in die Bundesrepublik bringen sollte. Helber wurde jedoch am Grenzübergang erwischt, als sie zusammengekauert im Kofferraum des speziell präparierten Autos lag. Verraten wurde sie von einem Spitzel, den die Staatssicherheit innerhalb der Fluchtorganisation angeworben hatte. Vom Gericht in Gera wurde sie zu drei Jahren und drei Monaten wegen »Republikflucht« (§ 213 StGB) und »Staatsfeindlichen Verbindungen« (§ 100 StGB) verurteilt. Nach einer fünfmonatigen Stasi-Untersuchungshaft in Rudolstadt, einer Außenstelle der Untersuchungshaftanstalt Gera, wurde sie im Sommer 1977 nach Hoheneck überstellt.

Der Hohenecker Strafvollzug unterschied sich in vielen Punkten von der Untersuchungshaft des MfS. In Rudolstadt waren die Häftlinge eine Nummer. Sie durften nicht arbeiten und kämpften gegen die Langeweile. Diese erzwungene Lethargie hatte einen Sinn, denn sie wurde nur durch die Vernehmungen unterbrochen, in denen die Untersuchungshäftlinge dann sprechen sollten. Trotz dieser zermürbenden Bedingungen in der Untersuchungshaft erlebte Konstanze Helber »Hoheneck und seine Haftbedingungen [als] noch unerträglicher, grausam und menschenunwürdig«. Sie empfand Ohnmacht und fühlte sich dem »Komplex Hoheneck« hilflos ausgeliefert.[139]

Bis zu 50 Frauen teilten sich mit Konstanze Helber einen »Verwahrraum«. Den Frauen, zumeist kriminelle Häftlinge, standen zwei Toiletten und zwei Waschtröge zur Verfügung. Die Zelle war kalt, die Duschräume waren verschmutzt und die Matratzen dreckig. Helber schlief in einem Dreistockbett. Die Aufstockung der Betten war eine Reaktion der Anstaltsleitung auf die Platznot, die Mitte der 1970er Jahre eklatant geworden war. An echten Nachtschlaf während ihrer Hohenecker Haft kann sich Konstanze Helber nicht erinnern. Es sei eher ein »schlafähnlicher Zustand« gewesen.[140] Eine ganz ähnliche Erfahrung machte auch Helga Müller, die nachts immer wieder schweißgebadet aufgewacht war, weil sie sich davor fürchtete, ihre Zellengenossinnen könnten ihr etwas antun.[141] Neben der Angst vor den schwerkriminellen Mitgefangenen verhinderten weinende, wimmernde, aber auch aggressive oder sich streitende Frauen, manchmal auch Liebespaare eine geruhsame Nacht.

Konstanze Helber durfte alle drei Monate Besuch empfangen. Die im Strafvollzugsjargon sogenannten »Sprecher« mussten genehmigt werden. In Helbers Fall entschied die zuständige »Erzieherin« willkürlich darüber, ob und wer zu Besuch kommen durfte. Dabei war der Besuchsempfang sehr genau geregelt: »Strafgefangenen ist es gestattet, im erleichterten Vollzug jeden Monat einmal, im allgemeinen Vollzug jeden zweiten Monat einmal Besuch von jeweils bis zu 2 Personen

139 Fragebogen Konstanze Helber.
140 Ebd.
141 Vgl. Nayhauß/Riepl: Der dunkle Ort, S. 46.

für die Dauer von einer Stunde zu empfangen. [...] Der Besuchsempfang kann unter Beachtung der Sicherheit und Ordnung gruppenweise erfolgen. Er kann abgebrochen bzw. nicht durchgeführt werden, wenn die Bestimmungen für die Besuchsdurchführung nicht eingehalten werden. Den Strafgefangenen kann erlaubt werden, ihre Besucher mit Händedruck zu begrüßen und zu verabschieden sowie kleinere Geschenke nach Kontrolle entgegenzunehmen. [...] Von einer Besuchsdurchführung darf nur aus Gründen der Sicherheit oder wenn das Erziehungsziel gefährdet ist, abgesehen werden.«[142]

Besuche waren für die Strafgefangenen extrem wichtig, weil sie eine unmittelbare Verbindung nach draußen darstellten. Durch Besuche war es möglich, direkt mit den eigenen Angehörigen zu sprechen, neben Neuigkeiten konnten die Strafgefangenen auf diese Weise Liebe, Zuversicht und moralische Unterstützung erfahren.

Konstanze Helber durfte von ihrer Mutter besucht werden. Helber berichtet, dass diese Treffen für ihre Mutter durchaus ambivalent waren. Zum einen war das Verlangen, die Tochter zu sehen, groß. Zum anderen litt sie darunter, ihr Kind in diesem desolaten Zustand sehen zu müssen. Denn Schlafmangel, unzureichende Ernährung und schlechte medizinische Versorgung bei gleichzeitig körperlich fordernder Schichtarbeit hatten der Tochter arg zugesetzt. Die Tochter in diesem Zustand zu sehen, war für die Mutter ein Schock.

Die seltenen Besuche zählten zu den wenigen Höhepunkten im ansonsten straff durchorganisierten, aber eintönigen Strafvollzugsalltag. Helber berichtet, dass es außer der Freistunde, wie der täglich zu gewährende Aufenthalt im Gefängnishof genannt wurde, keine Freizeit gegeben hätte. Der Kontakt zu Strafgefangenen anderer Kommandos war untersagt. Viele Tage erlebte sie in unerträglicher Traurigkeit und großer Einsamkeit. Die überbordende, aber unerfüllbare Sehnsucht nach ihrem Freund, ihrer Mutter, der Familie und ihrer Freiheit war für sie schwer auszuhalten.

142 Vgl. Ministerium des Innern (Hg.): Schlag nach für Strafvollzugsangehörige, S. 122f.

Das Einzige, was ihr Hoffnung gab, war die Überzeugung, dass ihre Zeit im Gefängnis irgendwann enden werde. Nach zwei Jahren und drei Monaten wurde Konstanze Helber schließlich freigekauft. Auch für sie führte der Weg in den Westen über das Kaßberg-Gefängnis in Karl-Marx-Stadt. Ihr Entlassungsschein verriet allerdings nicht, aus welcher Anstalt sie kam. Außerdem erhielt sie eine Urkunde, die ihr bestätigte, aus der Staatsbürgerschaft der DDR entlassen worden zu sein. Am 12. April 1979 kam sie in der Bundesrepublik an.[143]

4.5 Ausreiseanträge

Jutta Meyer und Eveline Seifert

Eine legale Option auf Ausreise aus der DDR gab es erst mit der Ratifizierung der KSZE-Schlussakte im Jahr 1975. Die rechtliche Regelung zum Verfahren der »ständigen Ausreise« wurde erst 1983 eingeführt. Menschen, die von ihrem Recht auf Freizügigkeit Gebrauch machten und einen »Antrag auf ständige Ausreise aus der DDR« stellten, mussten jedoch immer mit Schikanen von Seiten des Staates rechnen. Sie wurden als »verantwortungslose, egoistische und westlich verblendete Bürger«[144] denunziert und damit stigmatisiert.

Bis 1975 waren pro Jahr durchschnittlich 2.000 DDR-Bürger und -Bürgerinnen entweder direkt oder über Umwege illegal in den Westen geflohen. Die Flucht war lebensgefährlich, weil die innerdeutsche Grenze streng bewacht wurde und darüber hinaus mit Minen und Selbstschussanlagen ausgestattet war. Als sich mit der nun möglichen Antragstellung eine weniger gefährliche Option auftat, sank die Zahl der »Republikflüchtlinge« für die nächsten zehn Jahre auf etwa die Hälfte, bevor sie Ende der 1980er Jahre wieder merklich anstieg. Die Existenz eines vagen formaljuristischen Rahmens bedeutete allerdings noch lange kein geregeltes und einforderbares Verfahren. Wie staatliche Stellen entschieden, war

143 Vgl. Fragebogen Konstanze Helber.
144 Eisenfeld: Die Ausreisebewegung, S. 223.

für die Antragsteller nicht vorhersehbar und wurde nicht transparent kommuniziert. Das mussten auch die Schwestern Jutta Meyer und Eveline Seifert erleben, die diese Erfahrung in letzter Konsequenz nach Hoheneck brachte. Die Schwestern wollten der pflegebedürftigen Mutter, die im Westen lebte, beistehen. Doch die Behörden lehnten ihren Antrag auf ständige Ausreise ab, den die Schwestern mit der geplanten Familienzusammenführung begründeten. Aus behördlicher Sicht wurden die Mutter und ihre bereits erwachsenen Töchter nicht als Familie betrachtet. Dazu ermahnten die staatlichen Organe die beiden Schwestern, die Sache nicht weiterzuverfolgen. Vor allem sollten sie in keinem Fall Kontakt zu westlichen Organisationen suchen. Dies war nichts weniger als eine unmissverständliche Drohung. Davon unbeeindruckt kontaktierte die in der Bundesrepublik lebende Mutter die Internationale Gesellschaft für Menschenrechte (IGfM), eine Organisation, die sich 1972 gegründet hatte, um sich weltweit für die Achtung der Menschenrechte einzusetzen. Daraufhin wurden die Schwestern am 29. September 1982 in der DDR verhaftet. Im Dezember folgte die Anklage wegen »landesverräterischer Nachrichtenübermittlung«, die nach § 99 StGB strafbar war. Jutta Meyer wurde schließlich zu vier Jahren und acht Monaten und Eveline Seifert zu zwei Jahren und zehn Monaten Gefängnisstrafe verurteilt.[145]

Elsa Schmidt

In einem weiteren Fall, bei dem ebenfalls keine geheimen Informationen weitergegeben wurden, bemühten die Klage erhebenden Staatsanwälte den Paragraphen § 99 StGB. Die Rentnerin Elsa Schmidt hatte gemeinsam mit ihrem Sohn einen Ausreiseantrag gestellt. Im September 1983 wurde sie vom Bezirksgericht Dresden zu sieben Jahren und drei Monaten, ihr Sohn zu fünf Jahren und drei Monaten Gefängnis verurteilt. Das hohe Strafmaß kann nur als Sippenhaft gelesen werden, denn als Rentnerin hätte Elsa Schmidt ganz legal in

145 Internationale Gesellschaft für Menschenrechte: Menschenrechte in der DDR und Berlin, S. 76; Menschrechte 5 (1982), Zwei Schwestern in Hoheneck.

den Westen reisen können. Dafür, dass sie mit der gemeinsamen Antragsstellung demonstrativ ihren Sohn unterstützt hatte, bestrafte sie der Staat nun. In der Untersuchungshaft in Dresden erlitt sie einen Herzinfarkt, doch später in Hoheneck musste sie trotz ihres hohen Alters und trotz ihres schlechten Gesundheitszustands im Gefängnis arbeiten. Erst durch die Amnestie 1987 kam sie wieder auf freien Fuß.[146]

Strafgefangene, von denen bekannt war, dass sie einen Ausreiseantrag gestellt hatten oder die während ihrer Strafverbüßung einen solchen Antrag stellten, wurden in Hoheneck sowohl vom Aufsichtspersonal als auch von der Staatssicherheit besonders argwöhnisch betrachtet und behandelt. Denn diese Strafgefangenen waren oft dazu bereit, ihrem Ausreisewillen Gehör zu verschaffen, so gut und so laut es eben ging. Im Gefängnis Hoheneck schrieben sich 1988 beispielsweise mehrere inhaftierte Frauen mit einem Augenbrauenstift die Abkürzung »AFFA« auf die Stirn. Diese Abkürzung stand für »Aktion für friedliche Ausreise«. Dies kam innerhalb des Strafvollzugs einer staatsfeindlichen Demonstration gleich.[147]

Die Zahl der Ausreiseanträge nahm hinter Gittern zu, sowohl unter kriminellen als auch unter politischen Strafgefangenen. Dieser Trend zwang das Personal sogar dazu, von der Regel abzuweichen, keine Posten und Funktionen an politische Strafgefangene zu vergeben. Sie kamen schlichtweg nicht mehr darum herum. In Ausnahmefällen konnten deshalb selbst wegen »Republikflucht« Verurteilte zu Verwahrraumältesten bestimmt werden.[148] Über diese Funktion hieß es im Handbuch für den Strafvollzug: »Strafgefangene/Verhaftete können für bestimmte Bereiche als Älteste einge-

146 Menschenrechte 5 (1985), Bestraft für den Sohn; Menschenrechte 3+4 (1989), Schicksale.

147 BArch/StUA, MfS Bezirksverwaltung Karl-Marx-Stadt, KD Stollberg 146, Bl. 8f.: Information über Demonstrativhandlung von Strafgefangenen der StVE Hoheneck, 10.11.1988. Birgit Schlicke berichtet von dieser Aktion. Die vermeintliche Rädelsführerin wurde mit Arrest bestraft. Vgl. Schlicke: Knast-Tagebuch, S. 155f.

148 SächStA, 30461, 35: Lageeinschätzung IV. Quartal 1984, 4.1.1985. Ellen Thiemann, die ca. zehn Jahre zuvor diese Funktion innehatte, empfand dies mehr als Last denn als Auszeichnung. Vgl. Thiemann: Stell dich mit den Schergen gut, S. 134.

setzt werden. Sie sind befugt und verpflichtet, von anderen Strafgefangenen/Verhafteten die Einhaltung der Hausordnung zu fordern.«[149] In den 1950er Jahren hatten die Gefangenen noch ein Mitspracherecht bei der Ernennung der Ältesten.[150]

Im Mikrokosmos Hoheneck war die Funktion der Verwahrraumältesten ein außerordentliches Privileg. Zwar waren deren Befugnisse begrenzt, aber ihre exponierte Stellung brachte eine autoritäre Vormacht gegenüber den Zellengenossinnen mit sich. Denn die Verwahrraumälteste fungierte als Bindeglied zwischen den Insassinnen der jeweiligen Zelle und den Aufseherinnen. Sie war die erste Ansprechpartnerin des Personals. Laut der Hohenecker Hausordnung war sie es, die Meldung machte, wenn eine Strafvollzugsangehörige die Zelle betrat. Der Wortlaut der Meldung war genau festgelegt. Sobald sich die Zellentür öffnete, musste »Achtung!« gerufen werden, woraufhin alle Strafgefangenen aufzustehen hatten. Es folgte die Nennung der Zellennummer, der Anzahl der Strafgefangenen, die zu dieser Zellengemeinschaft gehörten, und ob jemand abwesend war. Wenn es etwaige Vorkommnisse gegeben hatte, waren auch diese zu melden. Beendet wurde die Meldung mit dem Namen derjenigen, die die Meldung gemacht hatte.

War die Tür geschlossen, gab die Verwahrraumälteste die Kommandos innerhalb der Zelle. Sie verantwortete Ruhe, Ordnung und Sauberkeit, kontrollierte den Bettenbau und die Anzugsordnung und war diejenige, die den Stuben- und Wäschedienst einteilte. Es kam vor, dass Strafgefangene, die als renitent galten, in eine Zelle verlegt wurden, der eine als charakterstark eingeschätzte Älteste vorstand. Diese, so die Annahme der Bediensteten, würde die Gefangene wieder zur Räson bringen.[151] Die Verwahrraumälteste empfahl dem Personal auch, welche der Frauen aus ihrer Zelle zum Fernsehschauen oder in die Kinovorstellung gehen durften. Insbesondere dieses Vorschlagsrecht war ein mächtiges Instrument, denn solche seltenen sozialen Ereignisse waren

149 Ministerium des Innern (Hg.): Schlag nach für Strafvollzugsangehörige, S.73.
150 Vgl. Interview mit Cecilia Mühlberg (2009), S. 25.
151 Vgl. Interview SV-Bedienstete B.

überaus beliebt. Sie boten neben der Gelegenheit, Informationen und Dinge auszutauschen, vor allem die Möglichkeit, sich zu treffen. Dort kamen Frauen aus unterschiedlichen Kommandos zusammen, die sich sonst nie begegneten.

Da die Meldungen der Verwahrraumältesten beim Anstaltspersonal Einfluss auf Bestrafungen und Belohnungen der Strafgefangenen hatten, waren diese auf die Gunst und Fürsprache der Ältesten angewiesen. Die Frauen versuchten deshalb, sich diese Gunst zu sichern, indem sie bisweilen die Wäsche der mächtigsten Frau in der Zelle wuschen, ihr das Bett machten, ihr die Schuhe putzten oder ihr die Sachen hinterhertrugen. Von solchen Diensten konnte es abhängen, ob Briefe abgeschickt werden durften, der Erhalt von Paketen gewährt oder eine Besuchserlaubnis erteilt wurde.[152] Konstanze Helber erzählt, dass ihr Verhältnis zur Verwahrraumältesten immer angespannt war.[153] Heidrun Breuer, die 1984/85 wegen »landesverräterischer Nachrichtenübermittlung« und »staatsfeindlicher Verbindungsaufnahme« in Hoheneck inhaftiert war, berichtet, mit ihrer Verwahrraumältesten die meiste Zeit gut ausgekommen zu sein, allerdings nur, solange sich diese nicht gereizt fühlte.[154]

Sowohl Konstanze Helber als auch Heidrun Breuer kamen nach ihrer Haftzeit in die Bundesrepublik. Dabei bedeutete ein (während der Haft) gestellter Ausreiseantrag noch keine Garantie, in den Westen entlassen zu werden. Die finale Entscheidung darüber behielt sich Erich Mielke persönlich vor: »Übersiedlungen Strafgefangener erfolgen ausschließlich auf der Grundlage meiner Entscheidungen«, ließ er in einer Dienstanweisung zur Übersiedlung von Strafgefangenen in die Bundesrepublik wissen.[155] Doch längst nicht jede Antragstellerin in Hoheneck wurde zu einem Fall für

152 SächsStA, 30441, 25.2.B 232: Hausordnung, 1.11.1979; vgl. Franke: Sand im Getriebe, S. 192f.; Stötzer: Die bröckelnde Festung, S. 34, 39, 55, 59f.; Stötzer: Ein Gefängnis zu verkaufen, S. 58.

153 Fragebogen Konstanze Helber.

154 Vgl. Nayhauß/Riepl: Der dunkle Ort, S. 122f.

155 BArch/StUA, MfS BdL/Dok Nr. 8273, Bl. 1, Geheime Verschlusssache (GVS) o008 Nr. 43/86, 5.5.1986.

den obersten Geheimdienstchef der DDR. Interne Dienstanweisungen der Staatssicherheit und des Innenministeriums sorgten im Vorfeld dafür, dass die Entscheidung darüber ein Willkürakt blieb, den letzten Endes aber immer das Ministerium für Staatssicherheit zu verantworten hatte.[156]

Die wegen Republikflucht oder wegen damit in Zusammenhang stehender Delikte verurteilten Frauen in Hoheneck machten den überwiegenden Teil der politischen Häftlinge aus. Die Anstaltsleitung wurde nicht müde, den Strafvollzugsbediensteten immer wieder die vermeintliche Aggressivität dieser »Staatsfeinde« in Erinnerung zu rufen.[157] Die Strenge wurde jedoch durch gesetzliche Regelungen konterkariert. Seit dem Inkrafttreten des Strafvollzugsgesetzes 1974 wurden nämlich Personen, die erstmals als Republikflüchtlinge verurteilt worden waren, eigentlich dem erleichterten Vollzug zugewiesen.[158] Der Strafvollzug in Hoheneck ignorierte diese Regelung allerdings geflissentlich, was zahlreiche Berichte von ehemaligen Hoheneckerinnen belegen. Dass die Einweisung von erstmals wegen Republikflucht Verurteilten in den erleichterten Vollzug durchgängig erfolgte, muss deshalb stark angezweifelt werden.

Die Frauen, die von ihrem Wunsch, das Land zu verlassen, auch hinter Gittern nicht ablassen wollten, konnten sich der Aufmerksamkeit der Staatssicherheit gewiss sein. Diese kam zur gleichen Gefahreneinschätzung wie die Bediensteten des Strafvollzugs, nämlich, dass die »Hartnäckigen« die anderen Strafgefangenen negativ beeinflussen könnten. Noch größere Sorgen aber machte den Geheimpolizisten die sogenannte »Rückverbindung«. Darunter verstand die Staatssicherheit die verschleierte Kontaktaufnahme zwischen Inhaftierten und jenen ehemaligen Strafgefangenen, die bereits in den Westen entlassen worden waren. Mehrere Fälle von Briefkontakten zu Menschenrechtsgruppen wie Amnesty International

156 Vgl. Bertram/Planer-Friedrich/Sarstedt: Wein mit zu viel Wermut, S. 11, 13.

157 SächsStA, 30441, 25.2.B 232: Einschätzung der Ergebnisse im I. Quartal 1980. Referat zur Dienstversammlung am 2.4.1980, 28.3.1980.

158 BArch, DO1 3740: Einschätzung der Lage im Organ Strafvollzug und die sich daraus ergebenden Erfordernisse und Aufgaben, 5.11.1974.

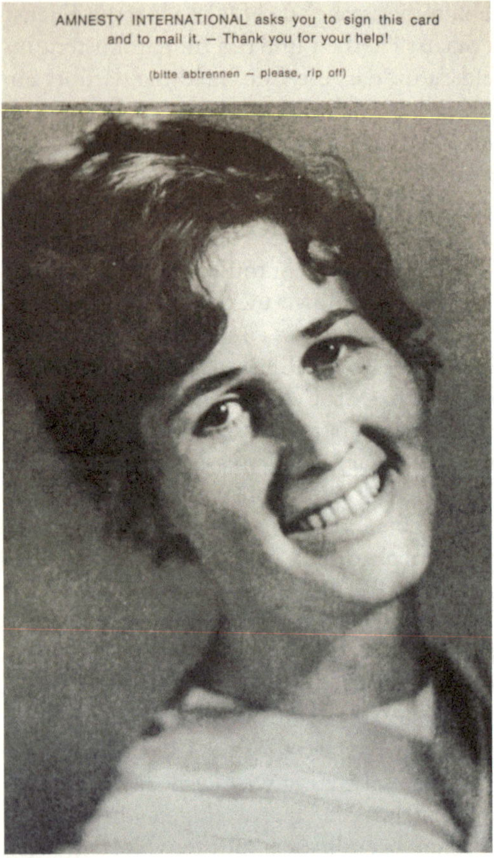

Quelle: Privatarchiv Gunhild Gerth.

Karte, mit der Amnesty International zur Freilassung von Gunhild Gerth aus der Haft in der DDR aufrief, 1970er Jahre.

oder der IGfM, bei denen ehemalige Strafgefangene als Mittler fungiert hatten, waren der Staatssicherheit bekannt.[159]

159 BArch/StUA, MfS Bezirksverwaltung Karl-Marx-Stadt, AKG 1864 II, Bl. 65–68: Information zur Zusammensetzung des Gefangenenbestandes der StVE Hoheneck im Zusammenhang mit bekanntgewordenen und vermuteten Erscheinungen der Feindtätigkeit, 27.1.1982; BArch/StUA, MfS Bezirksverwaltung Karl-Marx-Stadt, AGL 163, Bl. 96: Auskunftsbericht StVE Hoheneck, 6.2.1979.

Doris Wels

Gerade diese potenziell öffentlichkeitswirksamen Verbindungen sollten unbedingt verhindert werden. Immer wieder war in den westdeutschen Medien über die Umstände der (politischen) Haft in der DDR berichtet worden. Jeder einzelne Bericht war der internationalen Reputation der DDR abträglich. Vor allem in den Jahren 1982/83 hatte es die IGfM geschafft, das Thema Hoheneck dauerhaft in den westdeutschen Medien zu platzieren und die dortigen Zustände anzuklagen. Von der Staatssicherheit wurden diese Berichte gewissenhaft gesammelt und ausgewertet, auch um herauszufinden, wer die Informantinnen waren.[160] Glaubte die Staatssicherheit einer Strafgefangenen auf die Schliche gekommen zu sein, aktivierte sie ihr Spitzelnetzwerk. Dieses sollte Hinweise liefern, ob sich der Verdacht zur Gewissheit erhärten ließ und damit sanktionierbar wurde. Auf diese Weise wurde mit Doris Wels verfahren. Zum Jahresende 1980 war sie vom Berliner Stadtgericht, dem für Ost-Berlin zuständigen Bezirksgericht, wegen »staatsfeindlicher Verbindungsaufnahme« sowie »Republikflucht« zu drei Jahren Haft verurteilt worden. Sie hatte fünf Jahre lang immer wieder erfolglos Ausreiseanträge gestellt. Als ihrem Bruder die Ausreise gewährt wurde, entschied sie sich zu fliehen.[161] Die Flucht misslang. Vater und Bruder versuchten mit öffentlichen Aktionen auf das Schicksal des Familienmitglieds aufmerksam zu machen. Mit Unterstützung des Springerverlags bot der Bruder öffentlichkeitswirksam am Grenzübergang »Checkpoint Charlie« an, ein Jahr nachdem seine Schwester verurteilt worden war, die Reststrafe der Schwester übernehmen zu wollen. Aufgrund der für die Reputation der DDR schädlichen Öffentlichkeit konnte die Staatssicherheit nun nicht mehr untätig bleiben.[162]

160 Vgl. u.a. die Sammlung diverser Zeitungsberichte, BArch/StUA, MfS ZAIG 8873 II; Kopie einer Veröffentlichung der Internationalen Gesellschaft für Menschenrechte (IGfM), BArch/StUA, MfS HA VII 5005.

161 JVAW, Haftkarteikarte Doris Wels; Menschenrechte 1 (1977), Schicksale; Menschenrechte 2+3 (1981), In Sofia verhaftet.

162 BArch/StUA, MfS HA VII 4183, Bl. 97, 115f.: Weiterführende Maßnahmen zur OPK »Zwirn«, 27.1.1982; IGfM, Doris Wels. Presseerklärung, 7.12.1982; Menschenrechte 5 (1982), Hungerstreik; Menschenrechte 3 (2009), Deutsche Demonstranten bei der KSZE in Madrid.

Der Informationsfluss heraus aus Hoheneck wurde deshalb noch genauer überwacht. Und Doris Wels sollte bei ihren Mithäftlingen in Misskredit gebracht werden. Dafür ließ die Staatssicherheit das perfide Gerücht streuen, Wels wäre eine Informantin der Stasi. Um diesen Verdacht glaubhaft erscheinen zu lassen, nutzte die Staatssicherheit ihren Zugriff auf die Strafgefangenen in Hoheneck, indem sie Doris Wels zwei Mal im Monat zu sich holen ließ. Dabei wurde Wels zum Teil nur abgeholt und für zwei Stunden in eine abgelegene Zelle gesperrt, ohne überhaupt mit der Stasi in Kontakt zu kommen.[163] Die Maßnahmen führten zum gewünschten Ergebnis. Das MfS stellte fest, dass »ein großer Teil der Strafgefangenen aus ihrem unmittelbaren Umgangskreis davon überzeugt ist, die [Wels] arbeitet inoffiziell für das MfS.«[164] Die Intrige wurde sogar über die Haftzeit der Strafgefangenen hinaus geplant. Eine tatsächliche Inoffizielle Mitarbeiterin unter den Strafgefangenen hatte den Auftrag erhalten, nach ihrer Entlassung in den Westen »die Wels« bei der Befragung durch westdeutsche Stellen zu diskreditieren. Wenn sie gefragt werden würde, ob ihr Stasi-Spitzel bekannt seien, sollte sie den Namen Doris Wels nennen.[165]

Auf Doris Wels selbst übte die Staatssicherheit ebenfalls Druck aus. Ihr wurde unmissverständlich zu verstehen gegeben, dass es bei ihr nie zu einer vorzeitigen Haftentlassung kommen werde, sollte ihr Bruder von derartigen Aktionen wie der am Checkpoint Charlie nicht ablassen. Sie sollte deshalb ihrem Vater und Bruder schreiben und diese auffordern, nicht mehr öffentlich auf ihre Situation aufmerksam zu machen. Ihr Vater erklärte sich einverstanden, doch der Bruder wollte seinen Protest lediglich für drei Monate unterbrechen. Wenn Doris Wels in dieser Zeit nicht freikäme, würde er weitermachen.[166]

163 Menschenrechte 5 (1983), Hoheneck war am schlimmsten. Geholt wurden die Strafgefangenen nicht von den Offizieren der Staatssicherheit, sondern von den Angestellten der operativen Dienste. Vgl. Interviews mit zwei SV-Bediensteten 2010.

164 BArch/StUA, MfS HA VII 4183, Bl. 116: Weiterführende Maßnahmen zur OPK »Zwirn«, 27.1.1982.

165 Ebd., Bl. 180: Sachstandsbericht zum Operativ-Vorgang »Zwirn«, 6.8.1982.

166 Ebd., Bl. 117: Weiterführende Maßnahme zur OPK »Zwirn«, 27.1.1982.

Quelle: picture alliance, Foto: Chris Hoffmann.

Bruder und Vater demonstrieren am 23.12.1981 am Checkpoint Charlie in West-Berlin für die Freilassung von Doris Wells aus der Haft in Hoheneck.

Da sie nicht vorzeitig entlassen wurde, erreichten im Frühsommer 1982 den Innenminister, den Justizminister und den Präsidenten des Obersten Gerichtshofes der DDR insgesamt 143 Briefe und Postkarten, die alle die Freilassung von Doris Wels forderten. Vater und Bruder beteiligten sich darüber hinaus an einer weiteren öffentlichkeitswirksamen Aktion der IGfM an der innerdeutschen Grenze. Die Teilnehmer und Teilnehmerinnen ließen Luftballons steigen, die weitere Briefe an den DDR-Innenminister transportierten.[167]

Vater und Bruder ließen sich also nicht von ihrem Engagement für die Freilassung von Doris Wels abhalten. Die Stasi hingegen zeigte sich überzeugt, die Strafgefangene hätte sich ohnehin damit abgefunden, ihre volle Strafe bis zum Juli 1983 absitzen zu müssen.[168] Und tatsächlich wurde Wels erst am 29. Juni 1983 entlassen und kam dann endlich in die Bundesrepublik.[169] Die Entscheidung, Wels ihre Freiheitsstrafe vollständig verbüßen zu lassen, kann als unmittelbare Reaktion des MfS auf die Aktionen des Bruders in West-Berlin gewertet werden. Die Staatssicherheit demonstrierte damit, dass die DDR nicht gewillt war, mit »Staatsfeinden«, die sich noch dazu in der Bundesrepublik befanden und dort öffentlichkeitswirksam agierten, zu verhandeln.[170] Die Strafgefangene Doris Wels geriet auf diese Weise zum Spielball zwischen Ost und West. An ihr statuierte die Staatssicherheit ein Exempel.

167 Ebd., Bl. 175f.: Sachstandsbericht zum Operativ-Vorgang »Zwirn«, 6.8.1982.
168 Ebd., Bl. 177; Bl. 118: Weiterführende Maßnahmen zur OPK »Zwirn«, 27.1.1982; Bl. 182: Ergänzung des Operativplanes zum Operativ-Vorgang »Zwirn«, 6.4.1982.
169 Menschenrechte 5 (1983), Hoheneck war am schlimmsten.
170 BArch/StUA, MfS ZKG 20163, Bl. 15: Wesentliches Ergebnis der Prüfung von operativen Varianten zur Verhinderung weiterer Provokationen des Feindes, 10.2.1982.

Quelle: Internationale Gesellschaft für Menschenrechte (IGfM).

Doris Wels:

Hoheneck war am schlimmsten

Doris Wels hatte seit 1975 Anräge gestellt, die DDR verlassen zu dürfen. Sie brachten keinen Erfolg, nur berufliche Nachteile. 1980 versuchte die junge Frau schließlich in ihrer Verzweiflung, über Bulgarien zu fliehen. Das mißlang jedoch. Nach sechs Monaten Untersuchungshaft in Bulgarien und Pankow wurde sie zu drei Jahren Haft verurteilt. Diese Strafe saß sie, mit 23 anderen Frauen in einer 13,20 Meter langen und 4,25 Meter breiten Zelle zusammengepfercht im Zuchthaus Hoheneck ab. Die IGFM hatte immer wieder über ihr Schicksal berichtet, wodurch sie bei ihren Bewachern einen gewissen Sonderstatus erhielt. Im Juni 1983 traf Doris Wels endlich im Aufnahmelager in Gießen ein. Über ihre Erlebnisse in der Haft schreibt sie:

»Freizeit-Beschäftigung« im Zuchthaus Hoheneck

1. **Ordnungsübungen**
   Auf Kommando und ohne zu sprechen 3 Treppen hoch und 'runter zum Speiseraum laufen, was des öfteren mehrmals wiederholt wurde.
2. **Presseinformationen**
   Es werden Themen vorgegeben und mehrere Personen müssen hierüber dann Vorträge halten.
   Fragen müssen ausgearbeitet werden (sie unterliegen der Zensur) und unterliegen der »Diskussion«.
3. **Politisch aktuelles Gespräch (PAG)**
   Hier wird immer nur ein Thema behandelt. Beispielsweise wurde Monate lang über Karl-Marx gesprochen.
4. **DIA-Vorträge**
   Diese sind immer politisch. Es wird über die Vorzüge des Sozialismus und über die Nachteile des Kapitalismus informiert. Auch über die Naziverbrecher und die KZ-Lager im dritten Reich wird berichtet.
5. **Auszeichungen**
   Mit Fernsehstunden werden solche Häftlinge belohnt, die eine gute Disziplin haben, deren Arbeitsleistungen über der Norm liegen oder wer andere Mithäftlinge besonders oft »anpfeift«. Bei politischen Häftlingen wird der Wahrheitsgehalt der Beschuldigungen nicht einmal überprüft.
6. **Kulturelles**
   a) 1 x monatlich ist Plattenstunde.
   b) 1 x monatlich ist Büchertausch — pro Häftling ein Buch.
7. **Post**
   Alle 10 Tage darf ein Brief, der von der »Stasi« zenziert wird, an eine vorher zu genehmigende Adresse geschrieben werden. Meistens kommen die Briefe ohne Begründung 3 bis 4 mal zurück und müssen neu geschrieben werden. Auf diese Weise benötigt man für einen Brief manchmal über sechs Wochen!
8. **Ärztliche Versorgung**
   Auf Antrag werden die Häftlinge dem Arzt vorgestellt. Politische Häftlinge werden nicht behandelt. Empfehlung: wenn es juckt, müssen Sie kratzen!
   Eine Zahnbehandlung erfolgt nicht. Dafür werden noch lebensfähige Zähne gegen schriftliches Einverständnis einfach gezogen. Gegen Haftschäden werden ferner Beruhigungs- und Schlaftabletten ausgegeben (manche Frauen erhalten bis zu zwölf Tabletten), damit die Ärzte endlich Ruhe haben.

Nach drei Jahren qualvoller Haft haben sich die Gefängnistore in dem Abschiebelager Chemnitz (Karl-Marx-Stadt); am 29. 6. geöffnet und der langersehnte »Westtransport« nach Gießen war geschafft.

Die Zeit in Hoheneck war am schlimmsten. Als man mich Anfang 1981 nach Hoheneck brachte, hörte ich als erstes auf der Zugangsstelle bestialische und tierische Schreie. Es war kein Traum, es war die Wirklichkeit. Immer wieder hörte ich Frauen in den Arrestzellen wie am Spieß schreien, diesen Torturen gingen oft nichtige Anlässe voraus. Da ich als »prominenter« Häftling nur mit Glacehandschuhen angefaßt wurde, terrorisierte man mich auf die psychologische Tour. So bin ich zweimal im Monat zum Verbindungsoffizier des SSD geholt worden, um bei meinen Mitgefangenen den Eindruck zu erwecken, daß ich mit dem Stasi zusammenarbeite. Auch holten sie mich einfach von der Arbeit und sperrten mich ohne jedes Wort zwei Stunden in eine Schleuse und dies erweckte auch Angst und Mißtrauen. Die kleinste Verfehlung wurde mit Tee-Entzug oder mit einer Streichung der Verwandtenbesuche (sowieso nur alle drei Monate eine Stunde) oder mit Einkaufsreduzierung bestraft. Ich wurde zweimal auf einen Scheintransport (zuletzt an meinem Geburtstag, dem 8. 11. 1982) gen Westen geschickt, als ich aber den Transportwagen verließ, war ich wieder im Knast. Ende April 1983 wurde ich zuletzt in den Arrest gesteckt, weil ich bei der Freistunde zu lachen gewagt hatte.

Das Zuchthaus Hoheneck beherbergt etwa 650 Häftlinge, von denen etwa 150 aus politischen Gründen einsitzen. In meiner Zelle waren auch kriminelle Frauen, sowie eine Kindesmörderin. Eine Wachfrau (Wachtel) sagte einmal, daß sie lieber zehn Mörderinnen, als einer politischen Gefangenen die Hand gibt.

Abschließend möchte ich nicht unerwähnt lassen, daß auch viele Jagden auf Bibeln stattfanden, weil Gefangene hieraus Kraft schöpften. Daß jede Zelle wöchentlich auseinandergenommen (geratzt) wurde ist schon fast selbstverständlich und bedarf keiner Erwähnung. Bitte denken Sie nicht, daß bei meinen seltenen Verwandtenbesuchen Mitbringsel erlaubt waren (Obst, Zigaretten u. a.), dafür wurden Gutscheine über 5,— und 10,—,und 15,— Mark eingeführt, die aber nur übergeben werden konnten, wenn kein Disziplinverstoß vorlag. Bitte ersparen Sie mir über weitere Schikanen zu berichten. Man versucht immer nur den schwachen Punkt zu finden auf dem man herumtrampeln kann. ■

Beitrag über Doris Wels und Hoheneck in der Zeitschrift *Menschenrechte*, 5 (1983).

4.6 Versuchte Fluchten über die Tschechoslowakei, Ungarn und Bulgarien

Beate Messerschmidt

Alle Wege, die DDR illegal zu verlassen, waren gefährlich, nicht selten auch lebensgefährlich. Wer versuchte, die Berliner Mauer oder die innerdeutsche Grenze zu überwinden, konnte erschossen werden. Wer den Umweg über Osteuropa nahm, begab sich ebenfalls in Lebensgefahr und musste mit Verhaftung und Verurteilung rechnen.

Auf der Heimreise von einem Campingurlaub in Bulgarien im Sommer 1981 entschied Beate Messerschmidt zusammen mit ihrer Tochter und ihrem Ehemann, die Flucht über die ungarisch-jugoslawische Grenze zu wagen. Beim Versuch sollte es allerdings bleiben. Ein ungarischer Grenzsoldat bemerkte, dass an ihrem Auto die Nummernschilder fehlten, und stoppte sie. An einer nahegelegenen Kaserne fanden die ersten Verhöre statt. Das Urteil, das später folgte, lautete zwei Jahre und zehn Monate Haft für das Ehepaar. Die Ankläger bewerteten die Familie als Gruppe, was zu einer Verschärfung des Strafmaßes führte.[171]

Wie die Messerschmidts hatten tausende andere DDR-Bürger und -Bürgerinnen versucht, über die Tschechoslowakei, Ungarn oder Bulgarien das kommunistische Einflussgebiet zu verlassen. Zwischen 7.000 und 8.000 Personen war dies seit dem Mauerbau auch gelungen. Etwa 25.000 waren dabei gescheitert. Die Hälfte von ihnen wurde, wie die Messerschmidts, an die DDR ausgeliefert.[172] Der Zeitpunkt der Überstellung konnte vor dem eigentlichen Verfahren liegen, aber auch erst nach der Urteilsverkündung.

Beate Messerschmidt hatte nach kräftezehrenden Befragungen durch die ungarischen Beamten schließlich ein knappgehaltenes Geständnis niedergeschrieben, in dem sie zugab, dass sie über die ungarisch-jugoslawische Grenze hatte fliehen wollen.[173] Die nächste Station war Ost-Berlin. »Hoheneck?

171 Vgl. Messerschmidt: Hinter doppelten Mauern, S. 9, 16–18.
172 Vgl. Nooke: Fluchten nach dem Mauerbau, S. 179f.
173 Vgl. Messerschmidt: Hinter doppelten Mauern, S. 20.

Da werden Sie es schön haben!«[174], spottete ein Gefängniswärter kurz vor der Überstellung Beate Messerschmidts aus der zentralen Untersuchungshaftanstalt der Staatssicherheit in Berlin-Hohenschönhausen nach Stollberg im Februar 1982. Dem Gefängnis eilte demnach ein übler Ruf voraus, unter Angestellten wie unter Häftlingen gleichermaßen.[175]

Die Neuzugänge in Hoheneck kamen zunächst für einige Tage in die sogenannte Zugangszelle, wo sich die neuen Häftlinge »akklimatisieren« und sich mit dem Leben hinter Gittern vertraut machen sollten. Hier durfte noch die eigene Kleidung getragen werden. Danach ging es in die Bekleidungskammer zum Empfang der Anstaltskleidung und der Dinge des täglichen Bedarfs. Gleichzeitig mussten alle persönlichen Gegenstände und Kleidungsstücke in der Effektenkammer abgegeben werden. Schließlich folgte die Einweisung in den Verwahrraum. Als Strafgefangene wurde Beate Messerschmidt rasch in den Gefängnisalltag integriert. Ihr Anwalt hatte sie vor Haftantritt gewarnt, sich vor den kriminellen Strafgefangenen in Acht zu nehmen. Die Kriminellen waren sich der schwachen Position der politisch Inhaftierten bewusst, die sie nicht selten für ihre Zwecke ausnutzten. Eine kriminelle Mitgefangene verlangte beispielsweise von Beate Messerschmidt, sie solle deren Arbeit mit erledigen. Andernfalls, so die Drohung, würde sie sie bei der Wachtmeisterin anschwärzen. Als Messerschmidt ihrer Mitgefangenen die Stirn bot und ihr entgegnete, sie solle ruhig das Wachpersonal informieren, platzte der Bluff der Kriminellen.[176]

Beate Messerschmidt hatte sich während ihrer zweijährigen Haft immer vor dem Alleinsein gefürchtet, vor der Situation, dass sie eher als ihr Mann entlassen werden sollte und sie auf sich alleingestellt sein würde. Doch dieser Fall trat nicht ein. Im Jahr 1983 entließ die DDR das Ehepaar gemeinsam in die Bundesrepublik.[177]

Die Frauen, die versucht hatten, aus der DDR zu fliehen, waren nicht naiv. Den allermeisten von ihnen waren

174 Ebd., S. 59.
175 Vgl. Schnell: Das »Lindenhotel«, S. 162.
176 Vgl. Messerschmidt: Hinter doppelten Mauern, S. 58, 168f.
177 Vgl. ebd., S. 241.

die Risiken eines solchen Unterfangens bewusst. Sie wussten, dass ein Scheitern ernsthafte Konsequenzen nach sich ziehen würde. Doch wirklich damit gerechnet, erwischt und verurteilt zu werden, hatten wohl die wenigsten. Umso härter trafen sie Untersuchungshaft, Verurteilung und Gefängnisalltag. Dass sie unschuldig gemeinsam mit Kriminellen eingesperrt waren, empfanden sie als Ungerechtigkeit und als zusätzliche Belastung.

4.7 »Asoziales Verhalten«

Neben den wegen »Republikflucht« Verurteilten, die einen maßgeblichen Anteil der Häftlingsgesellschaft in Hoheneck ausmachten, dominierte seit Mitte der 1970er Jahre eine weitere Deliktgruppe die Gefangenenstruktur: Frauen, die nach § 249 StGB wegen sogenannten »asozialen Verhaltens« verurteilt worden waren. Dieser unklare und weit auslegbare Paragraph erschwert bis heute eine eindeutige Zuordnung. Denn weder handelte es sich bei dem Strafrechtsparagraphen um ein rein politisch motiviertes Werkzeug noch fand § 249 StGB ausschließlich in der Kriminalitätsbekämpfung Anwendung. Er wurde immer dort eingesetzt, wo nichtkonformes Verhalten bestraft werden sollte.

Die Ausgrenzung von unangepassten Menschen kann bis in die Antike zurückverfolgt werden. Schon damals mussten Bettler, sogenannte Landstreicher und Prostituierte wegen ihres Lebenswandels stets mit Repressalien rechnen. Auch Jahrhunderte später wurden diese Personengruppen immer noch geächtet und lebten eher am Rande der Gesellschaft. Das preußische Allgemeine Landrecht von 1794 sah vor, diese Menschen in einem Arbeitshaus unterzubringen. Diese juristische Ahndung von vermeintlichem Fehlverhalten wurde auch in das Reichsstrafgesetzbuch von 1871 übernommen[178] und fand ebenso Eingang in die Pseudowissenschaft der Rassenlehre, die von den Nationalsozialisten

178 Vgl. Sachße/Tennstedt: Geschichte der Armenfürsorge in Deutschland, S. 213; Korzilius: Asozialität mit Tradition. S. 14.

schließlich zum Dogma erhoben wurde.[179] Sie lehnten die Verantwortung zur Fürsorge für die sogenannten »Asozialen« ab, da diese in ihren Augen die »natürliche Selektion« konterkariere. In dieser Denkart schadeten auch diejenigen, die sich um die »Asozialen« kümmerten, dem eigenen Volk.[180] Die Nationalsozialisten vollzogen schließlich den Übergang von der Ächtung hin zur physischen Auslöschung menschlichen Lebens, das aus ihrer Sicht als wertlos galt.

Trotz dieser nie dagewesenen Menschheitsverbrechen blieb der Begriff »Asoziale« auch nach 1945 im deutschen Sprachgebrauch erhalten und etikettierte im Osten all diejenigen, die nicht in die sozialistische Vorstellung gesellschaftlichen Zusammenlebens passten. Das DDR-Strafrecht war nicht von ungefähr von führenden Juristen der DDR als »Ausdruck des Willens der in der DDR im Bündnis mit den anderen Werktätigen herrschenden Arbeiterklasse«, das »den Interessen des werktätigen Volkes diene«, deklariert worden.[181] Denn für Menschen, die nicht arbeiteten, gab es in dieser Vorstellung von Gesellschaft keinen Platz.

Vor dem Mauerbau war »Asozialität« noch hauptsächlich sexuell und geschlechtsspezifisch konnotiert. Weibliche Prostituierte und vermeintlich geschlechtskranke Frauen zogen die Aufmerksamkeit der Strafverfolgungsbehörden auf sich. Keine zwei Wochen nach dem Mauerbau erweiterte sich der Fokus. Am 24. August 1961 wurde die »Verordnung über Aufenthaltsbeschränkung« publiziert, die unter anderem den folgenschweren Satz enthielt: »Gegen arbeitsscheue Personen kann auf Verlangen der örtlichen Organe der Staatsmacht durch Urteil des Kreisgerichts Arbeitserziehung angeordnet werden.«[182] Arbeitserziehung war bis 1977 eine Form der Freiheitsstrafe, mit der das Ziel verfolgt wurde, die Verurteilten durch Arbeit und zur Arbeit zu erziehen.[183] Die Dauer dieser »Erziehung«

179 Vgl. Ayaß: »Asoziale« im Nationalsozialismus, S. 13–18, 223; Lindenberger: »Asoziale Lebensweise«, S. 235.

180 Vgl. ebd., S. 223.

181 Buchholz: Strafrecht, S. 295.

182 Windmüller: Ohne Zwang kann der Humanismus nicht existieren, S. 67f.

183 Strafgesetzbuch der Deutschen Demokratischen Republik vom 12. Januar 1968, § 42. Arbeitserziehung.

war nicht vorgegeben, sodass die Kreisgerichte die Verurteilten auf unbestimmte Zeit in Arbeitslager einweisen konnten.[184] Einer geregelten Arbeit nachzugehen, war in der DDR nach rechtsgültiger Auffassung Bürgerpflicht.[185] Diejenigen, die aus welchen Gründen auch immer keinen Arbeitsplatz hatten, galten, so die Juristin Ingeborg Blaschke, die 1986 an der Akademie für Staats- und Rechtswissenschaften der DDR zur Anwendung des § 249 StGB habilitierte, als »halbe Staatsfeinde [...], die der öffentlichen Ordnung und dem Zusammenleben der Menschen hier schadeten, sich nicht einordnen wollten und die man demzufolge auch hart anfassen müsse.«[186]

Mit der Verabschiedung des neuen Strafgesetzbuches 1968 kam fortan § 249 StGB die Funktion zu, Menschen zu bestrafen, die sich einer geregelten Arbeit entziehen und damit das »gesellschaftliche Zusammenleben der Bürger« und »die öffentliche Ordnung« gefährden würden.[187] Diese Formulierung erleichterte eine Urteilsbegründung ungemein.[188] Im Jahr 1979 erfuhr der § 249 StGB noch einmal eine Verschärfung, indem nicht mehr von »Gefährdung«, sondern von »Beeinträchtigung« des gesellschaftlichen Lebens bzw. der öffentlichen Ordnung die Rede war. Somit wurde der Strafverfolgung deutlich mehr Spielraum gewährt.[189]

Menschen mit unkonventionellen Lebensweisen, die nicht der sozialistischen Weltsicht entsprachen, konnte nun also vorgeworfen werden, sich einer geregelten Arbeit zu entziehen, wodurch ihnen die strafrechtliche Verfolgung drohte. Bis zum Ende der DDR war der § 249 StGB somit ein zentraler Baustein der Sozialdisziplinierung.[190] Gerade Ausreiseantragsteller, die in bestimmten Branchen, wie beispielsweise im Lehrerberuf, politisch nicht mehr tragbar waren und deshalb ihren

184 Vgl. Beleites: »Asoziales Verhalten«, S. 5.
185 Vgl. Laßleben: Zur Rehabilitierung von Verurteilungen, S. 42.
186 Interview mit Ingeborg Blaschke, S. 29.
187 Strafgesetzbuch der Deutschen Demokratischen Republik vom 12. Januar 1968, 5. Abschnitt »Sonstige Straftaten gegen die allgemeine, staatliche und öffentliche Ordnung«, § 249. Gefährdung der öffentlichen Ordnung durch asoziales Verhalten.
188 Vgl. Windmüller: Ohne Zwang kann der Humanismus nicht existieren, S. 186f.; Buchholz: Strafrecht, S. 317; Beleites: »Asoziales Verhalten«, S. 4.
189 Zeng: »Asoziale« in der DDR, S. 36–39.
190 Vgl. Lindenberger: »Asoziale Lebensweise«, S. 245.

Arbeitsplatz verloren hatten, waren durch § 249 StGB bedroht. Sie hatten keine andere Wahl, als sich schnellstmöglich um ein neues Beschäftigungsverhältnis zu bemühen – auch wenn dieses weit unterhalb ihrer Qualifikation lag.

Der Machtwechsel von Walter Ulbricht zu Erich Honecker Anfang der 1970er Jahre bedeutete eine spürbare Verschärfung in der Kriminalitätsbekämpfung. Honecker stand für eine Justiz, die die Bestrafung als Ziel der Strafverfolgung in den Mittelpunkt rückte. Der Vorwurf, »arbeitsscheu« zu sein, diente bisweilen als Vorwand, um Personen strafrechtlich zu verfolgen. Während der 10. Weltfestspiele der Jugend 1973 in Ost-Berlin etwa wollte sich die DDR von ihrer besten Seite zeigen. Das hieß auch, dass das Stadtbild keinesfalls durch Personen gestört werden sollte, die aus Staats- und Parteisicht als »asozial« galten. Dazu gehörten Prostituierte, Obdachlose und Tramper ebenso wie andere als unangepasst geltende Menschen.[191] Ins Visier gerieten im Vorfeld des Großereignisses auch Ausreisewillige, gegen die wegen »asozialen Verhaltens« vorgegangen wurde.[192] Der § 249 StGB fungierte hier als Auffangtatbestand. Er wurde dann ins Feld geführt, wenn sich andere politische Delikte nicht strafrechtlich verfolgen oder eindeutig nachweisen ließen. Die Straßen waren mit wahrem Feuereifer »gesäubert« worden. Waren es 1972 noch 5.686 Personen, die wegen »asozialen Verhaltens« belangt worden waren, hatte diese Zahl im Jahr der Festspiele mit 14.164 Personen ein absolutes Maximum erreicht. In Schnellverfahren wurden diese »Ruhestörer« verurteilt und die Urteile unverzüglich vollstreckt. Die Möglichkeit der Berufung war umfangreich eingedämmt worden.[193] Ein anderes Mittel, um zu den Weltfestspielen ein Vorzeigestadtbild herzustellen, war, im Zeitraum vom 24. Juli bis zum 8. August 1973 keine Strafgefangenen in oder nach Ost-Berlin zu entlassen, damit diese sich nicht

191 Vgl. Gollin: »Tramper Uschi«, S. 74f.

192 Windmüller: Ohne Zwang kann der Humanismus nicht existieren, S. 285.

193 Vgl. Raschka: Justizpolitik im SED-Staat, S. 47f., 68–70. Windmüller attestiert denselben Effekt, beziffert die Zahl der Verfahren aber mit 13.581. Vgl. Windmüller: Ohne Zwang kann der Humanismus nicht existieren, S. 191, 241.

unter die Besucher und Besucherinnen der Weltfestspiele mischen konnten.[194]

Für Hoheneck hatte das zur Folge, dass 1974, im Jahr nach den Weltfestspielen, 43 Prozent aller Strafgefangenen wegen § 249 StGB inhaftiert waren. Wenngleich die Zahl dieser Verurteilten später wieder merklich abfiel, blieb sie durchgehend auf einem hohen Niveau. So war bis 1989 jede sechste Hoheneckerin wegen »asozialen Verhaltens« in Haft gekommen. Die gesteigerte Zuweisung der »249er« sorgte zugleich für Verärgerung unter den Strafvollzugsbediensteten. Zwar begrüßte das Personal zunächst noch das rigide Vorgehen der Strafverfolgungsbehörden, doch der Zuspruch ließ nach, als die Verurteilten schließlich in Hoheneck ankamen und maßgeblich zur Überbelegung beitrugen.[195] Im Jahr 1974 stieg die Belegung von 1.091 Strafgefangenen im Januar auf 1.481 im Dezember, wobei im Mai die zwischenzeitlich absolute Höchstbelegung mit 1.612 Strafgefangenen erreicht worden war. Ausgelegt war das Gefängnis aber nur für 650 Strafgefangene. Die Überbelegung blieb nicht folgenlos. Strafvollzugsangehörige im operativen Dienst, die für die Aufsicht verantwortlich waren, registrierten immer mehr Verstöße gegen die Hausordnung.[196] Körperliche Auseinandersetzungen, nicht allein unter den Gefangenen, sondern auch zwischen Gefangenen und Bediensteten, nahmen zu. Die Hauptgründe dafür waren Stress und Konflikte, die aus der fortwährenden Überbelegung resultierten.

Einordnung der nach § 249 StGB Verurteilten

Bei den nach § 249 StGB verurteilten Strafgefangenen lässt sich die Frage, ob es sich um politische oder kriminelle Häftlinge handelte, oft nicht eindeutig und trennscharf beantworten. Zuweilen muss die Antwort wohl lauten: sowohl als

194 BArch, DO1 3523: Schreiben der Verwaltung SV, 16.5.1973.

195 Ende Juli 1973 berichtete die Strafvollzugsbedienstete und IM »Frauenstein« noch von einer guten Stimmung unter den Genossinnen in ihrer Abteilung, die getragen war von der Einsicht, dass die längeren Dienstzeiten nötig seien. BArch/StUA, MfS Bezirksverwaltung Karl-Marx-Stadt, XIV 2536/80, Bl. 95: Bericht, 31.7.1973.

196 SächsStA, 30441, 25.1 339, Bl. 231: Bericht zum Einsatz in der Strafvollzugsanstalt Hoheneck in der Zeit vom 3.9.–16.9.1974, 1.10.1974; JVAW, Strafvollzugseinrichtung Hoheneck: Chronik, S. 69.

auch. Häufig wurde abweichendes Verhalten, das vielleicht nicht der sozialen Norm entsprach, aber längst nicht kriminell war, kriminalisiert. Wie etwa im Fall der damals 27-jährigen Gisela Harisch[197], die versucht hatte, über die grüne Grenze der Tschechoslowakei nach Österreich zu fliehen. Nach der gescheiterten Flucht im April 1979 wurde sie jedoch nicht nur wegen Republikflucht, sondern in Tatmehrheit auch nach § 238 StGB (»Verletzung von gerichtlichen Maßnahmen«) und § 249 StGB vom Kreisgericht Köthen verurteilt.

Bereits 1973 war sie wegen »asozialen Verhaltens« zu zwei Jahren »Arbeitserziehung« verurteilt worden, weil sie ihre Lehre abgebrochen und sich nicht um eine Anschlussbeschäftigung bemüht hatte. Arbeitserziehung war im Vergleich zu den regulären Gefängnissen eine Haftstrafe mit gelockerten Vollzugsbedingungen. Wie in diesen Fällen nicht unüblich, kombinierte das Gericht die Strafe mit einem Aufenthaltsverbot für Ost-Berlin inklusive der angrenzenden Gebiete. Damit wurde ihr Geburtsort, der noch immer der elterliche Wohnort war, für sie zur Sperrzone. Aus dieser Erstverurteilung und dem damit einhergehenden Berlin-Verbot speiste sich ihr schwindender Glaube an eine Zukunft in der DDR. Ihr zunächst gestellter Ausreiseantrag blieb erfolglos. Dann schien sie sich für kurze Zeit mit den ihr auferlegten Beschränkungen abgefunden zu haben, denn sie trat die ihr im Rahmen der Wiedereingliederung zugewiesene Arbeitsstelle an. Im Dezember 1978 kündigte sie jedoch ihre Arbeit und machte sich auf den Weg zu ihren Eltern, was einen Verstoß gegen die gerichtlichen Auflagen (§ 238 StGB) darstellte. Bis in den April 1979 versteckte sie sich bei ihren Eltern. Als sie jedoch von ihrer Mutter erfuhr, dass die Polizei nach ihr suchte, fasste sie den Entschluss, die DDR für immer zu verlassen. Sie sah darin die einzige Möglichkeit, einer weiteren Strafverfolgung zu entgehen. Der Weg über osteuropäische Bruderstaaten war für sie verschlossen, da das Gericht ihren regulären Personalausweis einbehalten hatte, was in solchen

197 Pseudonym.

Fällen üblich war.[198] Sie war nur noch im Besitz des sogenannten PM 12, eines Behelfsausweises mit Sonderauflagen, der ihren Bewegungsradius deutlich einschränkte.

Das Kreisgericht Köthen unterstelle Gisela Harisch gar gesellschaftsgefährdendes Verhalten. Im Urteil hieß es: »Auf Grund der Zeitdauer und ihrer einschlägigen Vorstrafe ist davon auszugehen, daß dies auf Grund einer arbeitsscheuen Grundhaltung geschah. Sie hat sich so vorsätzlich und hartnäckig einer geregelten Arbeit entzogen und das gesellschaftliche Zusammenleben der Bürger und die öffentliche Ordnung dadurch gefährdet, indem sie sich ohne Genehmigung in Berlin aufhielt. Deshalb muß sie auch nach § 249 Abs. 1 StGB wegen Gefährdung der öffentlichen Ordnung durch asoziales Verhalten bestraft werden. Die Gesamtverhaltensweise der Angeklagten ist erheblich gesellschaftswidrig. Sie hat unseren Arbeiter-und-Bauern-Staat auf ungesetzlichem Wege verlassen und wollte sich über die ČSSR in das kapitalistische Ausland begeben. Sie hat dabei die freundschaftlichen und brüderlichen Beziehungen unserer Republik zur ČSSR für ihre strafbare Handlung gewissenlos ausnutzen wollen. Im Interesse der Sicherheit und Ordnung an den Staatsgrenzen ist jeder Bürger unserer Republik verpflichtet, die gesetzlichen Bestimmungen für den Grenzübertritt einzuhalten. Die Angeklagte hat durch ihr Verhalten die gesellschaftliche Disziplin schwerwiegend mißachtet.«[199] Das Gericht kam im Juli 1979 demnach zu dem Schluss, dass die Republikflucht lediglich die Fortsetzung von Harischs Arbeitsverweigerung gewesen sei. Lieber hätte sie fliehen wollen als zu arbeiten. Nach der Urteilsverkündung wurde Gisela Harisch nach Hoheneck überstellt.

Die von der Strafgefangenen verfasste, in ihrer Gefangenenpersonalakte archivierte Stellungnahme zur Tat, ein obligatorisches Dokument, ist knapp, aber eindeutig. Um in die Bundesrepublik zu gelangen, würde sie jederzeit wieder gegen das Gesetz verstoßen. Als jedoch eine Amnestie ruchbar wurde, zog sie ihren bisherigen Übersiedlungsantrag

198 Vgl. u.a. Beleites: »Asoziales Verhalten«, S. 5; Gollin: »Tramper Uschi«, S. 85.
199 JVAW, GPA 321/79: Urteil, 5.7.1979.

zurück in der Hoffnung, ebenfalls freigelassen zu werden. Tatsächlich kam Harisch im November 1979 im Rahmen der Amnestie frei und musste nur wenige Monate ihrer Haftstrafe verbüßen.[200] Die Gründe dafür lassen sich nicht mehr nachvollziehen. Auch ihre Arbeitsleistung in der Haft zur Zeit der Amnestie betrug nicht einmal die Hälfte des von ihr erwarteten Pensums. Es kann also durchaus sein, dass die verminderte Normerfüllung und die Rücknahme ihres Ausreiseantrags die Freilassung beschleunigt hatten.[201] Kurz vor der Haftentlassung wurde sie von ihrer »Erzieherin« gefragt, wie sie sich denn ihre Zukunft vorstelle. Sie gab sich geläutert, wolle nicht mehr straffällig werden und fortan in der DDR leben. Die Zweifel, die die Bedienstete an diesen Aussagen hatte, dokumentierte sie in der Gefangenenpersonalakte.[202]

Kernelement der Wiedereingliederung der nach § 249 StGB verurteilten Strafgefangenen war die Zuweisung eines Arbeitsplatzes für die Zeit nach der Haft. Für die wegen »Asozialität« Verurteilten eine Stelle zu finden, war jedoch nicht einfach, da viele Betriebe sich dagegen wehrten. Bekam eine entlassene § 249-Strafgefangene einen Arbeitsplatz zugewiesen, war es in vielen Fällen so, dass die Betriebe auf eine Meldung verzichteten, wenn diese von der Arbeit fernblieb.[203] Sie ersparten sich damit neben dem bürokratischen Aufwand auch die zusätzlich zu leistende Betreuung der Mitarbeiterin.

Wenn es jedoch kein stillschweigendes Dulden von Fehlzeiten gab, konnte das für die betreffende Person ernsthafte Konsequenzen haben. Ein solcher Fall trat bei einer Frau ein,

200 Ebd.: Stellungnahme zur Tat; Einschätzung des Gesamtverhaltens der Strafgefangenen, 25.10.1979; Entlassungsschein, 5.11.1979. Die Strafgefangene wurde aufgrund des Beschlusses des Staatsrates vom 24. September 1979 amnestiert. Insgesamt wurden bei dieser Amnestie 115 Frauen aus Hoheneck entlassen. SächsStA, 30441, 25.2.B 233: Auskunftsbericht über die Maßnahmen der Amnestie anläßlich des 30. Jahrestages der Deutschen Demokratischen Republik, 15.10.1979.

201 JVAW, GPA 321/79: Einschätzung des Gesamtverhaltens der Strafgefangenen, 25.10.1979.

202 Ebd.: Wiedereingliederungsbeschluss, 16.10.1979.

203 Vgl. Buchholz: Strafrecht, S. 326, 332. Ebenso war es Usus, alkoholkranke Mitarbeiter, die aufgrund ihrer Rauschzustände nicht in der Lage waren zu arbeiten bzw. erst gar nicht zur Arbeit erschienen, den Behörden nicht zu melden. Vgl. Kochan: Blauer Würger, S. 168f.

die bereits zwei Vorstrafen wegen »asozialen Verhaltens« hatte und nur auf Bewährung und unter Auflagen freigekommen war. Das Gericht hatte Gerda Becker[204] im Mai 1985 einen Arbeitsplatz zugewiesen, den sie nicht eigenmächtig wechseln durfte. Außerdem hatte sie sich regelmäßig beim Abschnittsbevollmächtigten (ABV) zu melden. Doch weder nahm sie die Arbeit auf noch meldete sie sich beim ABV. Als Vertreter des Betriebes sie zuhause aufsuchen wollten, trafen sie sie nicht an, was zur Aufhebung ihrer Bewährung führte. Die 35-Jährige musste nun für ein Jahr und drei Monate hinter Gitter.[205] Obwohl das Gericht Gerda Becker eine düstere Zukunft voraussagte, fand sie sich schnell im streng reglementierten Strafvollzug zurecht und wurde sogar zur Verwahrraumältesten ernannt. Trotz ihrer Anpassungsfähigkeit gelang es ihr jedoch nicht, die geforderte Arbeitsleistung zu erfüllen. Das versuchte sie zu kompensieren, indem sie ihre positive Einstellung zur DDR herausstellte. Sie hatte damit Erfolg, denn das Anstaltspersonal kam zu der Überzeugung, dass sie sich bei der Arbeit aufrichtig bemühe.[206]

Ein ähnlich gelagerter Fall wurde von den Vollzugsbediensteten vollkommen anders gehandhabt. Melanie Krüger[207] hatte sich einsichtig gezeigt, dass sie nach Verbüßung der Haft in Hoheneck einer regelmäßigen Arbeit nachgehen müsse, um so ein »nützliches« Mitglied der Gesellschaft zu werden. Diese Einsicht sollte sie zunächst während ihres Arbeitseinsatzes im Gefängnis beweisen. Doch auch ihr gelang es nicht, die festgesetzte Norm zu erfüllen, und das Anstaltspersonal war nicht davon überzeugt, dass sie sich überhaupt darum bemühte. Um zu zeigen, dass sie bereit sei, mehr zu leisten, verpflichtete sie sich, künftig zumindest 70 Prozent der gesetzten Vorgaben zu erreichen. Dafür stellte ihr das Personal in Aussicht, sie könne ihrem Sohn ein Päckchen schicken.[208] Doch entgegen der Absichtserklärung verschlechterte sich Krügers Arbeits-

204 Pseudonym.
205 JVAW, GPA 113/86: Beschluß in der Strafsache, 23.7.1985.
206 Ebd.: Einschätzung des Gesamtverhaltens, 7.8.1986; Selbsteinschätzung, 22.11.1985.
207 Pseudonym.
208 JVAW, GPA 195/81: Stellungnahme zur Tat; Erziehungsgespräch, 24.9.1980.

Quelle: Sächsisches Strafvollzugsmuseum Waldheim e.V.

Die Seite »gesellschaftlich nützliche Arbeit« im Vorzeigealbum der Strafvollzugseinrichtung Hoheneck fällt etwas aus dem Rahmen, denn die Wäscheberge lassen nicht auf einen guten Produktionsablauf schließen, o.D.

leistung dramatisch. Nicht nur ihr Arbeitsvolumen wurde beanstandet, sondern nun auch die Qualität der produzierten Bettwäsche. Insgesamt wurde sie drei Mal diszipliniert, auch weil sie sich geweigert hatte, überhaupt zu arbeiten. Ihr wurde das Geld für den Einkauf gekürzt und ein Paketschein zum Empfang eines Pakets entzogen. Die Strafvollzugsbediensteten schienen sie besonders genau zu beobachten. Als sie bei der Herstellung von Bettwäsche ein Kopfkissen beschädigte, wurde eine Regressforderung an sie gestellt.[209] Die Strafgefangene erklärte in einer Aussprache mit ihrer »Erzieherin«, dass es ihr schlichtweg an Elan fehle. An manchen Tagen sei sie mit ihren Gedanken »draußen« und könne sich nicht auf die Arbeit konzentrieren. Die Bedienstete gab ihr zu verstehen, dass ihr bei Nichterfüllung der Norm Arrest drohe.[210]

209 Ebd.: Verfügung über eine Disziplinarmaßnahme, 29.10.1980, 26.11.1980, 10.6.1981; Regreß-Forderung, 27.11.1980.

210 Ebd.: Ausspracheprotokoll, 10.8.1981.

Dazu kam es jedoch nicht, denn einen Monat nach diesem Gespräch wurde Melanie Krüger aus Hoheneck entlassen. Das Beispiel offenbart, dass die sogenannte Umerziehung der Strafgefangenen an Grenzen stieß, auch weil sie de facto nur das Ziel verfolgte, die Produktivität zu erhöhen. Wenn sich Strafgefangene nicht durch Versprechungen oder materielle Belohnungen zu höheren Arbeitsleistungen bewegen ließen, blieb den Bediensteten nur die Androhung von Strafen. Wenn der Verdacht bestand, dass die unterdurchschnittliche Arbeitsleistung auf mangelnder Leistungsbereitschaft beruhte, konnten die betreffenden Strafgefangenen in eine gesonderte Zelle verlegt werden. Um aus dieser Sammelzelle für die vermeintlichen Arbeitsverweigerinnen wieder in die alte Zelle zurückkehren zu können, wurden der betroffenen Strafgefangenen individuelle Vorgaben gemacht, die sie zu erfüllen hatte. Diese Absonderung von den anderen galt als wirksames Mittel. Denn nahezu alle Frauen, die eine solche Maßnahme durchliefen, steigerten ihre Leistungen danach deutlich.[211]

Die Genannten stehen stellvertretend für eine Vielzahl von Frauen, deren aufeinanderfolgende Gefängnisaufenthalte mit einer ersten Verurteilung wegen »asozialen Verhaltens« begannen. In aller Regel betrug das Strafmaß bei der ersten Verurteilung zwei Jahre. Weil sich die Lebensweisen nach der Haft oft nicht in dem Maße änderten, wie von der Obrigkeit gewünscht, folgten weitere Verurteilungen und meist höhere Haftstrafen. Dies muss als Versagen der Wiedereingliederungsbemühungen gewertet werden. Der hohe Anteil an »249ern« im Hohenecker Strafvollzug und die daraus resultierende Überbelegung war somit nicht zuletzt ein von den staatlichen Behörden selbstverursachtes Problem. Das rigorose Vorgehen im Umfeld der Weltfestspiele 1973 und die Kriminalisierung bestimmter Lebensweisen hatten letztlich überfüllte Gefängnisse und zerstörte Biografien zur Folge.

211 SächsStA, 30441, 25.2.B 232: Referat zur Dienstversammlung am 24. März 1981 zur Abrechnung der Arbeitsergebnisse in Vorbereitung des X. Parteitages der SED.

Die Lebensläufe der wegen »Asozialität« verurteilten Frauen blieben über die Jahre hinweg immer ähnlich. Zum Zeitpunkt der Verurteilung waren sie zwischen 24 und 30 Jahren alt. Damit waren sie im Durchschnitt drei Jahre jünger als die übrigen Hoheneckerinnen. »Asoziales Verhalten« war demnach auch eine Frage des Alters. Oder man erhoffte sich durch den früheren Zugriff eine größere Chance, die Frauen auf Linie zu bringen. Es ist offensichtlich, dass hier jugendliche Unangepasstheit, Selbstfindungen und Autonomiebestrebungen gezielt kriminalisiert wurden, nur um die Betroffenen disziplinieren zu können. Bei der Staatssicherheit kursierte zudem ein sogenannter »Katalog der Waffen«, auf den zurückgegriffen werden sollte, wenn alle anderen Mittel fehlschlugen, etwa um Ausreisewillige von ihrem Vorhaben abzubringen. Zu diesem Katalog gehörte auch der § 249 StGB.[212] Hier wurde der Paragraph also zweifelsfrei zur politischen Strafverfolgung eingesetzt, insbesondere dann, wenn Bürgerinnen und Bürger ihre Ablehnung des Staates auch mittels Arbeitsniederlegungen unterstrichen. Einige Richter missachteten außerdem das Gleichbehandlungsgebot. Ging jemand zwei bis drei Monate keiner geregelten Arbeit nach, konnte diese Person nach § 249 StGB verurteilt werden. War jemand bereits wegen politisch unliebsamen Verhaltens bekannt, konnte bereits die Ankündigung, die Arbeit zu verweigern, zu einer Verurteilung führen.[213] Für das Strafvollzugspersonal machte das jedoch keinen Unterschied. In ihren Augen waren alle »Asozialen« kriminelle Häftlinge. Tatsächlich waren bei der großen Mehrheit von ihnen keine vordergründig politischen Delikte anhängig. Der § 249 StGB war weder ausschließlich zum Zweck der politischen Verfolgung formuliert worden, noch diente er vorrangig der Unterdrückung von Regimegegnern. Er kann daher nicht ausnahmslos als genuiner Wirkhebel des politischen Strafrechts angesehen werden.[214] Die Bedeutung des Paragraphen ergibt sich nicht aus der rein politischen Tragweite seiner Anwendung,

212 Vgl. Werkentin: Zur Dimension politischer Inhaftierung, S. 148f.
213 Vgl. Windmüller: Ohne Zwang kann der Humanismus nicht existieren, S. 285f.
214 Vgl. Korzilius: Asozialität mit Tradition, S. 18.

sondern sie speist sich vielmehr aus der Quantität der Verurteilungen und seiner sozialen Abgrenzungsfunktion. Mit Hilfe des § 249 StGB wurde immer wieder aufs Neue eine Drohkulisse aufgebaut und für alle sichtbar eine Grenze gezogen, die den Einschluss in die und den Ausschluss aus der sozialistischen Gesellschaft markierte.[215]

4.8 Eigentumsdelikte

Diebstahl, Unterschlagung und Betrug gehörten zu einer der größten Deliktgruppen in der Kriminalitätsstatistik der DDR. Seit Gründung der DDR machten Eigentumsdelikte stets etwa die Hälfte aller Straftaten aus. Der Zusammenhang mit der Entwicklung der Gesamtkriminalität ist hier deutlich zu erkennen. Nahm diese zu, so stieg auch die Eigentumskriminalität an. Entsprechend der generell hohen Zahl an Eigentumsdelikten machten auch in Hoheneck verurteilte Diebinnen und Betrügerinnen den deutlich größten Teil der kriminellen Häftlinge aus. Kriminalität war ein alltägliches Problem der sozialistischen DDR-Gesellschaft, obwohl von offizieller Seite immer wieder erklärt wurde, dass gerade diese dem Sozialismus wesensfremd sei. Als der DDR-Staatsführung halbwegs glaubwürdige Erklärungen ausgingen, weshalb die Kriminalität weiterhin zunahm, veranlasste der Generalstaatsanwalt der DDR, Josef Streit, mit ausdrücklicher Billigung durch Erich Honecker, die Verbrechensstatistik einfach nicht mehr zu veröffentlichen. Den Mitgliedern des Politbüros wurden diese Zahlen jedoch weiterhin zur Kenntnis gegeben.[216]

215 Vgl. Lindenberger: »Asoziale Lebensweise«, S. 247.
216 Vgl. Raschka: »Für kleine Delikte ist kein Platz in der Kriminalitätsstatistik«, S. 15f. Die statistischen Angaben für 1971 und 1972 wurden nicht mehr publiziert. Vgl. Staatliche Zentralverwaltung für Statistik (Hg.): Statistisches Jahrbuch der DDR 1971, S. 479–483; ebd.: Statistisches Jahrbuch der DDR 1972, S. 485–489.

1957	1958	1959	1960	1961	1962	1963
Straftaten DDR						
169.557	186.138	156.970	139.021	148.502	162.280	163.999
Eigentumsdelikte DDR						
101.362	94.226	85.210	69.628	75.876	93.020	99.973

1964	1965	1966	1967	1968	1969	1970
Straftaten DDR						
138.350	128.661	124.524	116.080	100.126	105.869	109.101
Eigentumsdelikte DDR						
79.062	74.843	66.705	59.404	-[217]	48.858[218]	50.153

Tabelle 9: Zahl der Straftaten in der DDR und davon Eigentumsdelikte, 1957–1970.[219]

4.9 Diebstahl

Beim Delikt des Diebstahls unterschied das Strafgesetzbuch der DDR danach, wer bestohlen worden war: Es gab den Diebstahl persönlichen Eigentums und den Diebstahl sozialistischen Eigentums zum Nachteil des Staates. Aufgrund der ökonomischen Struktur der DDR war nahezu jeder Ladendiebstahl ein Diebstahl sozialistischen Eigentums. Für beide Arten des Diebstahls waren Freiheitsstrafen von bis zu zwei Jahren möglich. Wertete das Gericht die Tat als »verbrecherischen Diebstahl«, konnte es eine Freiheitsstrafe von bis zu zehn Jahren verhängen.[220] In der Bundesrepublik wurden Eigentumsdelikte tendenziell zur Basissicherung begangen, in der DDR stahlen, unterschlugen und betrogen Menschen, um den eigenen Lebensstandard aufzuwerten. Die meisten verurteilten Täter und Täterinnen lebten dementsprechend in geordneten Verhältnissen.[221]

217 Keine Angaben.
218 Zahlen zu Unterschlagung wurden 1969 und 1970 nicht ausgewiesen.
219 Die Angaben stammen aus den Statistischen Jahrbüchern der DDR 1959 bis 1970.
220 Gesetzblatt der Deutschen Demokratischen Republik, Teil I, Nr. 1, 12.1.1968. Strafgesetzbuch der Deutschen Demokratischen Republik vom 12. Januar 1968, §§16, 162, 180, 181.
221 Vgl. Friedrich-Ebert-Stiftung (Hg.): Kriminalität, Strafvollzug und Resozialisierung in der DDR, S. 10.

In Hoheneck fanden sich Diebinnen unterschiedlichster Couleur. Eine von ihnen war Maria Meier[222], die wegen fortgesetzten Betrugs, fortgesetzten Diebstahls und illegaler Geldausfuhr bereits 1956 zu zwei Jahren und acht Monaten Haft verurteilt worden war. Allerdings musste sie diese nicht vollständig absitzen, sondern ein Teil wurde ihr zur Bewährung ausgesetzt. Im Zuge der angeordneten Resozialisierung bekam sie nicht nur einen Arbeitsplatz, sondern auch ein Zimmer bei einer Bäuerin zugewiesen. Von der Bäuerin stahl sie Geld, Lebensmittel, Kosmetik und Bekleidung und verkaufte diese Dinge, um von dem Erlös eigene Rechnungen zu begleichen.[223] Sie wurde erneut vor Gericht gestellt, das ihr keine positive Sozialprognose attestierte, sondern sie sogar für besserungsresistent hielt. Da sie sich auf dem Gehöft der Bäuerin frei bewegen konnte und ihr der Diebstahl damit leichtgemacht worden sei, verurteilte das Kreisgericht Flöha Maria Meier zu einer milden Freiheitsstrafe von zehn Monaten. Darüber hinaus musste sie den durch sie entstandenen Schaden begleichen.[224] Wie gerichtlich angeordnet, sollte Meier Ende August 1958 zum Haftantritt in der Untersuchungshaftanstalt Freiberg vorstellig werden. Doch unmittelbar vor Beginn ihrer Strafverbüßung wurde sie erneut straffällig. Sie bestahl Bekannte, bei denen sie in Freiberg anlässlich ihres Haftantrittes zu Besuch gewesen war. Mit dem entwendeten Geld bezahlte Meier einen zweitägigen Hotelaufenthalt und finanzierte sich noch einige persönliche Anschaffungen, bevor sie sich am 3. September mit Verspätung in der Freiberger Untersuchungshaftanstalt meldete.[225] Dieses Verhalten brachte ihr vier weitere Monate Haft ein, womit sie sogar noch Glück hatte, denn das Gericht hatte davon abgesehen, sie wegen eines Rückfalldiebstahls zu belangen. In diesem Fall hätte dies eine Mindeststrafe von einem Jahr nach sich gezogen.[226] Nach ihrer Verlegung von Freiberg nach Hoheneck dauerte es nur eine Woche, bis sie

222 Pseudonym.
223 JVAW, GPA 55/59: Urteil, 26.7.1958.
224 Ebd.
225 Ebd.: Urteil, 11.10.1958; Zwischenbeurteilung, 21.1.1959.
226 Ebd.: Urteil, 11.10.1958.

eine sogenannte Hausstrafe kassierte und für zwei Wochen in den Arrest musste. Sie hatte unerlaubt Gummibänder aus der Kalfaktorenstelle, zu der sie im Rahmen ihres Arbeitseinsatzes Zugang hatte, entwendet und diese vernichtet, als der Diebstahl aufgeflogen war.[227] Die Kalfaktoren verrichteten Hilfsdienste für die Strafvollzugsbediensteten. Weitere Regelbrüche in Hoheneck sind ihrer Akte nicht zu entnehmen. Im Gegenteil: Fortan kam sie allen Anweisungen des Personals nach, erfüllte die gesetzten Arbeitsnormen und wurde sogar zur Vorarbeiterin in ihrer Schicht ernannt. Vor ihrer Entlassung wurde dennoch vermerkt, dass sie keinen festen Halt habe und positiven Einfluss benötigen würde, um auch außerhalb Hohenecks regelkonform zu leben. Am 31. März 1960 kam sie frei.[228]

Ganz ähnlich ist der Fall von Petra Müller[229] gelagert, nur mit einer ungleich längeren Strafakte, in der bereits vier Freiheitsstrafen – zwei davon wegen Diebstahls – vermerkt waren, bevor sie im Jahr 1966 ein fünftes Mal ins Gefängnis und nach Hoheneck kam, weil sie gestohlen hatte. Das Strafmaß betrug drei Monate im allgemeinen Vollzug, der schärferen Variante im Vergleich zum erleichterten Vollzug. Ihre Vorstrafen hatten ihr bei der Zuweisung der Vollzugsart offenbar zum Nachteil gereicht.[230] Da inhaftierte Eltern für den Unterhalt der eigenen Kinder weiterhin Sorge zu tragen hatten, musste auch sie als Mutter dreier Kinder, die nun in einem staatlichen Kinderheim lebten, für diese aufkommen. Das von ihr in Hoheneck als Näherin verdiente Geld reichte allerdings nicht aus, um die anfallenden Heimkosten zu decken. Auch ihr Ehemann war nicht imstande, die ausstehenden Kosten zu begleichen, denn er saß ebenfalls in Haft. Hauptursache für ihre angespannte finanzielle Situation war die Tatsache, dass sie die festgesetzte Norm bei der Arbeit nicht erfüllte. Wer weniger als 100 Prozent schaffte, bekam weniger Geld.

227 Ebd.: Hausstrafverfügung, 29.1.1959; Meldung über die SG, 27.1.1959.
228 Ebd.: Einmalige Mitteilung, 25.1.1960; Entlassungsschein, 31.3.1960.
229 Pseudonym.
230 JVAW, GPA 395/68, Beschluss, 22.1.1966; Auskunft aus dem Strafregister, 8.12.1965.

In den Augen der Vollzugsbediensteten zeigte sie am Arbeitsplatz ganz offen ihre Gleichgültigkeit. Neben der zu geringen Quantität gab auch die Qualität der Arbeit wiederholt Anlass zur Kritik. Außerdem habe sie immer wieder die Ordnung am Arbeitsplatz gestört, das Gespräch mit Mitgefangenen gesucht und bisweilen gar den Arbeitsplatz verlassen, so das Anstaltspersonal. Um dieses Fehlverhalten abzustellen, wurde ihr ein anderer Arbeitsplatz zugewiesen, wo sie jedoch die Arbeit vollständig verweigerte. Erstaunlicherweise finden sich trotz der zahlreichen Regelüberschreitungen keinerlei Hinweise auf Sanktionen in ihrer Akte. Das kann ein Indiz dafür sein, dass kriminelle Strafgefangene und politische Strafgefangene unterschiedlich behandelt wurden. Dass die Missachtung von Anweisungen des Anstaltspersonals ohne Konsequenzen blieb, wäre bei einer politischen Strafgefangenen unvorstellbar gewesen. Zwar habe Müller wiederholt beteuert, sich zu bessern.[231] Einen Besserungsprozess konnte das Personal allerdings nicht erkennen, wie in einer Einschätzung kurz vor ihrer Haftentlassung zu lesen ist. Sie hätte nichts aus ihren bisherigen Gefängnisaufenthalten gelernt.[232] In solchen Fällen verfolgte das Personal in Hoheneck keine erzieherischen Ziele, da es davon ausging, dass alle Maßnahmen wirkungslos bleiben würden. Es war Konsens, dass bei Rückfalltäterinnen, die älter als 30 Jahre alt waren, kein Besserungswille bestand. Bei diesen Frauen ging es der Anstalt vor allem darum, ihren Einfluss auf andere zu begrenzen, weshalb sie vorrangig in Zellen mit wenigen anderen Frauen untergebracht wurden.[233]

4.10 Unterschlagung

Ein weiterer Straftatbestand, der in der Kriminalstatistik der DDR einen prominenten Platz einnahm, war die Unterschlagung. Diese unterscheidet sich in einem zentralen Punkt vom Diebstahl: bei Letztgenanntem muss einem anderen etwas

231 Ebd.: Entwicklungsgespräch, 9.8.1966.
232 Ebd.: Bericht, 1.12.1966.
233 SächsStA, 30461, 38: Befragungsbogen für Erzieher und andere an der Erziehung beteiligte Kräfte.

weggenommen werden. Bei der Unterschlagung ist der Täter bereits im Besitz einer Sache, die er nun unrechtmäßig für sich behält. Weil Unterschlagungen sich oft gegen gesellschaftliche Eigentumsformen richteten und über einen längeren Zeitraum unbemerkt blieben, verursachten sie einen größeren volkswirtschaftlichen Schaden als einzelne private Diebstähle.[234] Dennoch fand sich mit der Einführung des Strafgesetzbuches von 1968 dieses Delikt nicht mehr im Katalog der Eigentumsdelikte.

Eine wegen Unterschlagung verurteilte Gefangene in Hoheneck war Elsa Liebchen.[235] Weil ihr die eigenen finanziellen Mittel nicht ausreichten, um sich den gewünschten Lebensstil leisten zu können, hatte die Verkaufsstellenleiterin eines Fachgeschäfts für Foto, Optik und Uhren damit begonnen, systematisch Einnahmen zu unterschlagen. Immer wieder griff Elsa Liebchen in die Kasse und entwendete 10, 20 oder 50 Mark. Bis zu 200 Mark pro Monat steckte sie auf diese Weise in die eigene Tasche. Im Zeitraum zwischen 1955 und 1958 war ein Gesamtschaden von 13.000 Mark aufgelaufen, von denen allerdings nur 5.000 Mark zweifelsfrei der Filialleiterin zugeschrieben werden konnten. Liebchen konnte sich lange Zeit unbemerkt bereichern, weil die laxe Inventurpraxis keine nennenswerten Fehlbeträge aufgedeckt hatte. Dem SED-Mitglied Liebchen wurde gerichtlich attestiert, ihre Tat sei in hohem Maße gesellschaftsgefährdend gewesen. Das Kreisgericht Karl-Marx-Stadt verurteilte sie deshalb zu zwei Jahren und acht Monaten Freiheitsentzug.[236] Auch aus der SED wurde sie ausgeschlossen. Auf die Möglichkeit, Rechtsmittel einzulegen, verzichtete Elsa Liebchen. Am 20. März 1959 trat sie schließlich ihre Haft an.[237] Während sie ihre Strafe verbüßte, forderte ihr ehemaliger Betrieb die Rückzahlung des unterschlagenen Geldes. Sie tätigte zwar nur sieben Ratenzahlungen, die sich in Summe auf 180 Mark beliefen,

234 Vgl. Harrland: Entwicklung und Bekämpfung der Kriminalität in der DDR, S. 404.
235 Pseudonym.
236 JVAW, GPA 506/59: Urteil, 27.3.1959.
237 Ebd.: Erklärung, 19.3.1959.

dennoch wirkte sich ihr Bemühen, den von ihr verursachten Schaden zu begleichen, positiv auf ihre Beurteilung durch das Anstaltspersonal aus.[238] Wohl auch aufgrund ihrer beruflichen Erfahrungen wurde sie sogar Verkäuferin in der anstaltseigenen Verkaufsstelle.[239] Am 20. Oktober 1960 wurde ihre restliche Strafe auf Bewährung ausgesetzt, und sie wurde aus Hoheneck entlassen.[240] Dem Personal galt sie als ruhige, verträgliche, saubere und disziplinierte Strafgefangene. Angekreidet wurde ihr jedoch, dass sie sich nicht in allen politischen Fragen konsequent gegenüber Häftlingen mit »negativer Einstellung« positioniert hatte. Das Gefängnispersonal erwartete von ihr systemtreues Verhalten, unter anderem auch deshalb, weil sie früher Mitglied der SED war.

4.11 Betrug

Eine dritte Form der Eigentumsdelikte war der Betrug. Analog zum Diebstahl und zur Unterschlagung unterschied das Strafgesetzbuch zwischen dem Betrug zum Nachteil privaten bzw. gesellschaftlichen Eigentums. Bei Betrug galten die gleichen Strafandrohungen, die auch bei der Sanktionierung von Diebstahl Anwendung fanden.

Als arbeitslose Krankenschwester wollte Irmgard Bauer[241] ihren Eltern finanziell nicht weiter zur Last fallen und entschied sich dafür, auf illegalem Weg unabhängig zu werden: Mit Hilfe vorgetäuschter beruflicher Qualifikationen bewarb sie sich um eine Anstellung. Im Januar 1960 stellte sie sich mit gefälschten Unterlagen beim Rat des Bezirkes Karl-Marx-Stadt vor. Sie trat nicht etwa als examinierte Krankenschwester auf, sondern verblüffte das Auswahlgremium mit einem beindruckenden Lebenslauf: Medizinstudium in Rom und Heidelberg, Promotion in Zürich. Sie wurde daraufhin als Fachärztin für Anästhesie eingestellt und nahm an kleineren operativen Eingriffen teil, bei denen sie für die Narkose ver-

238 Ebd.: Schreiben der HO Wismut, 14.9.1959.
239 Ebd.: Führungsbericht, 9.9.1960.
240 Ebd.: Einmalige Mitteilung, 11.10.1960.
241 Pseudonym.

antwortlich war. Sie legte Gipsverbände an und verschrieb Medikamente. Vorgesetzte und Kollegen hatten nichts an ihrer Arbeit zu beanstanden. Lediglich die Promotions- und Approbationsurkunden fehlten, zu deren Einreichung die Personalabteilung sie wiederholt aufgefordert hatte. Als Irmgard Bauer merkte, wie der Betrug ihr über den Kopf wuchs, legte sie ihre Tätigkeit nieder. Lohn hatte sie in diesen zwei Wochen keinen erhalten. Sie hatte es sogar abgelehnt, einen Vorschuss anzunehmen, was ihr später strafmildernd angerechnet werden sollte. Das Kreisgericht in Karl-Marx-Stadt verurteilte sie im Mai 1960 wegen »versuchten Betrugs zum Nachteil von gesellschaftlichem Eigentum in Tateinheit mit unberechtigter Ausübung der Heilkunde sowie unberechtigten Führens eines ausländischen akademischen Grades« zu einem Jahr Gefängnis.[242] Kaum war das Urteil verkündet, trat sie auch schon ihre Haft in Hoheneck an. Vom Strafvollzugspersonal wurde Irmgard Bauer als eine absolut unauffällige Strafgefangene charakterisiert, die sich bereiterklärte, jedwede Aufgabe anstandslos zu übernehmen. Mit diesem Verhalten qualifizierte sie sich für den Gnadenerlass des Staatsrates, durch den sie im Oktober 1960 frei kam.[243]

Die Frauen, die nach Hoheneck kamen, weil sie gestohlen, unterschlagen oder betrogen hatten, waren während der gesamten 40 Jahre Strafvollzug zahlenmäßig die mit Abstand größte Gefangenengruppe. Eine deshalb irgendwie geartete Sonderrolle hatten sie im Hohenecker Strafvollzug aber nicht. Gerade weil sie mehrheitlich angepasst und unauffällig waren, musste das Personal ihnen keine besondere Aufmerksamkeit schenken oder besondere Strategien erdenken, um mit ihnen umzugehen. Der Großteil dieser Frauen verbüßte die Freiheitsstrafe nahezu geräuschlos. Sie hatten nur dann Repressalien zu befürchten, wenn sie gegen die Regeln verstießen. Zusätzlichen Drangsalierungen oder gar Schikanen waren sie nicht ausgesetzt. Sie hatten zwar gegen die gesellschaft-

242 JVAW, GPA 299/60: Urteil, 10.5.1960.

243 Ebd.: Fragebogen, der nach Haftentlassung ausgefüllt wurde; Haftkarteikarte der Strafgefangenen.

lichen Normen verstoßen, den Staat als solchen aber nicht in Frage gestellt. In aller Regel profitierten sie von vorzeitigen Haftentlassungen auf Bewährung oder von Amnestien.

4.12 Als Jugendliche nach Hoheneck

In Hoheneck gab es von 1965 bis 1976 eine Jugendabteilung, in die Mädchen und junge Frauen zwischen 14 und 18 Jahren eingewiesen werden konnten, wenn sie zu Freiheitsstrafen verurteilt worden waren. Die ersten 24 Minderjährigen kamen in die Hohenecker Jugendabteilung, als im Jahr 1965 das sogenannte Jugendhaus Hohenleuben, wo jugendliche Straftäter ihre Freiheitsstrafe verbüßten, aufgelöst wurde.[244] Kurz danach saßen bereits 45 weibliche Jugendliche in der Abteilung, deren ständige Belegung später bei 120 bis 150 Jugendlichen lag.[245] Gedacht war die Abteilung für 60 Mädchen. Mit Beginn der 1970er Jahre war die Jugendabteilung demnach ebenso von der Überbelegungsproblematik betroffen wie das gesamte Hafthaus.[246]

Wie bei den Erwachsenen war auch bei den Jugendlichen die Arbeit das Kernelement des Strafvollzugs. Der pädagogische Anspruch war, die Jugendlichen durch eine Berufsausbildung auf das Leben nach der Haft vorzubereiten.[247] Hierfür waren Schulräume und eine Lehrwerkstatt eingerichtet worden. Den schulischen Unterricht verantworteten zivilangestellte Lehrer.[248] Neben den Lehrkräften durften eigentlich nur speziell geschulte Strafvollzugsbedienstete den Jugendbereich betreten.[249] Gegen diesen Grundsatz wurde aber ständig verstoßen, und so war auch unzureichend ausgebildetes Strafvollzugspersonal mit der »Arbeit an den Jugendlichen« betraut.[250] Insgesamt taten elf Strafvollzugs-

244 Zum Themenkomplex Jugendkriminalität vgl.: Zimmermann: »Den neuen Menschen schaffen«.
245 Interview SV-Bediensteter A.
246 Vgl. Zimmermann: »Den neuen Menschen schaffen«, S. 221.
247 Vgl. Ministerium des Innern, Verwaltung Strafvollzug: Besonderheiten des Vollzugs der Freiheitsstrafe an Jugendlichen, S. 17f.
248 JVAW, Strafvollzugseinrichtung Hoheneck: Chronik, S. 53f.
249 Vgl. Interview SV-Bediensteter A.
250 BArch/StUA, MfS Bezirksverwaltung Karl-Marx-Stadt, XIV 2536/80, Bl. 131: Informationsbericht, 14.2.1969.

angehörige Dienst im Jugendtrakt: eine Obererzieherin, drei Erzieherinnen, drei Erzieherhelferinnen und vier Stationswachtmeisterinnen.[251]

Aus Sicht der Anstaltsleitung war die Jugendabteilung ein erheblicher Unruheherd. Von dort gingen immer wieder Störungen der Ordnung und Sicherheit aus. Deshalb sollten im Jahr 1970 neue Maßnahmen ergriffen werden, um die jugendlichen Häftlinge besser unter Kontrolle zu bringen.[252] Im Umgang des Personals mit den Jugendlichen wurde häufiges Fehlverhalten registriert, was unter anderem auf das unqualifizierte Personal zurückgeführt werden kann. In den Akten ist ein Fall dokumentiert, bei dem eine Bedienstete einer ohnehin schon mit Handfesseln fixierten Jugendlichen den Mund mit Heftpflaster verklebt hatte, um sie am Schreien zu hindern. Laut eigener Aussage sei sie zu dieser Vorgehensweise vom Leiter der Strafvollzugsanstalt Bautzen am Rande einer Fortbildung ermuntert worden. Ihm zufolge empfehle der Leiter des Haftkrankenhauses für Psychiatrie und Neurologie in Waldheim diese Handhabung, um renitente Jugendliche zum Schweigen zu bringen. Bei einem anderen Zwischenfall fesselte sie eine Jugendliche in Einzelhaft an ein Heizungsrohr, weil diese sich der Anweisung widersetzt hatte, tagsüber nicht auf dem Bett zu liegen.[253]

Die Jugendlichen waren in Hoheneck den Übergriffen des Personals vollkommen ausgeliefert. Zugleich war das Gewaltpotential unter den jugendlichen Gefangenen hoch.[254] In einem besonders dramatischen Fall war eine junge Frau von Mitgefangenen mittels einer Toilettenbürste vergewaltigt worden. Besonders Neuankömmlinge liefen immer wieder Gefahr, Opfer sexueller Übergriffe zu werden.[255]

Im Jahr 1976 wurde die Jugendabteilung in Hoheneck geschlossen. Im gleichen Jahr wurde das »Freiberger Standkommando« auf dem Gelände des Volkspolizeikreisamtes

251 BArch, DO1 11973: Stellenplan der StVE Hoheneck, 1.1.1966.
252 JVAW, Strafvollzugseinrichtung Hoheneck: Chronik, S. 65.
253 SächsStA, 30461, 38: Bericht über die Anwendung der Handfessel bei Strafgef. gem. telef. Anforderung v. 29.1.71, 31.1.1971.
254 Ähnliche Probleme existierten auch in den Jugendwerkhöfen. Vgl. Zimmermann: »Den neuen Menschen schaffen«, S. 345f.
255 Vgl. Thiemann: Stell dich mit den Schergen gut, S. 158f.

Freiberg in eine Abteilung der Strafvollzugseinrichtung Hoheneck umgewandelt.[256] Das sogenannte Jugendobjekt Freiberg diente als eine Art Labor, in dem sich die Nachwuchskräfte für den Strafvollzug unter realen Bedingungen beweisen konnten. Hier sollten sie sich auf den Einsatz in größeren Haftanstalten vorbereiten. In Freiberg waren zwischen 250 und 300 Frauen eingesperrt. Dabei hatten es die Dienstanfängerinnen meist mit Frauen zu tun, die wegen »asozialen Verhaltens« und sogenannten »Rowdytums« verurteilt worden waren. Freiberg war ausschließlich für den erleichterten Vollzug von Freiheitsstrafen für Erst- und Wiederholungstäterinnen vorgesehen. Im Jahr 1984 wurde auch die Freiberger Strafvollzugsabteilung geschlossen.[257]

256 SächsStA, 30411, 25.2.B 233: Auskunftsbericht zur Sicherheitsinspektion vom 2.–4.5.1979, 24.4.1979.

257 SächsStA, 30441, 25.2.B 365: Ergebnisse der Beratung des Stellvertreters des Chefs und Leiters der Versorgungsdienste vom 4.12.84 zur Schließung der SV-Abteilung Freiberg, 4.12.1984.

5 Haftregime und Haftalltag

5.1 Bauliche Bedingungen und Ausstattung

»Unter dem Dach befanden sich die Schlafräume über den Zellen, dort waren 400–500 Frauen untergebracht. Die Dächer waren undicht, sodass es zum Teil auf die Betten regnete und schneite. Das obere Bett war einen Meter vom Dachsparren entfernt.«[258]
Cecilia Mühlberg

Quelle: Bundesstiftung Aufarbeitung, EBW PH 1211966.

Zellenhaus in der Strafvollzugseinrichtung Hoheneck, Dezember 1989.

Der Neubeginn des Strafvollzugs in Hoheneck im Februar 1950 begann unter denkbar schlechten Vorzeichen. Der gesamte Gebäudekomplex war veraltet und für einen modernen Strafvollzug ungeeignet. Das Ausbleiben größerer Investitionen und die jahrzehntelang im Wesentlichen unveränderte Bausubstanz verhinderten dennoch nicht, dass Hoheneck eine bedeutende Rolle im Repressionsapparat der DDR zukam.

258 Interview mit Cecilia Mühlberg (2009), S. 29.

Die Staatsführung der DDR baute in vierzig Jahren – mit Ausnahme des Gefängnisneubaus in Zeithain – keine neuen Haftanstalten, obwohl der Strafvollzug eine zentrale Funktion für den Machterhalt der SED hatte. Allenfalls wurden Anbauten, Instandsetzungen oder Erweiterungen vorgenommen. Von den zwölf größten Gefängnissen der DDR waren acht bereits im 19. Jahrhundert gebaut worden, unter ihnen die Haftanstalt Hoheneck. Da war es nur logisch, dass die Bausubstanz in Hoheneck bereits 1950 erhebliche Probleme verursachte. Mitte der 1950er Jahre stürzte in einem Arbeitssaal die Decke herab, und es bildeten sich breite Risse im Mauerwerk. Es bestand akute Einsturzgefahr.[259] Ähnliche Probleme traten in Hoheneck auch in anderen Gebäudeteilen auf wie etwa im Westflügel.[260] Selbst zehn Jahre später war das Thema immer noch aktuell.

Der bauliche Zustand einiger Gefängnisse war derart schlecht, dass selbst im Ministerium des Inneren der Eindruck entstand, dass der Vollzugsalltag dadurch unnötig erschwert wurde.[261] Nicht nur die maroden Gemäuer belasteten das Leben der Strafgefangenen, sondern auch die veraltete Architektur der Gefängnisse trug dazu bei. Unter optimalen Bedingungen sollte die Funktion des Strafvollzugs den Bau bestimmen. Dafür mangelte es der DDR aber sowohl an durchdachten Konzepten als auch an Mitteln zur Umsetzung. Das begrenzte Budget wurde stattdessen verwendet, um den Innenausbau so gut wie möglich an das Konzept der kollektiven »Erziehung« anzupassen. So veränderte sich auch Hoheneck. Vermutlich in den 1950er Jahren wurden im Zellenhaus im Südflügel Trennwände entfernt. Aus drei Einzelzellen mit je neun Quadratmetern Größe entstand eine Gemeinschaftszelle, die mit einer genauso großen Zelle über den Nassbereich verbunden war. Jedoch nicht im gesamten Zellenhaus wurde dieser Umbau durchgeführt.

259 Vgl. Bechler: Warten auf Antwort, S. 365.
260 Polizeidirektion Chemnitz-Erzgebirge: Bauunterlagen Hoheneck 644, Risse im Westflügel, 22.8.1956.
261 BArch, DO1 3780: Übersicht über die zur Zeit genutzten, vorübergehend geschlossenen und abgegebenen Vollzugseinrichtungen, 8.6.1966.

Beispielsweise blieben im ersten Obergeschoss 39 Einzelzellen bestehen.[262]

Im Laufe der Zeit, wenn auch sehr langsam, verbesserten sich die baulichen Rahmenbedingungen in Hoheneck. Dies war hauptsächlich das Ergebnis des kontinuierlichen Ausbaus der Infrastruktur, bei dem die Strafgefangenen mitwirken mussten. Mit Hacke und Schaufel mussten sie sich Anfang der 1950er Jahre sechs Meter tief in den felsigen Boden vorarbeiten, um Gräben für eine Kanalisation anzulegen.[263] Wenn die handwerklichen Fähigkeiten der Hohenecker Strafgefangenen nicht ausreichten, um die anfallenden Arbeiten zu bewältigen, wurden männliche Strafgefangene mit entsprechenden Fertigkeiten aus anderen Gefängnissen zeitweise nach Stollberg verlegt.[264] Dass sich schließlich die sanitäre Situation verbesserte, hatte aber auch mit dem Rückgang der Belegungszahlen zu tun.

Als die SMT-Verurteilten Anfang der 1950er Jahre nach Hoheneck kamen, mussten diese ihre Nächte noch auf Strohsäcken verbringen und ihre Notdurft in Kübel verrichten. Auch waren damals noch keine Umbau- und Renovierungsarbeiten begonnen worden. Ein Großteil der Frauen schlief in einem Saal direkt unter dem undichten Dach. Diejenigen, deren Betten sich unter einem Leck befanden, mussten stets damit rechnen, eingeregnet oder eingeschneit zu werden.[265] Cecilia Mühlberg erinnert sich, dass die Frauen im Winter unter dem Dach froren und im Sommer vor Hitze nicht schlafen konnten.[266] Hinzu kam, dass im Winter immer wieder die Wasserleitungen einfroren, wie etwa in den Jahren 1953/54, sodass es zu Unterbrechungen in der Wasserversorgung kam. Zum Waschen benutzten die Insassinnen deshalb mitunter Eisstückchen oder brachten sich Schnee vom Freigang im Hof

262 Polizeidirektion Chemnitz-Erzgebirge: Bauunterlagen Hoheneck 647, Aufmaßzeichnung zur Ermittlung des Wärmebedarfs, 25.3.1968. Zu den Originalgrundrissen siehe: SächsStA, 11018 1601: Zeichnungsheft zum Grundstückverzeichnis.

263 Vgl. Plogstedt: Knastmauke, S. 108; Interview mit Cecilia Mühlberg (2009), S. 17.

264 JVAW, GPA 187/61: Urteil, 29.8.1961; Übersichtsblatt.

265 Vgl. Interview mit Cecilia Mühlberg (2009), S. 27; Interview mit Sigrid Seime (2009), S. 18; Bechler: Warten auf Antwort, S. 361, 370.

266 Vgl. Interview mit Cecilia Mühlberg (2009), S. 29.

mit.[267] Aber auch während der warmen Jahreszeiten konnte Wasser knapp werden. In den Sommermonaten 1952 musste deswegen immer wieder ein Wasserwagen von außerhalb kommen. Das Wasser des herangefahrenen Wassertanks wurde für die Frauen stark rationiert. Sie bekamen eine Schüssel ausgehändigt, mit der sie sich Wasser holten, das für den ganzen Tag reichen musste.[268]

Seit den 1960er Jahren verbesserten sich die Bedingungen. Der Medizinische Dienst des Strafvollzugs attestierte Hoheneck für das Jahr 1965 sogar einen »einwandfreien sanitär-hygienischen Zustand«. Auch wenn in dieser internen Dokumentation sicher Schönfärberei mitschwingt, scheint der Grundton glaubhaft.[269] Anfang der 1970er Jahre wurden die hygienischen Bedingungen jedoch wieder bemängelt. Für den Inspekteur der Bezirksbehörde der Deutschen Volkspolizei (BDVP) Karl-Marx-Stadt war es inakzeptabel, dass sich 20 bis 28 Frauen drei bis vier Toiletten teilen mussten, die sich noch dazu in einem fensterlosen Raum befanden. Sein Standpunkt entsprach den Vorschriften. Wenn ein Sanitärraum nicht über eigene Fenster verfügte, sollte dieser eigentlich über einen Nebenraum, der kein Aufenthalts- oder Schlafraum sein durfte, mit Zugluft versorgt werden.[270] Die Kritik des Polizeiinspekteurs bezüglich der Sauberkeit in Hoheneck betraf explizit nicht die Zellen der Strafgefangenen. Als unordentlich und verschmutzt nahm er jedoch das Hafthaus, den Innenhof und die Keller wahr. Jede einzelne Arrestzelle, in die Strafgefangene zur Bestrafung verbracht werden konnten, wurde beanstandet: Entweder war die Toilette defekt, der Türrahmen locker, das Mauerwerk ausgebrochen, das Licht funktionierte nicht, oder das Bett war unbrauchbar.[271] Mit der Beseitigung der Mängel konnte alsbald allerdings nicht gerechnet werden. Im Nachgang einer Besichtigung der Anstalt waren die Inspekteure der Verwaltung Strafvollzug 1972 zum Schluss

267 Vgl. Bechler: Warten auf Antwort, S. 360.
268 Vgl. Trampota: Russische zehn Minuten dauern Jahre, S. 93.
269 SächsStA, 30441, 25.1 146, Bl. 153: Jahresbericht für Medizinische Dienste im Strafvollzug für das Jahr 1965, 19.1.1966.
270 SächsStA, 30461, 38: Teilbericht, 27.4.1971.
271 Ebd.: Bericht über die durchgeführte Inspektion am 13.8.1971, 16.8.1971.

gelangt, dass nicht weniger als 30 Millionen Mark für eine Grundrenovierung Hohenecks benötigt würden.[272] Dass in den Jahren davor die notwendigen Investitionen ausblieben, weil die Mittel dafür nicht zur Verfügung gestellt wurden, zeigte nun seine Folgen.[273]

Positiv auf die hygienischen Verhältnisse wirkten sich der Rückgang der Belegungszahlen nach 1974 und der Ausbau der sanitären Versorgungstechnik aus. Die Insassen im Westflügel profitierten von der Installation einer zentralen Warmwasseraufbereitung im Jahr 1975, die eine Versorgung der Zellen mit Kalt- und Warmwasser ermöglichte.[274] Allerdings war diese Anlage überaus störanfällig und versagte immer wieder den Dienst.[275] Wie in den 1950er Jahren wurde Wasser dann zu einem raren Gut in Hoheneck. Um den Jahreswechsel 1976/1977 kam es aufgrund der zu dieser Zeit geringen Niederschläge zu Problemen bei der Bereitstellung von Trink- und Brauchwasser. Sowohl die Strafgefangenen als auch das Personal wurden dazu angehalten, Wasser äußerst sparsam zu nutzen. Zuwiderhandlungen wurden mit Disziplinarstrafen geahndet.[276] Die Strafgefangenen waren praktisch jedoch dazu gezwungen, gegen diese Auflage zu verstoßen, denn der routinemäßige Wechsel der Unterwäsche war seit geraumer Zeit nicht mehr sichergestellt. Da keine saubere Unterwäsche ausgegeben wurde, wuschen die Frauen kurzerhand selbst ihre Unterwäsche und widersetzten sich damit den Vorschriften.[277]

Im Westflügel folgte schließlich im Jahr 1976 Etage für Etage der Einbau von Dusch- und Baderäumen. Bis dahin

272 Ebd.: Auskunftsbericht an den Leiter der VSV, entsprechend der Vorgabe, 23.3.1972.

273 Vgl. Müller: Strafvollzugspolitik und Haftregime in der SBZ und in der DDR, S. 288.

274 JVAW, Aufstellung der StVE Hoheneck über das Baugeschehen seit 1970, 13.2.1990; vgl. Interview SV Bediensteter A.; SächsStA, 30441, 25.1 339, Bl. 147: Auskunftsbericht, 4.6.1975.

275 BArch/StUA, MfS Bezirksverwaltung Karl-Marx-Stadt, AIM 2626/82 II, Bl. 155: Bericht über im Jahr 1976 durchgeführte Kontrollen in der StVE Hoheneck, die den Med. Dienst berührten, 1.6.1976.

276 SächsStA, 30461, 37: Wortbericht zur operativen Lage Oktober 1976, 16.11.1976.

277 SächsStA, 30461, 39: Auskunftsbericht, 30.9.1975.

mussten die Strafgefangenen zum Duschen immer in den Keller gebracht werden.[278] Nach den baulichen Veränderungen blieben dennoch Versorgungsengpässe und Mängel bestehen, ob es nun Wasserknappheit, defekte Heizkörper oder kaputte Fenster waren.[279] Auch sorgten fehlende Putzmittel und die unzureichende Wartung der Abflüsse für mangelnde Hygiene in den Duschräumen. Aufgrund dessen kam es bisweilen zum verstärkten Auftreten von Fußpilz, ein Umstand, der auch durch den Leiter der Medizinischen Dienste beanstandet wurde.[280]

Nach dem Westflügel wurden nun auch andere Gebäudeteile modernisiert. Längst überfällig erfolgte 1980 die grundlegende Instandsetzung des deutlich größeren Südflügels.[281] Seit Ende 1978 war außerdem damit begonnen worden, sämtliche Zellen zu renovieren. Es wurden Malerarbeiten durchgeführt, und die Verwahrräume erhielten neues Mobiliar. Diese Renovierung zog sich bis 1988 hin.[282] Welche Einschränkungen dennoch bis in die 1980er Jahre bestanden, wird aus einem Kontrollbericht der Verwaltung Strafvollzug vom Oktober 1985 deutlich: »In der StVE Hoheneck ist aus unerklärlichen Gründen die Mehrzahl der ohnehin im Format kleinen Verwahrraumfenster noch zu einem Drittel mit Blech verblendet und vor der Vergitterung von innen mit feingliedrigem Maschendraht versehen. Folgen davon sind, daß selbst bei normalem Tageslicht elektrische Beleuchtung erforderlich ist und eine den Weisungen entsprechende Kontrolle der Vergitterung nicht durchgeführt werden kann.«[283]

278 SächsStA, 30441, 25.2.B 164: Diskussionsbeitrag zur Dienstbesprechung des Ministers des Innern und Chefs der DVP mit den Stellvertretern des Chefs und den Leitern der Arbeitsgruppe Strafvollzug der BDVP am 15.7.1976, 15.7.1976.

279 SächsStA, 30461, 37: Lageeinschätzung für Monat November 1976, 1.12.1976.

280 SächsStA, 30461, 40: Lageeinschätzung Monat März 1981, 30.3.1981.

281 JVAW, Strafvollzugseinrichtung Hoheneck: Chronik, S. 74; SächsStA, 30441, 25.2.B 232: Einschätzung der Ergebnisse im I. Quartal 1980. Referat zur Dienstversammlung am 2.4.1980, 28.3.1980.

282 SächsStA, 30441, 25.2.B 232: Lageeinschätzung für das Jahr 1988, 17.1.1989; SächsStA, 30441, 25.2.B 233: Auskunftsbericht zum Kontrolleinsatz der VSV vom 5.–8.12.1978, 6.11.1978.

283 SächStA, 30441, 25.2.B 164: Verwaltung Strafvollzug, Abschlussbericht zur Komplexkontrolle der Verwaltung Strafvollzug im Bezirk Karl-Marx-Stadt, Berlin, 18.10.1985.

Quelle: Sächsisches Strafvollzugsmuseum Waldheim e.V.

Seite zum Duschraum im Vorzeigealbum der Strafvollzugseinrichtung Hoheneck, o.D.

Welche Auswirkungen die Verblendung auf das Befinden der Häftlinge hatte, spielte keine Rolle. Es wurde zwar angeordnet, die Blenden und die Maschendrahtgitter abzunehmen, aber nur »zur Gewährleistung einer ordnungsgemäßen Kontrolle der Vergitterung«.[284]

284 Ebd.

StVE – Hoheneck Stollberg,den 14.05.80
– Stellv.Vollzug –

Betr: Sicherheitskontrolle 2.Quartal 80 Bereich VZD

Die jeweiligen Sicherheitskontrollen in den Verwahrräumen wurden durchgeführt und sind bei VZAL nachgewiesen.
Sicherheitsgefährdende Momente sind dabei nicht in Erscheinung getreten.

Folgendes mußte beanstandet werden,wobei vor dem Einsatz diesbezüglich teilweise noch Maßnahmen eingeleitet werden müssen:

Südflügel I :

VR 3 = Toilette kaputt
4/5 = Notlicht kaputt
VR 11,13
15,26 = sehr unsauber,teilweise liegen Arrestsachen und
30,32 Matratzen umher
37,38 (VR 14 und 31 dienen als Abstellraum für Maler)

~~XXXXXXXXXXXXX~~ Westflügel I :

VR 2 = Decke im Waschraum naß
3 = Wasserhahn defekt
Flur = Fensterflügel hinter Röntgengerät abgestellt.
West I

Südflügel II :

VR 40 = Toilette rechts Sockel defekt
42 = Wäschestern locker
Durchgang Dusche = Reste Fußbodenbelag,altes Rohr,abgestellte Kübel.

Westflügel II :

VR 3 = Wasserhahn und Deckel von Toilette defekt.
4 = Becken verstopft
5 = Toilettenbecken defekt,Fensterriegel fehlt
6 = sehr liederlich

Südflügel III :

VR 58 = Toilette defekt,Schreibtisch im Waschraum
60 = Toilette rechts defekt(Drücker) 4 Wasserhähne defekt
69 = Waschbecken locker, 1 Wasserhahn defekt
66 = Wasserbecken undicht

Westflügel III :

VR 1 = Waschbecken defekt
3 = Heizung undicht

Südflügel IV :

VR 72 = Nur zum Teil eingerichtet
87 = Abstellraum Maler

Ehemalige ZW - Unterkunft: Sehr liederlich,noch nicht als Haftraumreserve eingerichtet.

III.Geschoß Duschraum 2 : Mit Betten vollgestellt.

Es macht sich einen generellen Durchgang der Handwerker erforderlich.

b.w.

Bericht über eine »Sicherheitskontrolle« im Strafvollzug Hoheneck, 14.5.1980.

Quelle: SächsStA, 30461, 39/2.

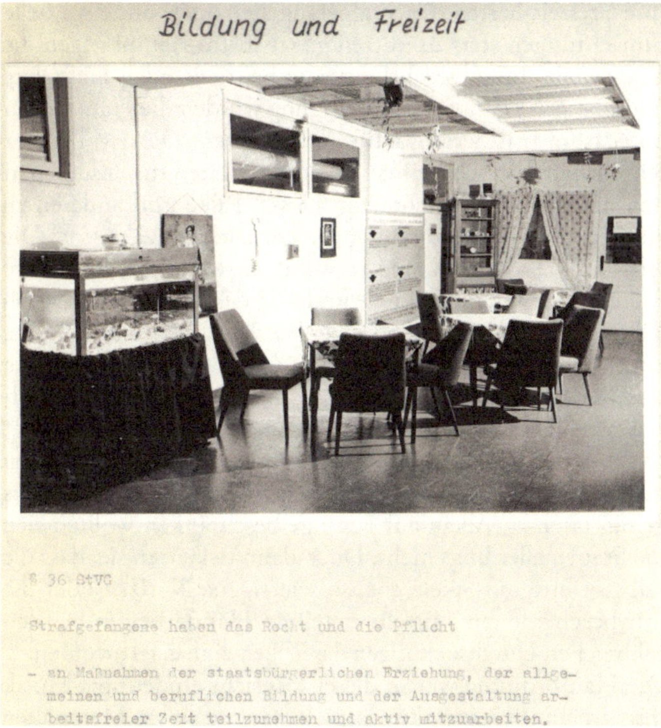

Quelle: Sächsisches Strafvollzugsmuseum Waldheim e.V.

Seite »Bildung und Freizeit« im Vorzeigealbum der Strafvollzugseinrichtung Hoheneck, o.D.

Eine andere bauliche Maßnahme hatte zum Ziel, die Freizeitmöglichkeiten der Strafgefangenen zu erweitern. Mitte der 1980er Jahre wurde ein spezieller Freizeitbereich geschaffen, wo sich die Gefangenen außerhalb der Arbeit »sinnvoll« beschäftigen sollten.[285]

285 SächsStA, 30441, 25.2.B 164: Stand der Sicherheit in den Strafvollzugseinrichtungen und Untersuchungshaftanstalten des Bezirkes sowie Durchsetzung der Maßnahmen gemäß Schreiben der Verwaltung Strafvollzug, 11.12.1984; SächsStA, 30441, 25.2.B 232: Berichterstattung über die Erfüllung der Aufgaben für die Entwicklung und Führung schöpferischer Initiativen zu Ehren des 35. Jahrestages der Gründung der Deutschen Demokratischen Republik, 5.10.1984.

Ihre Freizeit hatten die Strafgefangenen auch ohne spezielle Einrichtungen stets zu nutzen gewusst. Im Kampf gegen die Langeweile, zur Abwechslung vom bedrückenden Haftalltag und mangels erlaubter Beschäftigung wurden die Frauen erfinderisch und riskierten dafür auch Strafen. Die SMT-Verurteilten hatten noch keinen Zugang zu Literatur, also begannen die Frauen, Gedichte von Hesse, Rilke und anderen zu zitieren bzw. sich gegenseitig Bücher nachzuerzählen.[286] Die eine kannte »Vom Winde verweht« auswendig, eine andere Rilkes »Die Weise von Liebe und Tod des Cornets Christoph Rilke«. Die Bereitschaft, das eigene Wissen zu teilen, stellte eine Verbindung zwischen den Frauen her.[287] Umso größer war der empfundene Verlust, wenn die wenigen Aufzeichnungen bei Razzien durch das Personal einkassiert wurden.[288] Mitte der 1950er Jahre durften die Gefangenen an Feiertagen in ihren Zellen Unterhaltungsspiele spielen, was sie auch ausgiebig taten.[289] Allein auf Festtage beschränken wollten sich die Frauen allerdings nicht. Doch dann riskierten sie, dass die selbstgefertigten Spiele ebenso wie eigene Notizen oder die mit bescheidenen Mitteln erstellten Handarbeiten bei den zahlreichen Durchsuchungen der Zellen einkassiert wurden.[290] Die Hausordnung war in dieser Hinsicht eindeutig: »Musikinstrumente, Unterhaltungsspiele, Geräte sowie Materialien zur Allgemeinbildung oder zur beruflichen Ausbildung sind in vorgesehenen Räumen aufzubewahren, für den vorgesehenen Zweck zu nutzen und nach Gebrauch unverzüglich wieder abzugeben.«[291] Und weil die Frauen dies wussten, versuchten sie, sich der Kontrolle durch das Personal zu entziehen, indem sie etwa nachts die Toilettenräume aufsuchten, um Karten zu spielen.[292] Wurden sie vom Personal bei verbotenen Freizeitbeschäftigungen erwischt, drohten Arreststrafen. Für 15 Tage

286 Vgl. Interview mit Sigrid Seime (2009), S. 16.
287 Vgl. ebd.; Aris: Das lässt einen nicht mehr los, S. 128.
288 Vgl. Gerth: Angst vor so viel Macht, S. 134.
289 Vgl. Bechler: Warten auf Antwort, S. 367.
290 Vgl. Aris: Das lässt einen nicht mehr los, S. 129.
291 SächsStA, 30441, 25.2.B 232. Hausordnung der Strafvollzugsanstalt Hoheneck, 1.11.1979.
292 Vgl. Thiemann: Stell dich mit den Schergen gut, S. 167.

musste beispielsweise Annemarie Krause 1953 in den Arrest, weil sie beim Stricken erwischt worden war.[293] Die Handarbeiten hatten für die Frauen einen hohen ideellen Wert. Zum einen konnten sie sich damit aus dem lauten Geschehen in der Zelle ausklinken und individuell etwas nur für sich selbst tun. Zum anderen schufen sie mit den Handarbeiten etwas Schönes, das sie der Hässlichkeit der Haft entgegensetzen konnten. Die Fäden für diese Handarbeiten zogen die Frauen beispielsweise aus dem Mull, mit dem Binden damals umschlossen waren. Manche Frauen gaben vor, eine besonders starke Periode zu haben, nur um an mehr Mull zu gelangen.

5.2 Mütter und Kinder

Auf die 30 Kleinkinder und Babys, die im Februar 1950 mit den SMT-Verurteilten aus Sachsenhausen nach Hoheneck kamen, war das Personal nicht vorbereitet. Demzufolge gab es keine Windeln, kein kindgerechtes Mobiliar und erst recht keine adäquaten Lebensmittel. Da die Kinder nicht bei ihren Müttern bleiben durften, wurde im März 1950 eine Kinderstation im Krankenhaus Leipzig eingerichtet. Einer Oberin wurde vom Polizeipräsidenten der Auftrag erteilt, innerhalb eines Tages eine derartige Station für 20 bis 30 Kinder aufzubauen, um die Kinder der SMT-Verurteilten aus Hoheneck in die alleinige Obhut des Staates zu übergeben. In einem Bericht von 1953 aus dem Archiv des Diakonischen Werkes der Evangelischen Kirche wird beschrieben, wie sich die Oberin der Aufgabe stellte.[294] Beim Aufbau der Kinderstation setzte sie sich dafür ein, dass trotz der widrigen Versorgungslage zumindest das Notwendigste wie Windeln, Decken, Milchflaschen und Kinderbetten aufgetrieben werden konnte. Mit einem ersten Transport, begleitet von einem Polizeiarzt und zwei Volkspolizistinnen, kamen zunächst zehn Kinder im Alter zwischen neun Monaten und drei Jahren in Leipzig an.

293 Vgl. Aris: Das lässt einen nicht mehr los, S. 166.
294 Archiv des Diakonischen Werkes der Evangelischen Kirche (ADW), BSt 48: Bericht über die Oberin N. eines Leipziger Krankenhauses, 1953.

Einige Tage später folgten 15 weitere Kinder. Fünf Kinder, die noch von ihren Müttern gestillt wurden, verblieben zunächst in Hoheneck.

Zwischen 1950 und 1952 erblickten hinter Gittern in Hoheneck weitere 24 Kinder das Licht der Welt. Was mit ihnen passierte, lässt sich nicht pauschal sagen. Einige kamen zu ihren Vätern oder anderen Familienangehörigen. Auch gab es Inobhutnahmen durch staatliche Stellen. Der Abtransport der Kinder erfolgte ohne Zustimmung und ohne Wissen der Mütter. Ihnen wurde gesagt, die Kinder würden routinemäßig untersucht, oder es würden Fotos von ihnen gemacht. Für die Mütter, aber auch für die mitinhaftierten Frauen war dieser hinterhältige Kindesentzug eine traumatische Erfahrung. Die Kinder kamen dann zunächst in ein Dresdner Kinderheim, wo sie erstmals standesamtlich erfasst wurden, denn Stollberg sollte nicht als Geburtsort in der Geburtsurkunde auftauchen.[295] Zudem blieben die Kinder offiziell namenlos. Sie wurden stattdessen unter der Bezeichnung »Kinder der Landesregierung« subsumiert. Es durften keine Akten zu ihnen angelegt werden, und den Angestellten der Kinderstation in Leipzig war es verboten, außerhalb des Dienstes von ihnen zu sprechen.[296] Die Geheimhaltung führte allerdings zu dem Problem, dass die Kinder keine Lebensmittelkarten erhielten und somit für sie keine Essensrationen vorgesehen waren. Beim Leipziger Polizeipräsidenten verhallte ein entsprechender von der Oberin vorgebrachter Hinweis. Schließlich wurde mit Hilfe von Blechmarken mit eingestanzten Nummern eine Möglichkeit gefunden, die Identität der Kinder auch ohne personalisierte Ausweisdokumente nachzuweisen und so die Zuteilung von Lebensmittelrationen gesichert.[297] Wer welche Mengen an Lebensmitteln erhielt, war am 3. November 1949 durch die »Verordnung über die Verbesserung der Versorgung der Bevölkerung mit Lebensmitteln und Industriewaren« geregelt. Der Mangel an Dingen des täglichen Bedarfs

295 Vgl. Giersch: Wir hungern noch, S. 52f.; Latotzky: Kindheit hinter Stacheldraht, S. 37.

296 BArch, DO1 28575, Bl. 5: Schreiben an das MdI, 30.6.1950.

297 ADW, BSt 48: Bericht über die Oberin N. eines Leipziger Krankenhauses, 1953.

war dennoch ein ständiger Begleiter. So hatten die Kinder in Hoheneck und anfangs auch auf der Leipziger Kinderstation keine Schuhe. Den Müttern blieb in der Haft nichts anderes übrig, als die Füße der Kinder in Segeltuch oder Socken zu wickeln. Einige der Socken trugen sogar noch den Sachsenhausen-Schriftzug. Das Bündel Wäsche, das jedem Kind in Hoheneck mitgegeben worden war, bestand zum Großteil aus abgenutzter Kleidung. Dieser Mangel konnte auch in Leipzig nicht behoben werden.

Mit der erzwungenen Anonymität der Kinder wollte sich die Oberin der Kinderstation nicht abfinden, so heißt es in dem Bericht von 1953. Sie habe darauf insistiert, die Namen zu erfahren, und intervenierte beim Polizeiarzt, dem sie ins Gewissen redete. Für eine Stunde überließ er ihr seine Unterlagen, die ihr bis dahin unbekannt waren. Rasch schrieb sie sich alle Namen auf. Dabei stieß sie auch auf Informationen zu den Müttern. Sie erfuhr von deren vermeintlichen Straftaten und den drakonischen Strafen.[298]

Eines Tages stand die Großmutter eines der Kinder vor dem Leipziger Krankenhaus und forderte unmissverständlich die Herausgabe ihres Enkelkindes. Ein Lehrling hatte zuhause von den »Kindern der Landesregierung« erzählt, und so war die Geschichte bekannt geworden. Die Großmutter wurde abgewiesen, aber die Nachricht über die Kinder von Frauen aus Hoheneck war in der Welt. Kurz darauf verlangte ein Vater, ihm solle seine Tochter übergeben werden. Er war 1946 zusammen mit seiner damals schwangeren Frau von der sowjetischen Geheimpolizei im Speziallager Sachsenhausen interniert worden. Während er im Januar 1950 freigekommen und in den Westen gegangen war, gehörten seine Frau und seine Tochter zu den Neuankömmlingen in Hoheneck. In Leipzig wurde ihm der Zugang zu seinem Kind verweigert. Als er daraufhin beim Polizeipräsidenten vorstellig wurde, brachte ihn die Polizei ohne sein Kind zurück über die deutsch-deutsche Grenze.[299]

298 Ebd.
299 Ebd.

Die Oberin habe sich mit Unterstützung des Chefarztes des Krankenhauses und des hospitierenden Kinderarztes beim Polizeipräsidenten dafür eingesetzt, dass die Kinder ihren Verwandten übergeben wurden. Der Polizeipräsident zog sich auf die Position zurück, er müsse sich diesbezüglich zunächst mit der sächsischen Landesregierung abstimmen. Schließlich wurden die Verwandten informiert. Neun Verwandte bzw. Bevollmächtigte kamen nach Leipzig. Einige Familien sahen sich aufgrund der Härten der Nachkriegszeit schlichtweg nicht in der Lage, ein Kleinkind zu versorgen, andere haben nie geantwortet. So verblieben 16 Kinder in Leipzig. Da die improvisierte Kinderstation im Krankenhaus aber keine Dauerlösung sein konnte, bemühte sich die Oberin um Heimplätze für die Kinder. Im November 1950 waren die Kinder auf drei Heime verteilt: auf das Kinderheim Naunhof bei Leipzig sowie auf die Leipziger Säuglingsheime in der Langestraße und in der Mothestraße. In den Heimen lebten die Kinder nun unter ihren echten Namen, und ihr letzter Aufenthaltsort wurde in den Akten verzeichnet. Offiziell galten die Kinder dennoch als Waisen.[300]

Die Hohenecker Anstaltsleitung wiederholte dieses Vorgehen. Als weitere fünf Kinder auf die Welt kamen, wurden die zuständigen Behörden informiert, die dann deren Abholung und Einweisung in ein Kinderheim organisierten. Die Mütter erfuhren nur, dass sich ihre Kinder nun in Kinderheimen befanden und dort im sozialistischen Sinne erzogen wurden.[301] Jahrelang hatten die Frauen dann keinen Kontakt mehr. Erst nach der Entlassung konnten sie ihre Töchter und Söhne wiedersehen, die mitunter ihre eigenen Mütter nicht mehr erkannten.[302]

Die Trennung von den eigenen Kindern – auch von denen, die mit dem Haftantritt zurückgelassen werden mussten – war eine permanente emotionale Ausnahmesituation, eine Form der Ohnmacht, der viele Frauen nichts entgegenzusetzen

300 Ebd.; vgl. Latotzky: Kindheit hinter Stacheldraht, S. 43.
301 Vgl. ebd., S. 38.
302 Vgl. Veith: Hoheneck, S. 14f.; Interview mit Cecilia Mühlberg (2009), S. 54.

hatten. Sie sahen sich nicht nur mit der Herausforderung konfrontiert, die eigene Haft zu bewältigen, sondern mussten gleichzeitig die Auswirkungen auf Familie und Kinder verarbeiten. Darüber hinaus war dieser freiliegende Nerv ein Druckmittel, das von einigen Bediensteten des Strafvollzugs und der Stasi gezielt gegen die inhaftierten Frauen eingesetzt wurde, um sie psychisch zu schwächen, oder aber auch, um sie zur Rücknahme ihres Ausreiseantrags oder zur Preisgabe von Informationen zu bewegen.[303] Einige Bedienstete nutzten ihre Machtstellung aus und demütigten die Inhaftierten, indem sie ihnen von ihren Kindern gemalte Bilder vorenthielten, Fotos und Briefe nur kurzzeitig aushändigten oder Familienaufnahmen gar zerschnitten.[304]

»Ihre Töchter werden sich schämen,
solch eine Mutter zu haben!«[305]
Stasi-Major zu Jutta Gallus

Aufgrund des Strafvollzugsgesetzes blieb Kindern unter 14 Jahren der Zugang zu den Strafvollzugseinrichtungen der DDR grundsätzlich verwehrt,[306] ein Besuch der eigenen Mutter war somit unmöglich. Dadurch waren die Mütter darauf angewiesen, dass Informationen von außen zu ihnen durchdrangen. Die daraus resultierende Ungewissheit, wie es den Kindern während der eigenen Abwesenheit erging, war für sie nur schwer zu ertragen. Die Mütter versuchten, sich gegenseitig Mut zu machen, einander beizustehen und zu unterstützen.[307]

Aus den Akten geht der Fall einer Mutter von vier Kindern hervor, die bereits zu einer zweijährigen Arbeitserziehung verurteilt worden war. Weil sie auch danach keiner geregelten

303 Vgl. Sorger: Geheimnis, S. 137; Veith: Die Frau vom Checkpoint Charlie, S. 68, 70f.
304 Vgl. Veith: Klipp klapp, S. 62.
305 Veith: Die Frau vom Checkpoint Charlie, S. 73.
306 § 32 der Ersten Durchführungsbestimmung zum Strafvollzugsgesetz vom 7. April 1977.
307 Vgl. Nayhauß/Riepl: Der dunkle Ort, S. 102; Schmidt: November, S. 93; Sorger: Das Geheimnis des Glücks ist die Freiheit, S. 140.

Beschäftigung nachging, wurde sie zu weiteren fünf Jahren Arbeitserziehung – eine Strafform mit Freiheitsentzug, die es bis 1977 gab – verurteilt.[308] Während des Gerichtsprozesses im Januar 1976 war sie bereits mit dem fünften Kind schwanger. Dieses sollte Ende August zur Welt kommen. Obwohl die Paragraphen 53 und 54 des Strafvollzugsgesetzes eine Aussetzung des Vollzugs bei Schwangeren ermöglicht hätten,[309] zeigte sich der Leiter der Anstalt keineswegs bereit, die Haftstrafe aufgrund der Schwangerschaft auszusetzen, als sie Anfang 1976 in Hoheneck ankam. Er begründete dies wie folgt: »Ich habe nicht die Absicht, der Strafgef. [...] Unterbrechung des SV zu gewähren, da zu erwarten ist, dass sie ihre asoziale Lebensweise fortsetzt und damit Leben und Gesundheit des zu erwartenden Kindes gefährdet.«[310] Obwohl er den Vollzug der Freiheitsstrafe unmittelbar nach Bekanntwerden der Schwangerschaft bis zum Ende des Wochenbetts hätte aussetzen können, ordnete der Anstaltsleiter an, dass die hochschwangere Strafgefangene erst unmittelbar vor der Entbindung in das Haftkrankenhaus Klein Meusdorf bei Leipzig verlegt werden sollte. Dies hatte er ärztlich bestätigen lassen und sich beim zuständigen Staatsanwalt rückversichert, der keine Bedenken geäußert hatte.[311] Das Kind kam schließlich am 19. September 1976 zur Welt. Nach genau drei Monaten wurde es von seiner Mutter getrennt und am 18. Januar 1977 in die Säuglingskrippe Premnitz im Havelland eingewiesen.[312] Über das weitere Schicksal des Neugeborenen ist nichts bekannt. Ein Jahr später wurde die Mutter aus der Haft entlassen.[313]

308 JVAW, GPA 31/78: Haftbefehl, 11.12.1975.

309 StVG §§ 53, 54: »Schwangeren Strafgefangenen ist eine Unterbrechung des Vollzugs zu gewähren. Sie soll unmittelbar nach der Feststellung der Schwangerschaft erfolgen und bis zum Ende des Wochenurlaubs gewährt werden. Die Unterbrechung des Vollzuges kann verlängert werden, wenn das durch einen Arzt empfohlen wird.« § 54 (1): »Die Unterbrechung des Vollzuges ist durch den Leiter der Strafvollzugseinrichtung bzw. des Jugendhauses anzuordnen und zu überwachen.«

310 JVAW, GPA 31/78: Schreiben an die Staatsanwaltschaft des Kreises Gransee, 6.4.1976.

311 Ebd.: Schreiben des Staatsanwaltes des Kreises Gransee, 5.5.1976.

312 Ebd.: Schreiben des Haftkrankenhauses Leipzig, 28.1.1977.

313 Ebd.: Führungsbericht über die Strafgefangene, 5.10.1977; Beschluss des Kreisgerichtes Gransee, 6.12.1977.

In Fragen des Sorgerechts waren inhaftierte Mütter immer in der schwächeren Position gegenüber dem Staat, aber auch gegenüber den Kindesvätern, wenn diese entschieden, das Umgangsrecht gerichtlich neu regeln zu lassen. Beate Messerschmidt berichtet davon, wie eine Mitgefangene ihr gegenüber ihr Herz ausschüttete und völlig hoffnungslos war, weil der Ex-Mann einen Anwalt eingeschaltet hatte, um der Mutter das ursprünglich zugesprochene Erziehungsrecht zu entziehen.[314] Der Staat, der sich von den »Politischen« derart angegriffen fühlte, dass er sich gezwungen sah, sie wegzusperren, entschied nun über das vermeintliche Wohl der Kinder seiner Gegnerinnen. Dabei waren unterschiedlichste Szenarien möglich – vom Verbleib beim Vater oder anderen Familienangehörigen über die Zuweisung in ein Kinderheim bis zur Freigabe zur Adoption. Bei solcherlei Aktionen standen die Interessen der Kinder in den seltensten Fällen im Mittelpunkt.

Gisela Mauritz, die wegen versuchter Republikflucht in Hoheneck inhaftiert war, verlor nicht nur ihre Freiheit, sondern auch das Sorgerecht für ihren Sohn, der in ein Kinderheim eingewiesen wurde, um ihn schließlich in eine andere Familie zu vermitteln.[315] Der Vorschlag, ihn bei einer befreundeten Familie unterzubringen, fand kein Gehör. Vielmehr teilte die zuständige Jugendhilfe dem Hohenecker Anstaltsleiter mit, dass die Behörde beabsichtige, jegliche Informationsweitergabe an die Mutter über das eigene Kind einzustellen.[316] Auch im Fall von Jutta Gallus agierten die Behörden, ohne auf die Kinder Rücksicht zu nehmen, obwohl diese sich klar dafür aussprachen, bei ihrem Onkel bleiben zu wollen. Sie wurden dem Vater überantwortet, der selbst nicht in die Entscheidungsfindung eingebunden war.[317] Auch Monika Schneider begleitete bis zum letzten Tag in Haft die Angst, der Staat könnte sich ihrer Kinder bemächtigen.[318]

314 Vgl. Messerschmidt: Hinter doppelten Mauern, S. 197f.
315 Vgl. Warnecke: Zwangsadoptionen in der DDR, S. 263.
316 Vgl. ebd., S. 276.
317 Vgl. Veith: Die Frau vom Checkpoint Charlie, S. 67.
318 Vgl. Nayhauß/Riepl: Der dunkle Ort, S. 102.

Die Entlassung aus dem Gefängnis garantierte nicht zwangsläufig das Wiedersehen mit den Kindern. Gerade in Fällen, in denen die Frauen das Ziel der ständigen Ausreise in den Westen verfolgten, wurde der Verzicht auf das eigene Kind nicht selten zur Bedingung gemacht. Der Staat, in dem die Frauen nicht mehr leben wollten, nicht mehr konnten, zwang viele, sich zu entscheiden: entweder für die Freiheit, für die sie teilweise jahrelang in Haft gesessen hatten, oder für das eigene Kind.[319] Wenn die Frauen das Land verlassen wollten, dann wollte sich die DDR den Zugriff auf die Kinder so lange wie möglich vorbehalten. Die Frauen klammerten sich derweil an das Verfahren der Familienzusammenführung und an die Hoffnung, das Kind später in den Westen nachholen zu können.[320]

5.3 Verpflegung

Die Ernährung der Gefangenen wurde in der theoretischen Unterweisung des Anstaltspersonals als ein besonders wichtiges Thema behandelt. Im Nachschlagewerk *Schlag nach für Strafvollzugsangehörige* wurde erläutert, wie wichtig es sei, den Stoff- und Energiebedarf eines menschlichen Organismus zu decken. Die Gefangenen sollten eine Verpflegung erhalten, die ihrem Gesundheitszustand und der Schwere der von ihnen verrichteten Arbeit angemessen sei. Drei Mahlzeiten am Tag, eine davon warm, stünden den Gefangenen zu. Es sollte sogar auf religiöse oder andere Besonderheiten der Häftlinge Rücksicht genommen werden.

Die theoretischen Vorgaben und die geschönte Darstellung des Speisesaals der Strafvollzugseinrichtung Hoheneck standen jedoch in krassem Widerspruch zur Realität und der tatsächlichen Versorgungssituation – unabhängig davon, wann die Strafgefangenen in Hoheneck eingesperrt waren. Zu keinem Zeitpunkt genügte die Menge oder die Qualität

319 Vgl. Veith: Die Frau vom Checkpoint Charlie, S. 78; Nayhauß/Riepl: Der dunkle Ort, S. 100; Veith: Gebt mir meine Kinder zurück, S. 150f.

320 Vgl. Veith: Die Frau vom Checkpoint Charlie, S. 79; Veith: Gebt mir meine Kinder zurück, S. 189–193, 195f., 202f., 211–213.

Quelle: Sächsisches Strafvollzugsmuseum Waldheim e.V.

Verpflegung

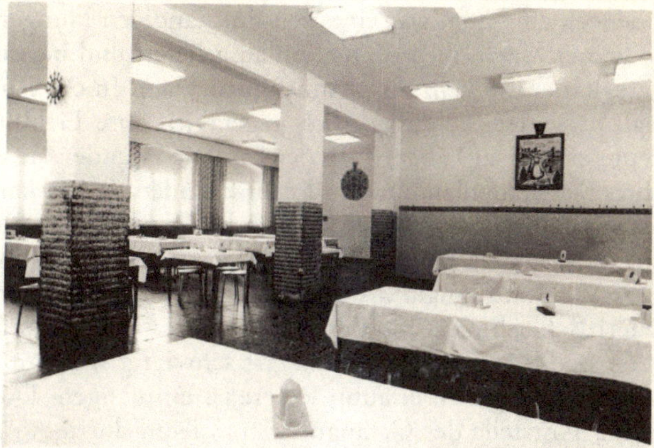

§ 43 StVG

(1) Strafgefangene erhalten eine auf ernährungswissenschaftlichen und medizinischen Erkenntnissen beruhende Gemeinschaftsverpflegung. Entsprechend dem Charadter und der Schwere der Arbeit wird zusätzliche Verpflegung gewährt. Aus gesundheitlichen Gründen erfolgt auf ärztliche Anordnung gesonderte Verpflegung. Die Zusammensetzung und der Nährwert der Verpflegung sind medizinisch zu überwachen.

5.3.1.

Es ist zu sichern, daß die Strafgefangenen ihre Verpflegung unter ansprechenden Bedingungen einnehmen können und Gelegenheit haben, ihre im Einkauf erworbenen Lebensmittel hygienisch aufzubewahren.

Seite »Verpflegung« im Vorzeigealbum der Strafvollzugseinrichtung Hoheneck, o.D.

der Verpflegung den Anforderungen an eine ausgewogene Ernährung. Insbesondere das erste halbe Jahr von Februar bis zum Oktober 1950, als vorwiegend SMT-Verurteilte in Hoheneck einsaßen, war eine Zeit des ständigen Hungerns. Die Frauen waren dieser Situation ausgeliefert und mussten Strategien entwickeln, um damit umzugehen. In der Rückschau berichten sie davon, sich gegenseitig ihre Lieblingsrezepte erzählt zu haben.[321] In der Fantasie erfanden sie ein wahres Schlaraffenland, in der Realität fanden sie nur karge Kost vor.

In den 1950er Jahren war die allgemeine Versorgungslage sowohl außerhalb als auch innerhalb der Gefängnismauern schlecht. Da die Bereitstellung der Dinge des täglichen Bedarfs im Gefängnis derart schwierig war, wurde den Strafgefangenen erlaubt, Pakete zu empfangen. Doch was die Poststelle des Gefängnisses passieren durfte, unterlag staatlichen Vorgaben. Wenn sich in den Paketen Dinge befanden, deren Empfang nicht genehmigt war, folgte entweder die Konfiszierung oder die Vernichtung.[322] Insgesamt durfte die festgelegte Gewichtsgrenze von drei Kilogramm nicht überschritten werden – je ein Pfund Wurst, Schmalz (oder Butter), Obst, Kekse, Zucker sowie je 250 Gramm Speck und Käse waren das Maximum. Die Absender hielten sich nicht immer an diese Vorgaben und legten den Paketen auch andere Lebensmittel oder Artikel zur Körperpflege bei wie etwa Seife, Zahnpasta oder Waschlappen, was in dieser Zeit verboten war. Die Anstaltsbediensteten gingen rücksichtslos mit den für die Gefangenen so kostbaren Paketen um und demonstrierten damit ihre Allmacht. So hatte etwa Sigrid Seime, die im Februar 1950 aus dem Speziallager Sachsenhausen nach Hoheneck überstellt worden war, miterlebt, wie eine Wärterin unerlaubte Inhalte einfach auf den Boden warf.[323] Einige der Wärterinnen veranstalteten im Kolleginnenkreis auch schon mal eine Tombola, deren

321 Vgl. Dust-Wiese: Oh Gott, S. 71.
322 Vgl. Interview mit Cecilia Mühlberg (2009), S. 36f.; Interview mit Sigrid Seime (2009), S. 24.
323 Vgl. Interview mit Sigrid Seime (2009), S. 24.

Preise, darunter etwa Kosmetika oder Lebensmittel, aus den Paketen der Gefangenen stammten.[324] Als die Anstaltsleitung von diesen Vorgängen erfuhr, musste seit Ende Juli 1950 für sämtliche eingehende Pakete ein Inhaltsverzeichnis erstellt werden. Die empfangsberechtigten Strafgefangenen hatten dieses zu unterzeichnen, und das Schriftstück wurde dann in der Gefangenenpersonalakte abgeheftet.[325]

Nicht nur der mögliche Inhalt der Pakete in Form und Anzahl war vorgegeben, sondern auch die Häufigkeit des Empfangs. Die Gefängnisleitung hatte festgelegt, dass nur einmal im Monat ein Paket empfangen werden durfte, wofür sich die jeweilige Gefangene in der sogenannten Ausgabestelle zu melden hatte. Nicht jede Gefangene hatte die Möglichkeit, Verwandte oder Bekannte um Unterstützung zu bitten. Und selbst wenn der Wille zur Hilfe vorhanden war, konnten nicht alle Familien Lebensmittelpakete schicken, denn die Versorgungslage war auch außerhalb des Gefängnisses schlecht. In solchen Fällen versuchten die Kirche und das Rote Kreuz auszuhelfen. Im November 1950 schickte die Diakonie, die sich als gesamtdeutsches Hilfswerk verstand und ihre Zentrale in Stuttgart hatte, 200 Pakete in die Gefängnisse der DDR, davon 20 nach Hoheneck. Bis 1955 nahm die Paketbetreuung durch die Diakonie sukzessive zu: von 4.756 Paketen im Jahr 1951 auf 17.819 Pakete im Jahr 1955 für Gefängnisse in der gesamten DDR.[326]

1955 trat in Hoheneck an die Stelle der Paketunterstützung die Möglichkeit der Überweisung kleinerer Geldbeträge an die Häftlinge. Diese konnten auf ein Sonderkonto eingezahlt werden, welches die Strafvollzugsanstalt eigens für jede Gefangene einrichtete. Mit dem empfangenen Geld durften die Frauen in dem Mitte der 1950er Jahre eingerichteten Anstaltskiosk einkaufen, etwa Lebensmittelkonserven und

324 Vgl. Interview mit Cecilia Mühlberg (2009), S. 37.

325 BArch, DO1 28563: Beseitigung organisatorischer Mängel in der Strafanstalt Hoheneck, 25.7.1950.

326 ADW, ZBB 1697: Paketversand an Strafgefangene, 23.8.1950; ZBB 1619: Zur Lage der Pakethilfe für die Strafgefangenen in der Deutschen Demokratischen Republik; ZBB 1622: Deutschland, Berlin und sowj. Besatzungszone, Juli 1954; ZBB 1697: Pakete für Strafgefangene, 29.11.1950; ZBB 2117: Paketbetreuung.

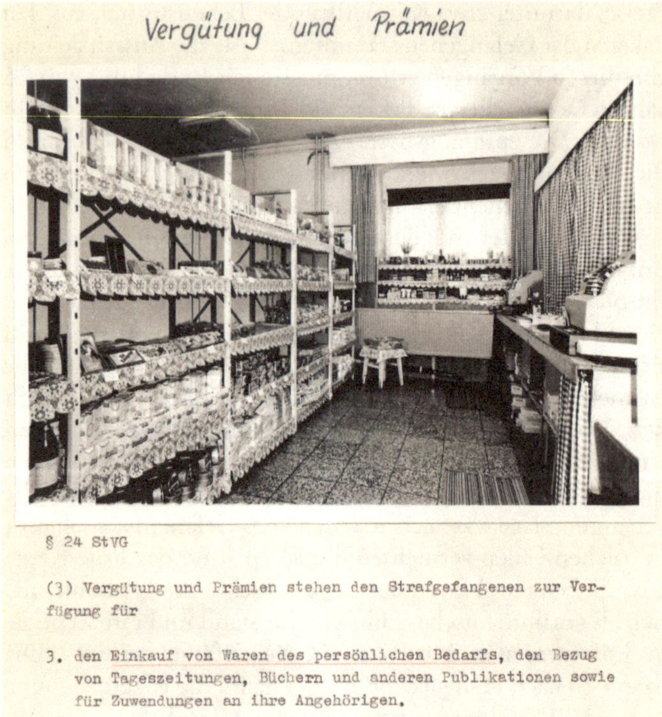

Quelle: Sächsisches Strafvollzugsmuseum Waldheim e.V.

Die Seite »Vergütung und Prämien« im Vorzeigealbum der Strafvollzugseinrichtung Hoheneck zeigt die Warenauslage im Anstaltskiosk.

Kosmetikprodukte.[327] Für die Anstaltsleitung ging mit dem Wegfall der Paketkontrolle einerseits ein Druckmittel verloren. Auf der anderen Seite bedeuteten die Überweisungen aber auch, dass die Geldmittel der Strafgefangenen abgeschöpft und somit finanzielle Einnahmen, etwa durch den Anstaltskiosk, generiert werden konnten. Seit etwa 1960 waren auch Häftlinge als Verkäuferinnen eingesetzt.

Mitte der 1950er Jahre ähnelte der Anstaltskiosk eher einem Imbiss mit Verkaufsstand, Tischen und Stühlen, denn es gab

327 ADW, ZBB 2672: Richtlinien für die Betreuung von Inhaftierten in sowjetzonalen Strafvollzugsanstalten.

Quelle: Sächsisches Strafvollzugsmuseum Waldheim e.V.

Strafgefangene beim Einkauf im Hohenecker Anstaltskiosk, o.D.

die Vorschrift, dass die eingekauften Lebensmittel vor Ort gegessen werden mussten. Dadurch sollte verhindert werden, dass die Häftlinge in den Zellen Vorräte anlegten. Margret Bechler, die während der Waldheimer Prozesse zu einer lebenslangen Zuchthausstrafe verurteilt worden war, erinnert sich in ihrer autobiografischen Schrift, dass die Frauen sich deshalb in Gruppen zusammentaten und eine Vielzahl unterschiedlicher Dinge kauften, die sie dann gemeinsam verspeisten: Dorschleber in Öl aus der Konserve, Stachelbeeren aus dem Glas, Kekse und Margarine. Einige gönnten sich dazu noch Cremeschokolade, Würstchen und Limonade.[328]

In Summe war und blieb die Auswahl im Kiosk aber klein und teuer.[329] Carola Schacht, die 1976 in Hoheneck eingesperrt war, berichtet, dass bestimmte Produkte wie etwa Milchpulver für sie unerschwinglich waren. Sie kaufte sich stattdessen Zwieback – in der Absicht, sich einen Vorrat für den gesamten Monat anzulegen. Allerdings kam es vor, dass

328 Vgl. Bechler: Warten auf Antwort, S. 370.
329 Vgl. Gerth: Angst vor so viel Macht, S. 124.

ihr Appetit so groß war, dass sie die gesamte Tüte bereits am ersten Abend aufaß.[330] Wenn das Warenangebot nicht ausreichte, um bestimmte Unterversorgungen auszugleichen, oder das Geld knapp war, baten die Gefangenen ihre Verwandten und Bekannten, beim nächsten Besuch etwas mitzubringen. Ganz oben auf der Liste standen vitaminreiche Lebensmittel wie frisches Gemüse oder Obst. Auch in den 1970er und 1980er Jahren wurden die Versorgungsprobleme nicht gelöst. Milch etwa, aber auch andere Eiweißprodukte wie Quark waren Mangelware.[331] Warum einige Strafgefangene sie dann doch hin und wieder bekamen, erschließt sich nicht. Angelika Schmidt, die eine Tbc-Erkrankung durchgemacht hatte, erhielt jedenfalls keine eiweißhaltigen Lebensmittel.[332] Ebenso wenig konnte Ina Jaekel, die Mitte der 1980er Jahre gemeinsam mit ihrer Mutter nach § 213 StGB verurteilt und nach Hoheneck gebracht worden war, Milch kaufen, obwohl sie sich nichts sehnlicher wünschte, »als mal wieder ein Glas Milch zu trinken«. Als Jaekel einmal von einer Wärterin einer »intensiven Leibesvisitation« unterzogen wurde, organisierten ihre Mitgefangenen ein Glas Milch und Kekse, um sie nach dieser erniedrigenden Untersuchung zu trösten.[333] Gunhild Gerth, die wie Jaekel wegen Republikflucht verurteilt worden war, erinnert sich, dass sie in Hoheneck nur deshalb Milch trinken konnte, weil ihr Mann sie einmal mitgebracht hatte.[334]

Jaekels Beschreibungen der Mahlzeiten lassen erkennen, wie schlecht und teilweise gesundheitlich bedenklich die Verpflegung der Strafgefangenen auch noch Mitte der 1980er Jahre war. Suppen und Eintöpfe aus Gemüseresten, in denen sich auch schon mal Ungeziefer fand, waren das Standardgericht.[335] Ansonsten standen Kartoffeln, Brot und Erbsen auf dem Speiseplan.[336] Elke Schlegel, die ebenfalls Mitte der 1980er Jahre in Hoheneck inhaftiert

330 Vgl. Schacht: Ich wurde während des Prozesses fast nur angeschrien, S. 175.
331 Vgl. Lehmann: Entlassungstermin in die DDR, S. 144f.
332 Vgl. Schmidt: November, S. 78.
333 Vgl. Nayhauß/Riepl: Der dunkle Ort, S. 110f.
334 Vgl. Gerth: Angst vor so viel Macht, S. 124.
335 Vgl. Nayhauß/Riepl: Der dunkle Ort, S. 110, 118.
336 Vgl. Lehmann: Entlassungstermin in die DDR, S. 144.

Quelle: Bundesstiftung Aufarbeitung, EBW PH 1101693.

Speisesaal in der Strafvollzugseinrichtung Hoheneck, 6.12.1989.

war, berichtet von fast identischen negativen Erfahrungen mit der Verpflegung. Die ohnehin zierliche Strafgefangene verlor aufgrund der Mangelernährung so bedenklich an Gewicht, dass man ihr mit Zwangsernährung drohte.[337]

5.4 Medizinische Versorgung

Als Hoheneck aus dem Zuständigkeitsbereich des sächsischen Justizministeriums herausgelöst und dem Ministerium des Innern unterstellt wurde, legte die Übereinkunft zwischen den Ministerien fest: »Die Übergabe des Strafgefängnisses Hoheneck mit allem lebenden und toten Inventar einschließlich aller vorhandenen Rohstoffe erfolgte am 1. Februar 1950.«[338] Die genannte Ausstattung kann aber nicht sehr umfangreich gewesen sein, denn aus einer Aufstellung vom März 1950 geht unter anderem ein großer Mangel an medizinischer Ausrüstung hervor. Um Abhilfe zu schaffen, sollten Bedienstete aus

337 Vgl. Schlegel: 5 Monate und 24 Tage, S. 135.
338 SächsStA, 11380 858: Übergabe des Strafgefängnisses Hoheneck an das Ministerium des Innern der Deutschen Demokratischen Republik, 2.2.1950.

Hoheneck Sanitätsmaterial aus dem aufgelösten Speziallager Buchenwald holen.[339] Den Tod von mindestens 15 Frauen bis 1952 konnte dieses Material aber nicht verhindern.[340]

War die allgemeine Versorgungslage im Land schon schlecht, so war sie in Hoheneck noch viel schlechter. Vor allem die Eindämmung der im Gefängnis grassierenden Tuberkulose glich mit den wenigen zur Verfügung stehenden Mitteln einem Kampf gegen Windmühlen. Die Frauen bezahlten letztendlich mit ihrem Leben für diese Missstände. Erst Ende der 1950er Jahre gingen die Massenerkrankungen an Tuberkulose und Ruhr deutlich zurück. Die Anstalt blieb aber bis in die 1970er Jahre nicht gänzlich davon verschont.[341] In den 1970er Jahren wurden sogar alle Tbc-kranken Frauen aus dem DDR-Strafvollzug zur Behandlung nach Hoheneck gebracht. Es ist nicht mehr feststellbar, ob dies auf die Erfahrungen im Umgang mit Tuberkulose oder auf die herausgehobene Rolle Hohenecks als zentrales Frauengefängnis zurückzuführen ist.[342]

Ein besonderes Phänomen in der medizinischen Versorgung von Strafgefangenen in Hoheneck war die Behandlung der sogenannten »Selbstbeschädigungen«. Diese fügten sich die inhaftierten Frauen aus unterschiedlichen Gründen zu – etwa, um Schikanen in der Zelle zu entgehen, aus Liebeskummer, aus Hoffnung auf bessere Verpflegung und eine Auszeit vom zehrenden Haftalltag auf der Krankenstation und bisweilen auch aus hilfloser Verzweiflung und in suizidaler Absicht. Die »Selbstbeschädigungen« reichten vom Einstechen von Nähnadeln bis hin zum Verschlucken von Besteck, Scheren, Scherben oder anderen Dingen, welche dann nur mittels einer Magenoperation wieder entfernt werden konnten. Röntgenaufnahmen sollten schließlich zeigen, ob und was sie verschluckt hatten. Um verschluckte Gegenstände auf natürlichem Wege auszuscheiden, wurde den Strafgefangenen spezielle Kost verabreicht.[343] Zu den Autoaggressionen zählte auch das im Gefangenenjargon als »durch

339 JVAW: Ausgabe von Sanitätsmaterial, 16.3.1950.
340 Vgl. Latotzky: Kindheit hinter Stacheldraht, S. 35.
341 Vgl. Meyer: Humanmedizin unter Verschluss, S. 116.
342 SächsStA, 30461, 22: Erarbeitung des Stellenplans, 5.6.1972.
343 Vgl. Interview SV-Bediensteter 2010.

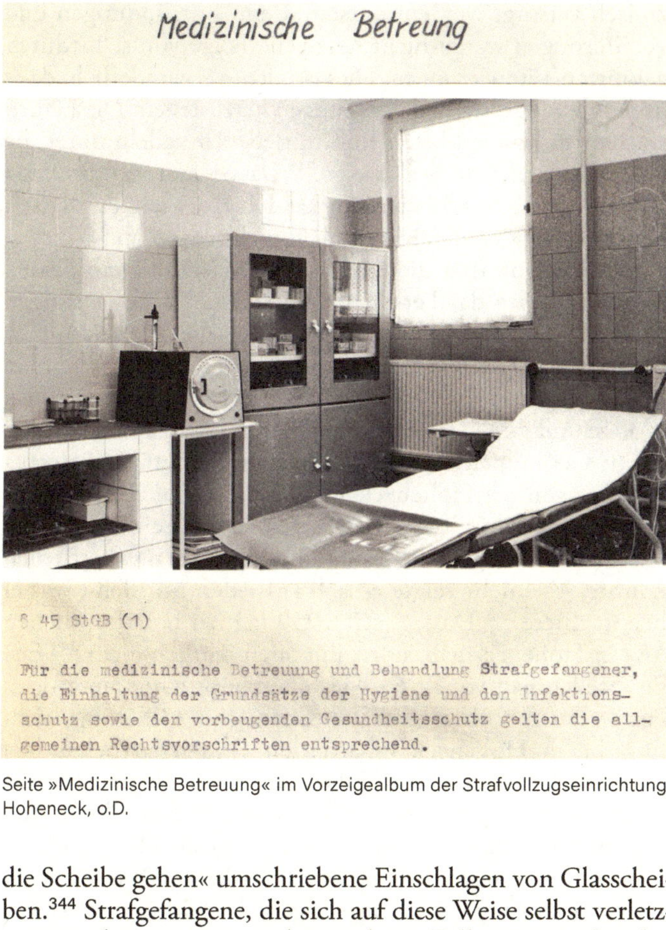

Quelle: Sächsisches Strafvollzugsmuseum Waldheim e.V.

Seite »Medizinische Betreuung« im Vorzeigealbum der Strafvollzugseinrichtung Hoheneck, o.D.

die Scheibe gehen« umschriebene Einschlagen von Glasscheiben.[344] Strafgefangene, die sich auf diese Weise selbst verletzten, wurden separiert und in anderen Zellen untergebracht.

Auch ein weiteres gefängnistypisches Phänomen war in Hoheneck zu beobachten: selbstgestochene Tätowierungen. Diese führten immer wieder dazu, dass Strafgefangene medi-

344 Vgl. Stötzer: Die bröckelnde Festung, S. 74f.; Thiemann: Stell dich mit den Schergen gut, S. 215; Schlegel: 5 Monate und 24 Tage, S. 127; SächsStA, 30441, 25.2.B 234: Bericht über die ärztliche Verordnung von Medikamenten an SG der StVE, über SG mit abnormen und anderen Verhaltensweisen und über Selbstschädigungen un [sic!] der StVE Hoheneck, 24.5.1976; Der Spiegel 47 (2009), Lebenslänglich.

zinisch versorgt werden mussten, denn Entzündungen und Vereiterungen waren nicht selten die Folge von selbstdurchgeführten Tätowierungen. Dies ist nicht verwunderlich, da es unmöglich war, sterile Bedingungen herzustellen. Die Frauen stachen sich angerührten Ruß mittels Nähnadeln unter die Haut. Desinfektion: Fehlanzeige.[345] Dass es laut Hausordnung verboten war, zu tätowieren oder sich tätowieren zu lassen, hielt insbesondere die Kriminellen nicht davon ab.[346] Bisweilen kam es vor, dass die Frauen sich vollständig entkleiden mussten, wenn das Personal nach (neuen) Tätowierungen suchte.[347] In den Haftunterlagen waren die Tätowierungen genau erfasst. In der Haftakte gab es bei den betreffenden Frauen einen »Tätowierungsbogen«, auf dem die jeweiligen Motive und ihre Platzierungen numerisch aufgelistet wurden.

Die Gesundheitsversorgung blieb eine der größten Herausforderungen im Hohenecker Strafvollzug, auch wenn der Generalstaatsanwalt Ernst Melsheimer bei seinem Besuch 1960 keine Mängel am Zustand des Gefängnisses feststellen konnte. Vielmehr zeigte er sich zufrieden mit dem, was er begutachtete.[348] Dass es seit 1950 keinen hauptamtlichen Arzt in Hoheneck gab, störte ihn offensichtlich nicht.[349] Erst der Stellenplan von 1969 wies überhaupt einen derartigen Posten aus,[350] obwohl die medizinische Abteilung nicht nur die in Hoheneck inhaftierten Frauen zu behandeln hatte. Neben den Tbc-Kranken aus den anderen Strafvollzugseinrichtungen in der DDR wurden auch alle Frauen, die unter Diabetes litten, nach Hoheneck überwiesen.[351]

Die Krankenhausabteilung war in keiner Weise in der Lage, diese Aufgabe zu bewältigen. Es fehlte an Personal und Ausrüstung; so war etwa das Labor nicht funktionsfähig.

345 Vgl. Schmidt: November, S. 83f.
346 Vgl. SächsStA, 30441, 25.2.B 232: Hausordnung der Strafvollzugsanstalt Hoheneck, 1.11.1979.
347 BArch/StUA, MfS ZAIG Nr. 8873 Bd. 2, Bl. 117: Zeitungsausschnittsammlung, hier: Blanker Terror im Frauengefängnis, in: Berliner Zeitung vom 9.6.1979.
348 JVAW, Strafvollzugseinrichtung Hoheneck: Chronik, S. 47.
349 BArch, DO1 3768: Statistischer Jahresbericht der Verwaltung Strafvollzug 1960, 15.3.1961.
350 BArch, DO1 11973: Stellenplan der StVE Hoheneck, 1.7.1969.
351 SächsStA, 30461, 22: Erarbeitung des Stellenplans, 5.6.1972.

Bei den überstellten Diabetikerinnen konnten nicht einmal die einfachsten Untersuchungen wie Blutzuckerspiegelmessungen durchgeführt werden.[352] Dass die Hohenecker Krankenhausabteilung bis zum Ende der DDR mit gravierenden personellen und materiellen Problemen zu kämpfen hatte, lag auch daran, dass sich der zuständige Rat des Kreises immer wieder gegen die Einstufung der Krankenstation als Krankenhaus wehrte. Eine solche Einstufung hätte nämlich das Anrecht auf bessere Verpflegung mit sich gebracht. Stattdessen blieb die Abteilung mit ihren 40 bis 45 Betten für die von ihr zu bewältigenden Aufgaben viel zu klein und ungenügend ausgestattet.[353]

Erst im Nachhinein wurde sowohl für die Strafgefangenen als auch für das Personal deutlich, dass der medizinische Bereich zusätzlich dadurch belastet war, dass einige der behandelnden Mediziner bereit waren, ihr Berufsethos zu verleugnen und die im hippokratischen Eid gebotene Schweigepflicht zu brechen. Der langjährige Leiter der Medizinischen Dienste MUDr. Peter Janata sowie die Psychologin der Anstalt Gisela Forberg arbeiteten als IM »Pit« und IM »Franziska« für die Staatssicherheit. »Franziska« war bereits mit der Absicht verpflichtet worden, später einmal selbst IM zu führen.[354] Hierfür hatte die Staatssicherheit bereits zum Ende ihres Studiums im Frühjahr 1975 den Kontakt zu ihr aufgenommen. Die Rolle der Anstaltspsychologin erschöpfte sich also nicht in der psychologischen Betreuung der Strafgefangenen. Sie sollte vielmehr aktiv die Gefangenen aushorchen und am »Erziehungsprozess« der Strafgefangenen mitwirken.[355] IM »Franziska« sollte demnach

352 Vgl. Meyer: Humanmedizin unter Verschluss, S. 116; BArch/StUA, MfS Bezirksverwaltung Karl-Marx-Stadt, AIM 2626/82 II, Bl. 77: Situationsbericht über die Arbeit des Medizinischen Dienstes der StVA Hoheneck, unter besonderer Berücksichtigung der Aufgaben der Krankenhausabteilung zurzeit und in der Zukunft, 21.9.1973.

353 Vgl. Interview SV-Bediensteter D.; SächsStA, 20250, 0983: Arbeitsgruppe Sachsen im Auftrag der Vereinigung der Leiter der Einrichtungen des Strafvollzugs der DDR e. V. (Hg.): Gesundheitsfürsorge im Strafvollzug und Strafvollzug in Sachsen. Einblicke-Ausblicke, Juli 1990, S. 35.

354 BArch/StUA, MfS Bezirksverwaltung Karl-Marx-Stadt, XIV 1536/75 I, Bl. 130: Beurteilung; BArch/StUA, MfS Bezirksverwaltung Karl-Marx-Stadt, XIV 1536/75 II, Bl. 8: Treffauswertung, 12.11.1975.

355 Vgl. Meyer: Humanmedizin unter Verschluss, S. 98f.

§ 45 StVG (4)

Die ambulante und stationäre medizinische Betreuung und Behandlung wird durch das medizinische Personal des Strafvollzuges wahrgenommen. Sie wird in den medizinishcen Einrichtungen des Strafvollzuges durchgeführt. Bei Notwendigkeit kann sie in anderen staatlichen medizinischen Einrichtungen erfolgen.

Quelle: Sächsisches Strafvollzugsmuseum Waldheim e.V.

Seite zur stationären Betreuung im Vorzeigealbum der Strafvollzugseinrichtung Hoheneck, o.D.

im Sinne der Geheimpolizei Einfluss auf die Gefangenen nehmen und Vertrauen aufbauen. Gegenüber der inhaftierten Karin Sorger gab sich IM »Franziska« beispielsweise als eifrige Kümmerin und sagte zu, ihr die erbetene Fachliteratur zukommen zu lassen.[356]

Die beiden Mediziner von der Zusammenarbeit zu überzeugen, war für die Staatssicherheit nicht schwer. Ohne Umschweife erklärten sie ihre Bereitschaft, die gewünschten Informationen zu liefern.[357] Mit ihrem Verhalten traten sie

356 Vgl. Sorger: Das Geheimnis des Glücks ist die Freiheit, S. 142.
357 BArch/StUA, MfS Bezirksverwaltung Karl-Marx-Stadt, AIM 2626/82 I, Bl. 85: Verpflichtung, 4.8.1972; BArch/StUA, MfS Bezirksverwaltung Karl-Marx-Stadt, XIV 1536/75 I, Bl. 76: Verpflichtung, 24.10.1975.

nicht nur die ethisch-moralischen Grundsätze des Arztberufes mit Füßen, sie verstießen auch gegen geltendes DDR-Recht. Denn laut § 136 des Strafgesetzbuches machte sich jemand strafbar, der »Tatsachen, die ihm in seiner beruflichen Tätigkeit anvertraut oder bekannt geworden sind und an deren Geheimhaltung ein persönliches Interesse besteht, offenbart, ohne dazu gesetzlich verpflichtet oder von seiner Verpflichtung zur Verschwiegenheit befreit zu sein«. Gleichwohl informierten Janata und Forberg die Geheimpolizisten mehrfach über selbstzugefügte Verletzungen, über Suizidversuche oder medizinische Diagnosen.[358] Solche sensiblen Informationen boten der Stasi wirkmächtige Hebel für ihre operative Arbeit. Denn mit den Informationen von Gisela Forberg über die Krankengeschichte von Strafgefangenen »mit psychischen Auffälligkeiten« zum Beispiel konnte die Staatssicherheit noch gezielter bei der Rekrutierung von Strafgefangenen vorgehen, indem sie von vornherein sondierte, welche Kandidaten aufgrund ihrer mentalen Verfasstheit besonders geeignet oder ungeeignet waren.[359] Anders als beim Großteil der IM unter Ärztinnen und Ärzten zielte die Spitzeltätigkeit von Janata und Forberg deutlich stärker auf die Patientinnen, sprich die strafgefangenen Frauen, und weniger auf das ärztliche Kollegium. Jedoch wurden auch die Bediensteten des Strafvollzugs durch die beiden IM ausgespäht. Dabei kam es vor, dass »Pit« und »Franziska« meinten, auch den Gefängnisalltag betreffende Einschätzungen abgeben zu müssen. So empfahl Janata etwa, den Arbeitsplatzwechsel einer Strafgefangenen abzulehnen, weil die Betreffende dadurch zu viel Kontakt zu Strafgefangenen des gleichen Deliktes hätte.[360] Die Befugnisse

358 BArch/StUA, MfS Bezirksverwaltung Karl-Marx-Stadt, XIV 1536/75 II, Bl. 12f.: Bericht über Strafgefangene, 9.12.1975; Bl. 49: Bericht, 19.5.1976; Bl. 212: Treffbericht, 10.11.1978; AIM 2626/82 II, Bl. 9: Bericht, 20.5.1972; Bl. 111: Kurztreff, 6.10.1976.

359 BArch/StUA, MfS Bezirksverwaltung Karl-Marx-Stadt, XIV 1536/75 II, Bl. 249: Treffbericht, 11.1.1979. Zum Umgang der Staatssicherheit mit der ärztlichen Schweigepflicht vgl. Süß, Sonja: Politisch mißbraucht?, S. 263–270. Süß weist nach, dass die Stasi von IM-Kandidaten abließ, wenn diese sich auf ihre Schweigepflicht beriefen. Vgl. Weil: Zielgruppe Ärzteschaft, S. 123, 186f.

360 BArch/StUA, MfS Bezirksverwaltung Karl-Marx-Stadt, AIM 2626/82 II, Bl. 138: Tonbandabschrift, 18.9.1975.

des Medizinischen Dienstes bei der Zuweisung des Arbeitsplatzes waren aber eigentlich klar definiert: er beschränkte sich auf die Tauglichkeitsprüfung der Strafgefangenen. Eine Neubewertung war dann vorgesehen, sollten Verletzungen oder Erkrankungen diagnostiziert werden.[361]

Die Staatssicherheit griff auch dann auf die beiden Mediziner zurück, wenn sie gegen Entscheidungen des Strafvollzugspersonals vorgehen wollte. Denn nicht immer lagen die Mitarbeiter des Strafvollzugs auf der Linie der Staatssicherheit. In einem Fall fingierten die beiden IM Gründe, weshalb eine Strafgefangene stationär behandelt werden sollte. Den in Hoheneck eingesetzten Mitarbeitern der Staatssicherheit war zu Ohren gekommen, dass eine im Arrest befindliche Gefangene anlässlich des 30. Jahrestages der DDR einen Hungerstreik plante, um ihre eigene Arrestunfähigkeit zu erreichen.[362] Um dieser Protestaktion den Wind aus den Segeln zu nehmen, bediente sich die Staatssicherheit der Inoffiziellen Mitarbeiter »Pit« und »Franziska« und der von ihnen vorgeschlagenen Einweisung auf die Krankenstation.

Janata, der sich bereitwillig anwerben ließ, zeigte zu Beginn seiner Tätigkeit für die Staatssicherheit noch Skrupel, seine Verschwiegenheitspflicht zu brechen. Die Stasi sah darin eine Überbetonung seiner Rolle als Arzt.[363] Im Laufe der Zeit passte sich Janata jedoch den Ansprüchen der Stasi an, sodass sein Führungsoffizier 1975 feststellen konnte, »Pit« sei nunmehr von seiner ausschließlich medizinischen Sicht der Dinge abgerückt.[364]

Das Strafvollzugspersonal beobachtete den Leiter des Medizinischen Dienstes ebenfalls und zeigte sich nicht immer zufrieden mit dessen Vorgehen. Bedienstete unterstellten ihm, politische Häftlinge, vor allem jene mit einer medizinischen

361 Vgl. Ministerium des Innern (Hg.): Gesundheitsschutz Strafgefangener und Verhafteter, S. 62.

362 BArch/StUA, MfS Bezirksverwaltung Karl-Marx-Stadt, XIV 1536/75 II, Bl. 289: Treffbericht, 6.10.1979.

363 BArch/StUA, MfS Bezirksverwaltung Karl-Marx-Stadt, AIM 2626/82 II, Bl. 101: Treffauswertung, 20.6.1974; Bl. 65: Treffauswertung, 6.4.1973.

364 Ebd., Bl. 143: Treffauswertung, 28.11.1975.

Quelle: BArch/StUA, MfS BV Karl-Marx-Stadt, Abt XIV 1536/75 II, Bl. 147.

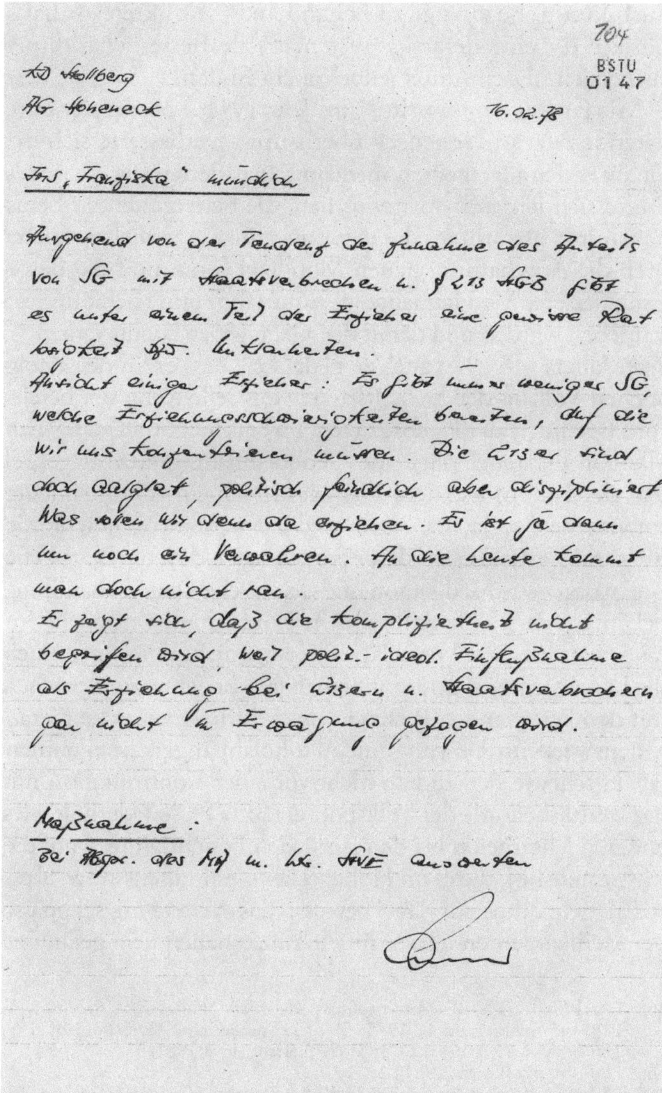

104
BSTU
0147

KD Stollberg
AG Hoheneck

16.02.78

IMS „Franziska" mündlich

Ausgehend von der Tendenz der Zunahme des Anteils von SG mit Staatsverbrechen u. § 213 StGB gibt es unter einem Teil der Erzieher eine gewisse Ratlosigkeit bzw. Unklarheiten.
Ansicht einiger Erzieher: Es gibt immer weniger SG, welche Erziehungsschwierigkeiten bereiten, auf die wir uns konzentrieren müssen. Die 213er sind doch angepaßt, politisch feindlich aber diszipliniert. Was sollen wir denn da erziehen. Es ist ja dann nur noch ein Verwahren. An die Leute kommt man doch nicht ran.
Es zeigt sich, daß die Kompliziertheit nicht begriffen wird, weil polit.-ideol. Einflußnahme als Erziehung bei 213ern u. Staatsverbrechern gar nicht in Erwägung gezogen wird.

Maßnahme:
Bei Absprache das MA u. Ltr. StVE auswerten

Mündliche Auskunft von IM »Franziska«, 16.2.1978.

Ausbildung, bevorzugt zu behandeln.[365] Konkrete Anhaltspunkte für eine derartige systematische Besserbehandlung lassen sich in den Akten jedoch nicht finden.

Mit Janatas Amtsantritt[366] im Jahr 1971 – er war der erste leitende Arzt in Hoheneck überhaupt – verbesserte sich die Qualität der allgemeinen medizinischen Betreuung. Erstmals fühlte sich jemand verantwortlich, die bereitgestellten Haushaltsmittel abzurufen, die davor regelmäßig verfielen. Janata trieb die Anschaffung neuen Mobiliars voran und die Besorgung besserer Medikamente, die unter ihm nun auch öfter verschrieben wurden und damit den Gefangenen zugutekamen.[367] Peter Janata gab 1976 auch zu bedenken, dass es für den erfolgreichen Vollzug der Freiheitsstrafe von Bedeutung sei, bereits vor Haftantritt zu diagnostizieren, ob bei einer Strafgefangenen Alkoholmissbrauch oder eine Alkoholabhängigkeit vorläge. Sei dies der Fall, müsse dem Freiheitsentzug ein Alkoholentzug vorausgehen, so Janata. Auch, und das war eine weitere Forderung, müsse die Anstalt dafür Sorge tragen, dass die Betroffene eine passgenaue Medikation und diätetische Dauerbehandlung bekämen, da sie oft unter einem Leberschaden litten.[368] Im Alltag wurden diese Vorschläge allerdings nicht umgesetzt. Auch die Dokumente zu den routinemäßigen Erziehungsgesprächen mit den betreffenden Personen lassen keine spezifische Herangehensweise im Umgang mit Alkoholabhängigkeit erkennen. Janata scheute sich zudem nicht vor einer Konfrontation mit der Bezirksbehörde der Volkspolizei (BDVP). Wiederholt wies er deren Mitarbeiter bei den jährlichen Besichtigungen auf die Missstände hin, die es im Hohenecker Gesundheitswesen abzustellen gelte. Ihm war dabei bewusst, dass Versorgungsengpässe bei Medikamenten und Verbrauchsmaterialien kein gefängnis-

365 BArch/StUA, MfS Bezirksverwaltung Karl-Marx-Stadt, AIM 2626/82 I, Bl. 128: Information, 16.12.1975; Bl. 152: Treffbericht, 28.1.1980; Bl. 159: Treffbericht, 17.2.1981; Bl. 165: Treffbericht, 19.8.1981.

366 Ebd., Bl. 62: Bericht, 30.11.1971.

367 Ebd., Bl. 49: Bericht, 7.7.1971; Bl. 51: Bericht, 30.11.1971; Bl. 63, 65: Bericht, 30.11.1971.

368 SächsStA, 30441, 25.2.B 234: Bericht über die ärztliche Verordnung von Medikamenten an SG der StVE, über SG mit abnormen und anderen Verhaltensweisen und über Selbstschädigungen un [sic!] der StVE Hoheneck, 24.5.1976.

spezifisches Problem waren, sondern der Normalzustand im DDR-Gesundheitswesen.[369] Die damit unterschwellig geäußerte Kritik an der DDR stieß auf Unmut bei der BDVP.[370] Janata war also einerseits sichtlich darum bemüht, die Rahmenbedingungen in seinem Bereich zu verbessern, die Finanzen zu ordnen, bessere medizinische Ausrüstung herbeizuschaffen und andere Mängel zu beheben. Andererseits bedeutete seine Zusammenarbeit mit der Staatssicherheit eine eklatante Missachtung seiner Rolle als Arzt und Vertrauensperson, womit er den Strafgefangenen letztlich schadete.

5.5 Ansprüche und Realitäten im Umgang mit den Häftlingen

Die nach und nach erfolgte Entlassung der SMT-Verurteilten in den 1950er Jahren führte nicht zu einer Besserbehandlung der anderen Strafgefangenen. Die Anstaltsleitung war weiterhin überzeugt davon, ein unverrückbares Feindbild von den Strafgefangenen in den Köpfen des Anstaltspersonals verankern zu müssen.[371] Auf die »Erziehung der Genossen zur Unversöhnlichkeit gegenüber Gefangenen« wurde weiterhin Wert gelegt.[372] In den Augen der Bezirksbehörde erfüllten jedoch nicht alle Aufseherinnen diese Anforderung, weshalb immer wieder die Aufforderung ausgesprochen wurde, sich im Umgang mit den Strafgefangenen unnachgiebig und hart zu zeigen.[373] Diese Unversöhnlichkeit mit den »Gegnern«, als die die Strafgefangen galten, entspricht ganz der von Karl-Günter Schirrmeister diagnostizierten generellen geistigen Militarisierung in der DDR der 1950er Jahre.[374]

In einer der ersten Analysen aus dem Jahr 1956 dazu wurde dem Aufsichtspersonal und dem Offizierskorps in Hoheneck

369 Vgl. Erices/Gumz: »Hier läuft bald gar nichts mehr«, S. 16f.
370 BArch/StUA, MfS Bezirksverwaltung Karl-Marx-Stadt, AIM 2626/82 II, Bl. 120–124.: Bericht, 31.1.1975.
371 Vgl. Wunschik: Ein Regenmantel für Dertinger, S. 311.
372 SächsStA, 30441, 25 133, Bl. 2: Quartalsbericht I. Quartal 1956, 5.4.1956.
373 Dies gilt nicht nur für Hoheneck, sondern war ein generelles Problem. Vgl. Wunschik: Die Haftanstalt Bützow-Dreibergen, S. 137; Ansorg: Politische Häftlinge im Strafvollzug der DDR, S. 128f.
374 Vgl. Schirrmeister: Erziehung zum Hass, Bonn 1987.

mangelndes politisches Bewusstsein unterstellt. Wohl auch, um das eigene Personal, welches kaum zu ersetzen war, nach außen hin zu entschuldigen, führte eine spätere Auswertung die Überbelegung als Grund für die Defizite in der gewünscht unnachgiebigen Strafvollzugspraxis an. Die Anstaltsleitung glaubte allerdings nicht wirklich daran, dass nur die hohe Zahl der Häftlinge für den aus ihrer Sicht zu laxen Umgang mit den Strafgefangenen verantwortlich war. Sie war nicht überzeugt, dass sich mit der anstehenden Amnestie diese Probleme beseitigen ließen. Tatsächlich war dem Anstaltsleiter durchaus bewusst, dass es Bedienstete gab, die die Entwicklung hin zum »Besseren«, also zum strengeren Vollzug, hemmten und Lockerungen befürworteten. Gleichzeitig war ein wesentlicher Teil der Belegschaft nach wie vor der Ansicht, dass die »Erziehung« der Gefangenen nur durch Vergeltung, Arrest und andere Disziplinierungen erfolgreich sein könne. Dass sie darin bestärkt wurden, zeigt die Tatsache, dass bereits zu Jahresbeginn 1957 kleine Lockerungen als Übermaß an Verständnis für die Strafgefangenen ausgelegt wurden und dies wieder als »Versöhnlertum« gebrandmarkt oder als ungünstige Liberalisierungstendenz interpretiert wurde. Auch führten die Vorgänge in Ungarn im Jahr 1956 dazu, wieder eindeutiger am repressiven Strafvollzug festzuhalten. Die Staatssicherheit tat sich dabei als Unterstützerin der Rückkehr zu den alten strengen Normen hervor. Gerade diejenigen Bediensteten, die unter den Gefangenen einen allzu guten Ruf genossen, waren der Geheimpolizei suspekt.[375]

Ab 1957 war der Haftalltag wieder vollständig durch strenge Ordnung und Disziplin charakterisiert. Dies umfasste auch die vermeintliche »Erziehung durch Arbeit«, die durch politisch-ideologische Schulungen flankiert werden sollte. Allerdings reichte dieser theoretische Unterricht meist nie über das Wiederkäuen der Tagespresse hinaus.[376]

375 BArch/StUA, MfS Bezirksverwaltung Karl-Marx-Stadt, AGI 553/64 I, Bl. 30: Bericht zum Treff mit GI »Petra«, 12.12.1956.

376 Seit 1956 war das *Neue Deutschland*, das Zentralorgan der SED, grundsätzlich im Gefängnis erhältlich, daneben auch andere ostdeutsche Printmedien, die allesamt vor der Aushändigung zensiert wurden. Vgl. Wunschik: Ein Regenmantel für Dertinger, S. 303.

Damit sich das zu milde Verhalten nicht wiederholte, wurden die Dienstvorgesetzten für das politische Bewusstsein und die moralische Integrität der Bediensteten in die Verantwortung genommen.[377] Die Bezirksbehörde der Deutschen Volkspolizei zweifelte bei Routineüberprüfungen in Hoheneck Ende der 1950er Jahre dennoch an der politischen Zuverlässigkeit des eingesetzten Personals, insbesondere bei den Neueingestellten. Durch Sonderschulungen sollten die Berufsanfänger deshalb ideologisch befähigt werden, »mit den neuen gesellschaftlichen Anforderungen Schritt zu halten.«[378] Als am 13. August 1961 die Berliner Mauer gebaut wurde, wurde die Ausbildung der Strafvollzugsbediensteten sogar in die Nacht verlegt, damit tagsüber alle Ressourcen für den regulären Dienstbetrieb zur Verfügung standen.[379] Die ideologische Aufrüstung reichte jedoch nicht aus. Denn die praktische Dienstdurchführung der Neulinge gab jede Menge Anlass zur Kritik.[380] Nicht zuletzt war dies ein Generationenproblem. Darüber hinaus wollte auch die »Herstellung eines richtigen klassenmäßigen Verhältnisses zwischen Offizieren, Unterführern und Mannschaften«[381] nicht gelingen. Aber auch jüngere Angestellte warfen den Älteren ideologische Rückständigkeit vor. Bei den älteren Kolleginnen wäre keine Spur von revolutionärem Geist zu erkennen. Aus Sicht einiger jüngerer Kolleginnen genügte es eben nicht mehr, seine Rolle als bloße Schließerin auszuführen, weil sich die Erziehung zur sozialistischen Persönlichkeit eben nicht in der bloßen Tätigkeit des Verwahrens erschöpfe.[382]

Im Jahr 1968 bekam der gesamte Strafvollzug ein neues gesetzliches Fundament. Neben einer neuen Verfassung wurden auch ein neues Strafgesetzbuch, eine neue Straf-

377 Vgl. Verwaltung Strafvollzug der Hauptverwaltung der Deutschen Volkspolizei (Hg.): Grundfragen des Strafvollzugs der DDR, S. 1112–1127.

378 Vgl. Ministerium des Innern (Hg.): Geschichte der Deutschen Volkspolizei. 1945–1961. Band 1, S. 298.

379 JVAW, Strafvollzugseinrichtung Hoheneck: Chronik, S. 43.

380 SächsStA, 30441, 25 133, Bl. 58: Quartalsbericht – II. Quartal Referat Vollzug, 1.7.1957, Bl. 108: Auswertung der statistischen Materialien für das II. Quartal 1961, 23.8.1961.

381 Vgl. Verwaltung Strafvollzug der Hauptverwaltung der Deutschen Volkspolizei (Hg.): Grundfragen des Strafvollzugs der DDR, S. 1126.

382 SächsStA, 30441, 25 133, Bl. 231: Analyse über die Lage im Bereich der Abteilung Strafvollzug der BDVP.

prozessordnung und ein neues Strafvollzugs- und Wiedereingliederungsgesetz in Kraft gesetzt. Spezifische Regelungen den Frauenstrafvollzug betreffend beschränkten sich allein auf die prinzipielle Geschlechtertrennung und das Thema Schwangerschaft von Strafgefangenen.[383]

Dem Personal wurde aufgetragen, das neue Regelwerk genau zu befolgen. Eine erste Belastungsprobe ließ auch nicht lang auf sich warten: der Prager Frühling. Als 1968 die Warschauer-Pakt-Staaten die aufkeimenden Demokratiebestrebungen in der Tschechoslowakei niederschlugen, reagierte auch die Hohenecker Anstaltsleitung auf die politische Großwetterlage. Um die Wachsamkeit des Personals zu erhöhen, wurde als erste Maßnahme der Wachdienst von den üblichen zwei auf drei Schichten umgestellt.[384] Mit kürzeren Schichten sollte die Sicherheit der Anstalt vorsorglich erhöht werden. Wann immer eine vermeintliche Gefahr von außen drohte, justierte die Anstaltsleitung in Fragen der Sicherheit entsprechend nach.

Ende des Jahres 1974 wurde abermals ein neues Strafvollzugs- und Wiedereingliederungsgesetz verabschiedet.[385] Statt den bisher zwei Gefangenenkategorien gab es fortan vier: erleichtert, allgemein, streng, verschärft. Da bereits zuvor bei Normalbelegung die bis dahin geltende Trennung von Gefangenengruppen in den erleichterten oder allgemeinen Vollzug kaum eingehalten werden konnte, war nun ein Abweichen von der gesetzlichen Vorschrift unausweichlich. Denn die Strafgefangenen nach den vier Vollzugsarten zu trennen, gab das überbelegte Gefängnis logistisch nicht her.

Eine Analyse der Verwaltung Strafvollzug ergab, dass ab 1975 eine »ordnungsgemäße Führung« der Strafvollzugsanstalten in der DDR gewährleistet gewesen sei.[386] In Hoheneck war der Höhepunkt der Überbelegung überschritten und ein

383 Vgl. Zolondek: Lebens- und Haftbedingungen im deutschen und europäischen Strafvollzug, S. 42.

384 JVAW, Strafvollzugseinrichtung Hoheneck: Chronik, S. 59.

385 Gesetzblatt der Deutschen Demokratischen Republik, Teil I, Nr. 64, 23.12.1974. Gesetz über den Vollzug der Strafen mit Freiheitsentzug und über die Wiedereingliederung Strafentlassener in das gesellschaftliche Leben (Strafvollzugs- und Wiedereingliederungsgesetz) – SVWG vom 19.12.1974.

386 BArch, DO1 3767: Einschätzung der Lage in den Vollzugseinrichtungen des Organs Strafvollzug, 8.5.1975.

neuer Anstaltsleiter gefunden, nachdem dessen Vorgänger sich als untauglich erwiesen hatten. Die Verwaltung Strafvollzug in Ost-Berlin hatte allerdings nicht bemerkt, dass es in den Reihen des Hohenecker Personals bereits seit geraumer Zeit rumorte. Der lang ersehnte Personalaufwuchs erschien den »Erzieherinnen« ungerecht verteilt. Denn während bei ihnen im Vollzugsdienst die Zeit fehle, die Strafgefangenen beispielsweise in den Besuchsraum zu bringen, wüssten die Kolleginnen des operativen Dienstes, vor allem betraut mit Wachaufgaben, nicht, wohin mit ihrer Zeit. Sie säßen beschäftigungslos im Pausenraum, so der Vorwurf.[387] Die »Erzieherinnen des Vollzugsdienstes« sprachen jedoch nicht mit einer Stimme, sondern waren in zwei Lager zerstritten. Weil sich in den Reihen der einen Gruppierung Offiziere der Anstaltsleitung fanden, fürchtete die andere Gruppe mögliche Karrierenachteile, wenn sie zu deutlich Kritik äußerte.

Der positive Eindruck, den die Verwaltung Strafvollzug von Hoheneck hatte, lässt sich möglicherweise auch damit erklären, dass die Unterlagen zu den Strafgefangen nicht alle Aspekte des Haftalltags widerspiegelten. Neuen »Erzieherinnen« wurde zum Teil geraten, den Insassinnen gegenüber »korrekt, sachlich und streng« aufzutreten. Zugleich jedoch sollten sie in den Erziehungsunterlagen möglichst wenig Negatives vermerken.[388] Denn zu viele kritische Einträge konnten als Zeichen ihrer Unfähigkeit im Vollzugsdienst gewertet werden und negativ auf sie zurückfallen. Angesichts des hohen Anteils an Personal ohne oder mit nur geringer Erfahrung im Strafvollzug ist davon auszugehen, dass solche Hinweise von unerfahreneren Mitarbeiterinnen befolgt wurden.

Ende der 1970er Jahre wurde es unter den Vorzeichen der nachlassenden Belegung möglich, die jeweiligen Zuständigkeitsbereiche der »Erzieherinnen« regulär zu verkleinern. Eine

387 SächsStA, 30441, 25.2.B 234: Einschätzung des polit-moralischen Zustandes des Vollzugsdienstes, 5.4.1978.

388 BArch/StUA, MfS Bezirksverwaltung Karl-Marx-Stadt, XIV 1536/75 I, Bl. 123: Bericht, 6.7.1983; BArch/StUA, MfS Bezirksverwaltung Karl-Marx-Stadt, AIM 4593/86 III, Bl. 14f.: Betreff: Genn[ossin]. Mstr. [=Meister] d. SV, 13.1.1984; Bl. 17f.: Situation im Erzieherkollektiv, 13.1.1984; Bl. 79: Bericht, 9.5.1984; Bl. 116f.: Bericht, 20.9.1984.

»Erzieherin« war demnach nicht mehr für bis zu 70 Strafgefangene verantwortlich wie in den Jahren zuvor, sondern es kamen maximal 60 in ihr Kommando. Dadurch sollte ein intensiverer Kontakt zwischen »Erzieherin« und Strafgefangenen ermöglicht werden, wovon man sich eine verbesserte Einflussnahme auf die Gefangenen erhoffte. Konkrete Auswirkungen hatte dies jedoch nicht.

Neujustierungen erfolgten aber auch an anderer Stelle. Nur drei Jahre nach der letzten Änderung des Strafvollzugs- und Wiedereingliederungsgesetzes erfuhr dieses 1977 eine Überarbeitung. Das neue Strafvollzugsgesetz (StVG) brachte sowohl für die Strafgefangenen als auch für das Personal gravierende Veränderungen mit sich. Die Einführung der vier Vollzugsarten aus dem Jahr 1974 wurde wieder rückgängig gemacht, weil der mit der viergliedrigen Abstufung verbundene erhebliche Mehraufwand für den Haftalltag nicht umsetzbar war. Generell sollten die Gefangenen der verschiedenen Vollzugskategorien bisher sowohl im Verwahr- als auch im Produktionsbereich voneinander getrennt werden, was angesichts des Personalmangels in Hoheneck gar nicht gewährleistet werden konnte. Die Abkehr von dieser Gliederung kann sowohl als Eingeständnis eigener Fehler sowie als formale Anerkennung der internationalen Standards gelesen werden. Fortan existierten wieder nur die beiden Vollzugskategorien »erleichtert« und »allgemein«. Im Gesetz waren noch weitere Änderungen vorgesehen, die die Haftbedingungen verbessern sollten, wie beispielsweise die »erweitert[e] Ausstattung von Verwahrräumen« oder die Genehmigung zum Tragen der eigenen Bekleidung.[389] Unabdingbare Voraussetzung für beide Erleichterungen war jedoch, dass die Strafgefangenen sich so verhielten, wie es von ihnen erwartet wurde. Sogar Radiohören war nun möglich. Die Geräte wurden allerdings vom Personal bedient. Das Personal entschied, ob und wann welche Musik lief.[390] Ebenso garantierte das Gesetz allen Strafgefangenen eine Stunde am Tag an der frischen Luft (§ 47 StVG). Wenn jedoch in Hoheneck der Wind zu stark wehte, kam es vor,

389 Gesetzblatt der Deutschen Demokratischen Republik, Teil I, Nr. 11, 15.4.1977. Erste Durchführungsbestimmung zum Strafvollzugsgesetz vom 7. April 1977, § 31.
390 Vgl. Schmidt: November, S. 80.

dass die Freistunde abgesagt wurde. Denn es bestand dann für die Strafgefangenen die reale Gefahr, von einem herabfallenden Dachziegel erschlagen zu werden.[391] Außerdem gab es nun die Möglichkeit des Besuchs von Kleingruppen (§ 30 StVG), also etwa der Familie, in bestimmten Fällen sogar außerhalb der Gefängnismauern, und die Aussicht auf Urlaub (§ 31 StVG).[392] Erstmals am 27. Juni 1977 wurde einer Strafgefangenen in Hoheneck Urlaub bewilligt.[393] Den politischen Strafgefangenen wurde jedoch generell unterstellt, sie würden jede sich bietende Chance zur Flucht nutzen. Besuche außerhalb Hohenecks sowie Urlaub blieben ihnen deshalb kategorisch verwehrt.[394] Etwas mehr Bewegungsfreiheit versprach auch eine andere Neuerung, die unabhängig vom StVG, aber in dessen Sinne eingeführt wurde. Im September 1977 wurden zwei Zellen, die nicht ständig verschlossen waren, eingerichtet.[395] Der Anstaltsleiter ließ ebenso die Drei- und teilweise Vierstockbetten abbauen. Die Relikte aus der Zeit der völligen Überbelegung hatten ausgedient. Auch das Warenangebot im Anstaltskiosk wurde erweitert, und die Öffnungszeiten wurden großzügiger gestaltet.[396] Dies war allerdings nur der erste Schritt. Der Verwaltung Strafvollzug reichte 1985 das angebotene Sortiment noch immer nicht aus. Es vergingen allerdings weitere drei Jahre, bis schließlich von einem vielseitigen Angebot die Rede sein konnte.[397]

391 Vgl. Stötzer: Ein Gefängnis zu verkaufen, S. 59.

392 Gesetzblatt der Deutschen Demokratischen Republik, Teil I, Nr. 11, 15.4.1977. Erste Durchführungsbestimmung zum Strafvollzugsgesetz vom 7. April 1977, §§ 30, 37.

393 Insgesamt wurde 1977 sieben Frauen Urlaub gewährt, weitere neun durften ihren Besuch außerhalb der Strafvollzugsanstalt empfangen.

394 Vgl. Stötzer: Die bröckelnde Festung, S. 120.

395 SächsStA, 30411, 25.2.B 232: Berichterstattung über die Ergebnisse der Masseninitiative »Roter Oktober« gem. Fernschreiben, 30.9.1977.

396 SächsStA, 30441, 25.2.B 164: Mündliche Berichterstattung zur Durchsetzung der neuen Bestimmungen des Strafvollzugsgesetzes und der darauf fußenden Grundsatzanweisungen des Ministers des Innern und Chefs der DVP in den StVE und UHA des Bezirkes Karl-Marx-Stadt und der Durchsetzung der neuen gesetzlichen Bestimmungen, besonders des 2. Strafrechtsänderungsgesetzes, 21.6.1977; SächsStA, 30441, 25.2.B 232: Referat zur Dienstversammlung am 10.1.1978, 28.12.1977.

397 SächsStA, 30441, 25.2.B 164: Abschlußbericht der Verwaltung Strafvollzug im Bezirk Karl-Marx-Stadt, 18.10.1985; Kontrollbericht zur komplexen Sicherheitskontrolle in der StVE Hoheneck, 2.6.1988; SächsStA, 30441, 25.2.B 234: Protokoll über die Prüfung der Gewährleistung des Einkaufs von Waren des persönlichen Bedarfs für Strafgefangene, 29.9.1977.

Die Liberalisierung des Strafvollzugs und die Zugeständnisse an die Strafgefangenen betrachteten einige der Strafvollzugsbediensteten als zu weitgehend. Das neue StVG würde den Gefangenen zu viele Rechte einräumen und wäre in seiner Gesamtheit zu human, war eine häufig geäußerte Meinung. Diese Missbilligung deutet daraufhin, dass das Hohenecker Haftregime immer noch überaus streng war.[398] Ein Beleg hierfür war die Anzahl der verhängten Einzelarreste. Während in den ersten vier Monaten des Jahres 1977 im Schnitt 13 Einzelarreste von durchschnittlich acht Tagen verhängt worden waren, stieg die Zahl für den Rest des Jahres signifikant an. Bis Jahresende verhängte das Personal im Mittel 24 Arreststrafen pro Monat zu durchschnittlich 14 Tagen.[399]

Tagsüber von Liege und Toilette durch ein Gitter getrennt, lebten die im Arrest befindlichen Gefangenen nicht nur unter furchtbaren Bedingungen, sondern waren auch vom gewöhnlichen Haftalltag ausgeschlossen. Diese besonders rigorose Bestrafung sollte den Strafgefangenen klarmachen, dass sie sich auch unter dem neuen Gesetz den Regeln des Haftregimes uneingeschränkt zu beugen hatten.[400] Die Art und der Vollzug des Arrests waren dabei genau definiert.

398 SächsStA, 30441, 25.2.B 165: Einschätzung des Standes der Durchsetzung des Strafvollzugsgesetzes sowie der Direktive 01/78-80 des Ministers des Innern und Chefs der DVP in den Strafvollzugseinrichtungen und Untersuchungshaftanstalten durch den Stellvertreter des Chefs der BDVP Karl-Marx-Stadt in der Dienstbesprechung des Chefs der BDVP mit den Leitern und allen Stellvertretern der Strafvollzugseinrichtungen und Untersuchungshaftanstalten, den Sekretären der Grundorganisationen der SED der Strafvollzugseinrichtungen, den Offizieren der AR [Arbeitsrichtung] der K I/4, dem Leiter und Stellvertreter der Schule des MdI Strafvollzug Karl-Marx-Stadt und weiteren Offizieren aus Abteilungen der BDVP, 1.6.1978; BArch/StUA, MfS Bezirksverwaltung Karl-Marx-Stadt, AIM 2921/84 II, Bl. 42: Bericht, 22.4.1977; BArch/StUA, MfS Bezirksverwaltung Karl-Marx-Stadt, AIM 2921/84 II, Bl. 47: Bericht, 3.5.1977.

399 SächsStA, 30441, 25.2.B 845: Statistische Angaben. Disziplinarmaßnahmen 1977.

400 SächsStA, 30441, 25.2.B 232: Referat zur Dienstversammlung am 10.1.1978, 28.12.1977; 25.2.B 234: Einschätzung der Maßnahmen zur Gestaltung des Erziehungsprozesses der Strafgefangenen gem. Pkt. 2.3.4. der Ordnung 107/77 des MdI, 6.12.1977.

Arrest[401]

Disziplinarmaßnahme, die bei Strafgefangenen in Form von Freizeit- und Einzelarrest, bei Verhafteten nur als Einzelarrest durchgeführt wird. Der Ausspruch sowie den Vollzug von Arreststrafen betreffende Änderungen (Unterbrechung, Aufhebung, vorzeitige Beendigung) sind nur durch die Leiter der Strafvollzugseinrichtungen/Jugendhäuser/Untersuchungshaftanstalten möglich.

Der Arrest darf nur ausgesprochen werden, wenn andere Disziplinarmaßnahmen wiederholt ohne Erfolg angewendet wurden oder auf Grund der Schwere des Verstoßes eine sofortige nachdrückliche Disziplinierung im Interesse der Aufrechterhaltung der Ordnung und Gewährleistung der Sicherheit diese Disziplinarmaßnahme erforderlich macht. Er darf bei erwachsenen Strafgefangenen 21 Tage, bei Jugendlichen sowie Verhafteten 14 Tage nicht übersteigen.

Der Arrest ist unverzüglich nach seinem Ausspruch zu vollziehen. […] Die Arrestfähigkeit ist vor Beginn des Arrests ärztlich festzustellen; Arrestanten sind unter ärztlicher Kontrolle zu halten.

Vor Antritt des Arrests sind die Strafgefangenen/Verhafteten körperlich zu durchsuchen und über die mit dem Arrest verbundenen Bedingungen zu belehren. Die Durchführung des Arrests ist bei Erkrankung der Arrestanten zu unterbrechen. Nach Ablauf von 30 Tagen, bei Jugendlichen von 15 Tagen vom Zeitpunkt der Unterbrechung angerechnet, ist der weitere Vollzug der Arreststrafe nicht mehr einzuleiten.

Mit dem Vollzug des Arrests darf spätestens 30 Tage nach seinem Ausspruch begonnen werden. Ist das in Ausnahmefällen nicht möglich, so ist er nur im Nachweis über

401 Ministerium des Innern (Hg.): Schlag nach für Strafvollzugsangehörige, S. 91f.

Anerkennungen und Disziplinarmaßnahmen unter Angabe der Gründe der Nichtdurchführung zu erfassen. Die Gründe sind auch auf der Disziplinarverfügung zu vermerken.

Freizeitarrest ist nur bei Strafgefangenen möglich. Er wird außerhalb der Arbeitszeit vollzogen und ist getrennt von anderen Strafgefangenen in nicht als Arresträumen ausgestatteten, ständig verschlossenen Verwahrräumen durchzuführen. Laufende Qualifizierungsmaßnahmen sind fortzusetzen. Er darf bei erwachsenen Strafgefangenen 21 Tage, bei Jugendlichen 14 Tage nicht überschreiten.

Einzelarrest ist in nach Normen ausgestatteten und gesicherten Arresträumen zu vollziehen. Die Arrestanten sind nicht zu produktiver Arbeit einzusetzen. Bei Strafgefangenen kann er im erleichterten Vollzug höchstens bis zur Dauer von 18 Tagen, bei Haftstrafe und Strafarrest bis zu 7 Tagen und bei Jugendhaft bis zu 5 Tagen ausgesprochen werden. […]

Strafgefangene/Verhaftete sind während des Arrests planmäßig zu kontrollieren. […]

Grundsätzlich hatte auch die BDVP als weisungsberechtigte Aufsichtsbehörde keine Einwände gegen die von der Anstaltsleitung verhängten Arreststrafen. Sie kritisierte aber, dass die Möglichkeiten der Anerkennung positiven Verhaltens »in keiner Weise ausgeschöpft«[402] wurden. Vergünstigungen wie die vorfristige Aufhebung von Disziplinarmaßnahmen oder die Verlegung von Strafgefangenen in den erleichterten Vollzug

402 SächsStA, 30441, 25.2.B 164: Kontrollbericht über die durchgeführte komplexe Sicherheitskontrolle in der Strafvollzugseinrichtung Hoheneck und der Strafvollzugsabteilung Freiberg in der Zeit vom 22.05. bis 25.05.1984, 7.6.1984.

Quelle: SächsStA, 30461, 39/2.

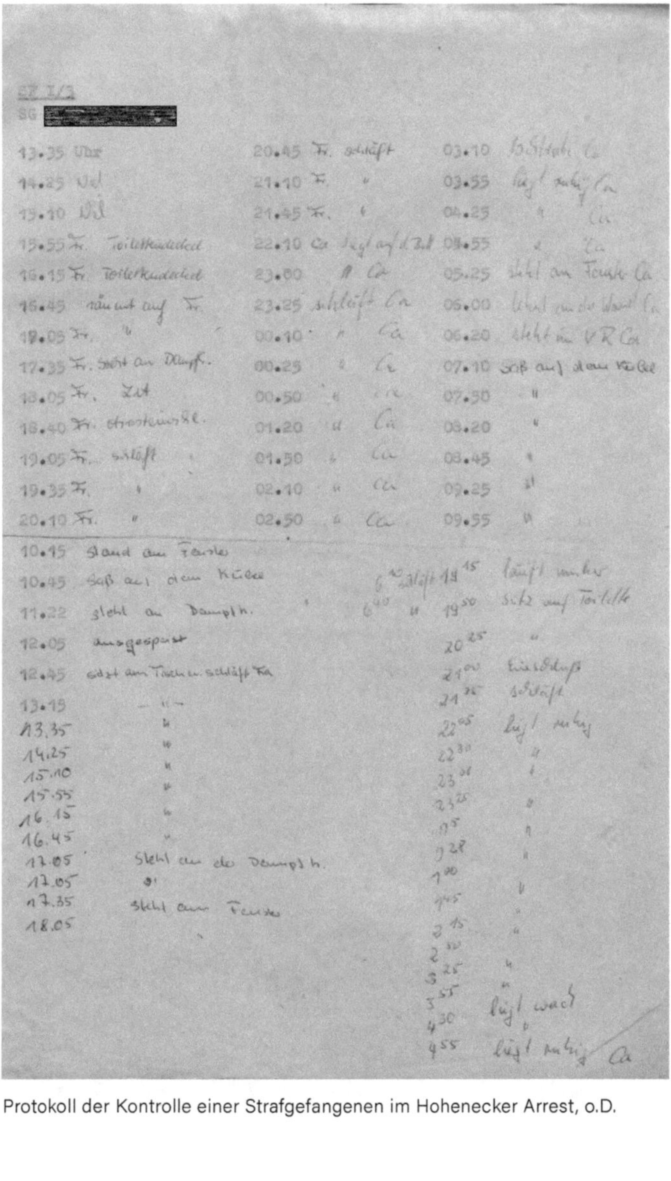

SZ I/3
SG [geschwärzt]

13.35 Uhr | 20.45 Fr. schläft | 03.10 [illegible] Ca
14.25 Uhl | 21.10 Fr. " | 03.55 liegt ruhig Ca
15.10 Uhl | 21.45 Fr. " | 04.25 " Ca
15.55 Fr. Toilettkontrolle | 22.10 Ca liegt auf d. Bett | 04.55 " Ca
16.15 Fr. Toilettkontrolle | 23.00 " Ca | 05.25 steht am Fenster Ca
16.45 räumt auf Fr. | 23.25 schläft Ca | 06.00 [illegible] Ca
17.05 Fr. " | 00.10 " Ca | 06.20 steht im VR Ca
17.35 Fr. steht an Dampfh. | 00.25 " Ca | 07.10 saß auf dem Kübel
18.05 Fr. Zeit | 00.50 " Ca | 07.50 "
18.40 Fr. [illegible] | 01.20 " Ca | 08.20 "
19.05 Fr. schläft | 01.50 " Ca | 08.45 "
19.35 Fr. " | 02.10 " Ca | 09.25 "
20.10 Fr. " | 02.50 " Ca | 09.55 "

10.15 stand am Fenster
10.45 saß auf dem Kübel | 6.10 schläft | 19.15 läuft umher
11.22 steht an Dampfh. | 6.40 " | 19.50 sitzt auf Toilette
12.05 ausgespuckt | | 20.25 "
12.45 sitzt am Tisch u. schläft Fa | | 21.00 Einschlaf
13.15 —"— | | 21.35 schläft
13.35 " | | 22.05 liegt ruhig
14.25 " | | 22.30 "
15.10 " | | 23.00 "
15.55 " | | 23.25 "
16.15 " | | 0.05 "
16.45 " | | 0.28 "
17.05 steht an der Dampfh. | | 1.00 "
17.05 " | | 1.45 "
17.35 steht am Fenster | | 2.15 "
18.05 | | 2.30 "
| | 3.25 "
| | 3.55 "
| | 4.30 liegt wach
| | 4.55 liegt ruhig Ca

Protokoll der Kontrolle einer Strafgefangenen im Hohenecker Arrest, o.D.

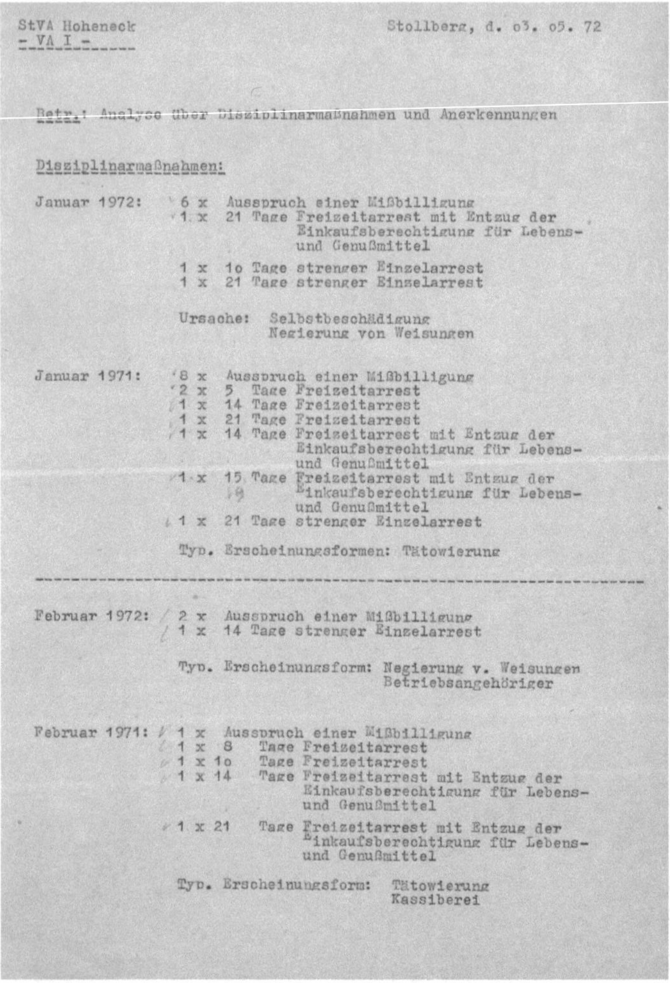

StVA Hoheneck - VA I -

Stollberg, d. o3. o5. 72

Betr.: Analyse über Disziplinarmaßnahmen und Anerkennungen

Disziplinarmaßnahmen:

Januar 1972:
- 6 x Ausspruch einer Mißbilligung
- 1 x 21 Tage Freizeitarrest mit Entzug der Einkaufsberechtigung für Lebens- und Genußmittel
- 1 x 1o Tage strenger Einzelarrest
- 1 x 21 Tage strenger Einzelarrest

Ursache: Selbstbeschädigung
Negierung von Weisungen

Januar 1971:
- 8 x Ausspruch einer Mißbilligung
- 2 x 5 Tage Freizeitarrest
- 1 x 14 Tage Freizeitarrest
- 1 x 21 Tage Freizeitarrest
- 1 x 14 Tage Freizeitarrest mit Entzug der Einkaufsberechtigung für Lebens- und Genußmittel
- 1 x 15 Tage Freizeitarrest mit Entzug der Einkaufsberechtigung für Lebens- und Genußmittel
- 1 x 21 Tage strenger Einzelarrest

Typ. Erscheinungsformen: Tätowierung

Februar 1972:
- 2 x Ausspruch einer Mißbilligung
- 1 x 14 Tage strenger Einzelarrest

Typ. Erscheinungsform: Negierung v. Weisungen Betriebsangehöriger

Februar 1971:
- 1 x Ausspruch einer Mißbilligung
- 1 x 8 Tage Freizeitarrest
- 1 x 1o Tage Freizeitarrest
- 1 x 14 Tage Freizeitarrest mit Entzug der Einkaufsberechtigung für Lebens- und Genußmittel
- 1 x 21 Tage Freizeitarrest mit Entzug der Einkaufsberechtigung für Lebens- und Genußmittel

Typ. Erscheinungsform: Tätowierung
Kassiberei

Quelle: SächsStA, 38/2.

»Analyse über Disziplinarmaßnahmen und Anerkennungen« 1971/72, 3.5.1972.

- 2 -

März 1972: 3 x Ausspruch einer Mißbilligung
1 x 5 Tage Freizeitarrest
1 x 5 Tage Freizeitarrest mit Entzug der Einkaufsberechtigung für Lebens- und Genußmittel
4 x 15 Tage Freizeitarrest mit Entzug der Einkaufsberechtigung für Lebens- und Genußmittel
1 x 2o Tage Freizeitarrest mit Entzug der Einkaufsberechtigung für Lebens- und Genußmittel
2 x 28 Tage Freizeitarrest mit Entzug der Einkaufsberechtigung für Lebens- und Genußmittel
1 x 14 Tage Freizeitarrest mit Entzug der Einkaufsberechtigung für Lebens- und Genußmittel

Typ. Erscheinungsformen: -Undiszipliniertes Verhalten gegenüber SV.-Angehörigen
- Kassiberei mit Jugendl.

März 1971: 1 x 1o Tage Freizeitarrest
1 x 28 Tage Freizeitarrest

Typ. Erscheinungsform: Arbeitsverweigerung

April 1972: 5 x Ausspruch einer Mißbilligung
1 x 7 Tage Freizeitarrest mit Entzug der Einkaufsberechtigung für Lebens- und Genußmittel
2 x 1o Tage Freizeitarrest mit Entzug der Einkaufsberechtigung für Lebens- und Genußmittel
1 x 2o Tage Freizeitarrest mit Entzug der Einkaufsberechtigung für Lebens- und Genußmittel
1 x 8 Tage strenger Einzelarrest

Typ. Erscheinungsformen: Beleidigung v. SV.-Angeh. u. Betriebsangeh.

April 1971: 4 x Ausspruch einer Mißbilligung
1 x 8 Tage Freizeitarrest
1 x 1o Tage Freizeitarrest
1 x 15 Tage Freizeitarrest
1 x 2o Tage Freizeitarrest

Typ. Erscheinungsform: Negierung von Weisungen

Anerkennungen

März 1972 :	148	SG mit Geldprämien
	8	SG - Streichung der Disziplinarmaßnahmen
	1	SG Ausspruch eines Lobes
	3	SG Besuch für 2 Personen
März 1971 :	1o6	SG mit Geldprämien
	3	SG Ausspruch eines Lobes
	3	SG erhielten Sachprämien
	4	SG Besuch für 2 Personen
	1	SG Besuchsverlängerung um 3o Minuten
	4	SG Streichung der Disziplinarmaßnahmen

Grund: Wettbewerbsauswertung

Proske O'Ltn. d. SV

Quelle: SächsStA, 38/2.

fanden in Hoheneck kaum bis gar nicht statt. Belohnungen erschöpften sich in der sogenannten Prämierung, einem Geldbonus, der bei fortgesetzt konformem Verhalten ausgeschüttet werden konnte.[403]

Der Teil des Personals, der dem neuen Strafvollzugsgesetz kritisch gegenüberstand, interpretierte es als Abkehr vom militärisch geprägten Strafvollzug, was als Irrweg angesehen wurde. Aus Sicht der Kontrolleure der BDVP Karl-Marx-Stadt, die nur wenige Monate nach Einführung des neuen Strafvollzugsgesetzes nach Hoheneck gekommen waren, waren diese Beharrungstendenzen genauso falsch wie die den anderen Bediensteten vorgeworfene Überbetonung der Rechte von Gefangenen. Auch sie hätten den Charakter des Gesetzes missverstanden und würden es ideologisch aufweichen, so die BDVP. Die Kontrolleure meinten festgestellt zu haben, dass sowohl die Staatsdiener als auch die zivil angestellten Mitarbeiter der im Gefängnis produzierenden Betriebe zu liberal gegenüber den Strafgefangenen auftraten, die sich ihrerseits nicht nur undiszipliniert, sondern noch dazu provokativ verhalten würden.[404] In den Augen der BDVP waren Ziel und Umsetzung des neuen Strafvollzugsgesetzes vom Personal nicht verstanden worden. Die BDVP machte unter dem Personal in Hoheneck außerdem einzelne Bedienstete aus, die die Auffassung vertraten, vor dem Gesetz wären alle gleich. Diese Position, die letztlich eine Gleichstellung von politischen und kriminellen Strafgefangenen in ihren gesetzlichen Ansprüchen bedeutete, erregte besonderen Unmut.[405] Keinesfalls sollte das Gesetz in diesem Sinne verstanden werden, sondern vielmehr wollte man die Trennung von Politischen und Kriminellen und die damit verbundenen Hierarchien im Strafvollzug aufrechterhalten.

403 Ebd.
404 SächsStA, 30441, 25.2.B 233: Kontrollbericht, 28.7.1977.
405 Ebd.

5.6 Politische und kriminelle Häftlinge

»Das Personal sah es gern, wenn sich Politische mit Kriminellen auseinandersetzten.«[406]
Elke Schlegel

Eine offizielle Trennung zwischen politischen und kriminellen Strafgefangenen gab es in Hoheneck – wie im gesamten Strafvollzug der DDR – nicht, wohl aber eine Ungleichbehandlung zu Ungunsten der Politischen. Dies wurde vom Personal teilweise ausgenutzt, um unbequeme politische Häftlinge besser kontrollieren und schikanieren zu können.[407] Wenn sich kein friedfertiges Miteinander arrangieren ließ,[408] versuchten die politischen Gefangenen, sich von den kriminellen Häftlingen abzugrenzen, so gut es der Gefängnisalltag zuließ: in der Zelle, in den Kommandos oder beim Freigang. Dies geschah vor allem aus Selbstschutz, denn es konnte leicht zu Auseinandersetzungen kommen. Anlass für Streit boten etwa Süßigkeiten oder Kosmetikartikel aus dem Westen, zu denen kriminelle Häftlinge zumeist keinen Zugang hatten, während die politisch Inhaftierten diese Dinge des Öfteren über Pakete von Angehörigen erhielten. Einer der häufigsten Auslöser für Streit war die Annahme, Dinge könnten ungleich verteilt sein. Die empfundene Ungleichbehandlung konnte sich dabei bis zu handfesten Schlägereien auswachsen.[409] Außerdem war unter einigen Kriminellen die Auffassung verbreitet, politische Strafgefangene würden schlichtweg Ärger in der eigenen Zelle bedeuten, weil sie vom Personal argwöhnischer beäugt wurden. Die politischen Strafgefangenen standen unter schärferer Kontrolle, was in einem gemeinsamen Verwahrraum dann auch die Kriminellen betreffen konnte.[410]

406 Schlegel: 5 Monate und 24 Tage, S. 130.
407 Fricke: Zur Menschen- und Grundrechtssituation politischer Gefangener in der DDR, S. 62.
408 Wie es etwa Sabine Popp in ihrer Zellengemeinschaft gelang, auch weil sie sich in die Hierarchie fügte. Vgl. Aris: Das lässt einen nicht mehr los, S. 357.
409 Veith: Hoheneck, S. 32.
410 Vgl. Gilek: Amnestie als Auslegungssache, 238f.; Hergert: Das Begreifen, daß die Dummen die Macht haben, S. 252; Stötzer: Die bröckelnde Festung, S. 94f., S. 128.

Die politischen Strafgefangenen galten dem Personal generell als »unzuverlässig« und nur bedingt »erziehbar«. Daher fokussierten sich die Strafvollzugsbediensteten bei ihren Erziehungsbemühungen auf diejenigen Frauen, deren Partner in der DDR lebten oder denen sie unterstellten, dass sie von einem nicht näher definierten »positiven Einfluss« profitieren würden.[411]

Dass die Kriminellen in der Häftlingshierarchie bessergestellt waren, empfanden wiederum viele der politisch Inhaftierten als Demütigung, und es löste Ängste bei ihnen aus. Bei einigen verfestigte sich das Gefühl, die Kriminellen seien eine Bedrohung. Auch, dass die »Langstrafer«, wie im Gefängnisjargon Strafgefangene mit hohen Freiheitsstrafen hießen, immer wieder an das Personal, bisweilen auch an die Stasi, berichteten,[412] setzte den Politischen arg zu und erzeugte eine Atmosphäre des Misstrauens. Der Verdacht, für das MfS zu arbeiten, konnte ebenfalls negative Konsequenzen haben. Jeder konnte grundsätzlich verdächtigt werden, auch die politischen Häftlinge.[413] Für die betreffende Gefangene konnte das Ausgrenzung bedeuten oder sogar dazu führen, dass sie physisch bedroht oder angegriffen wurde.[414]

Es kam aber auch vor, dass politische und kriminelle Gefangene gemeinsam agierten. Die Unterschiede verschwanden dann, wenn es galt, sich gegenüber dem Aufsichtspersonal zu behaupten, etwa um mit Strafgefangenen aus anderen Zellen in Kontakt zu treten. Dann kam es vor, dass die Häftlinge auf dem Gang ein Gedränge inszenierten, in dessen Folge das Aufsichtspersonal zumindest kurzzeitig den Überblick verlor. In diesem kurzen Zeitfenster war es möglich, knappe Nachrichten auszutauschen oder Kassiber unter den Gefangenen unbeobachtet weiterzugeben.[415] Gelegentlich halfen sich die Häftlinge auch gegenseitig beim Verfassen offizieller Schreiben.[416] Punktuell gab es also einen gewissen Zusammenhalt,

411 SächsStA, 30461, 35: Lageeinschätzung II. Quartal 1985, 12.7.1985.
412 Schlegel: 5 Monate und 24 Tage, S. 131.
413 Vgl. Thiemann: Stell dich mit den Schergen gut, S. 167.
414 Veith: Die Frau vom Checkpoint Charlie, S. 60.
415 Vgl. Franke: Sand im Getriebe, S. 202.
416 Vgl. Sorger: Das Geheimnis des Glücks ist die Freiheit, S. 140.

in einigen Fällen entstanden sogar Freundschaften zwischen politischen und kriminellen Häftlingen.[417] Manchmal schützten Kriminelle ihre politischen Mitinsassinnen vor Übergriffen durch andere.[418] Die Freundschaft mit einer kriminellen Strafgefangenen konnte so die eigene Position in der Zellenhierarchie festigen.[419] Generell war das Verhältnis zwischen politischen und kriminellen Häftlingen jedoch die meiste Zeit angespannt.

417 Vgl. Nayhauß / Riepl: Der dunkle Ort, S. 110; Austenat: Die Austenats, S. 386.
418 Vgl. Sorger: Das Geheimnis des Glücks ist die Freiheit, S. 140.
419 Veith: Die Frau vom Checkpoint Charlie, S. 62.

6 Haftarbeit

Walter Ulbricht erklärte 1958 auf dem V. Parteitag der SED die Arbeit zum wichtigsten Mittel der Umerziehung von Strafgefangenen in der DDR.[420] Von diesem Kerngedanken leitete sich das gesamte Regelwerk für den Strafvollzug ab.[421] Das ständig wiederholte Postulat von der »Erziehung durch Arbeit«[422] bedeutete letztlich jedoch nichts anderes als die rücksichtslose Ausbeutung billiger Arbeitskräfte.

Arbeit - ein Recht und eine Pflicht

§ 34 StVG

(1) Strafgefangenen wird beim Vollzug der Strafen mit Freiheitsentzug die Wahrnehmung ihrer Rechte entsprechend den Bestimmungen dieses Gesetzes gesichert. Sie haben insbesondere das Recht auf

6. Einsatz zu gesellschaftlich nützlicher Arbeit unter Einhaltung der Rechtsvorschriften über die Arbeitszeit und auf Arbeitsvergütung,
7. schöpferische Mitarbeit im Prozeß der gesellschaftlich nützlichen Arbeit, insbesondere Teilnahme am Produktionswettbewerb, an Produktionsberatungen und an der Neuerertätigkeit

Quelle: Sächsisches Strafvollzugsmuseum Waldheim e.V.

Die Seite »Arbeit - ein Recht und eine Pflicht« im Vorzeigealbum der Strafvollzugseinrichtung Hoheneck, o.D.

420 Vgl. Eberle: GULag DDR?, S. 126.

421 Vgl. Richardt: Der Arbeitseinsatz von Strafgefangenen, S. 1197; Hans Richardt, Major der VP, betont die produktive Arbeit als Kern der Erziehung, andere Erziehungsmittel erwähnt er nicht.

422 Eine der programmatischen Grundlagen dazu ist das Buch von Heinz Szkibik: Sozialistischer Strafvollzug. Erziehung durch Arbeit, Berlin (Ost) 1969.

Wie schon in Sachsenhausen waren die SMT-Verurteilten nach ihrer Ankunft in Hoheneck 1950 zunächst beschäftigungslos. Als dann kurz nach der Ankunft die ersten Gefangenen zur Arbeit herangezogen wurden, empfanden sie dies durchaus als willkommene Abwechslung im eintönigen Haftalltag. So berichtet Sigrid Seime im Interview, dass sie sich freiwillig zur Arbeit gemeldet hatte: »Ja komm, dann melde dich. Damit wir hier rauskommen und nicht immer nur da rumsitzen und quak, quak, quak … und auf irgendetwas warten.«[423] Auch Cecilia Mühlberg erinnert sich: »Wir hatten eigentlich die Schnauze voll, wir konnten den ganzen Tag nichts tun außer zu sitzen und zu hungern. Das war entsetzlich.«[424]

Die abverlangte Leistung und die Arbeitsbedingungen, wie etwa schlechte Lichtverhältnisse, stickige Luft und viel zu hohe Temperaturen in den Arbeitsräumen, ließen diese Abwechslung jedoch schnell zu einer enormen Belastung werden.[425] Die Strafgefangenen kamen im logistischen Bereich des Gefängnisses zum Einsatz, hielten den Anstaltsbetrieb in Küche, Heizraum und Wäscherei am Laufen. Daneben waren Strafgefangene, die angegeben hatten, nähen zu können, damit beauftragt worden, alte Uniformen aufzuarbeiten. Die überarbeiteten Dienstanzüge waren je nach Ausführung für das Hohenecker Strafvollzugspersonal bzw. die Strafgefangenen gedacht. Waren die ersten Arbeitseinsätze in den Strafvollzugsanstalten der DDR an den Bedürfnissen des jeweiligen Gefängnisses ausgerichtet, weshalb nur ein Teil der Häftlinge zum Einsatz kam, so wurde seit Ende 1956 allen Strafgefangenen ein Arbeitsplatz zugewiesen.

Die Fachaufsicht in Karl-Marx-Stadt reagierte besonders dünnhäutig, wenn die Produktionskapazitäten im Gefängnis nicht voll ausgelastet waren.[426] Mit den Entlassungen der SMT-Verurteilten ab Mitte der 1950er Jahre gingen der Anstalt auch erfahrene Arbeiterinnen verloren, was zur Folge hatte, dass die Normerfüllung um bis zu 38 Prozent

423 Interview mit Sigrid Seime (2009).
424 Interview mit Cecilia Mühlberg (2009).
425 Vgl. Borchert: Erziehung im DDR-Strafvollzug, S. 33.
426 SächsStA, 30441, 25 133, Bl. 2: Quartalsbericht I. Quartal 1956, 5.4.1956.

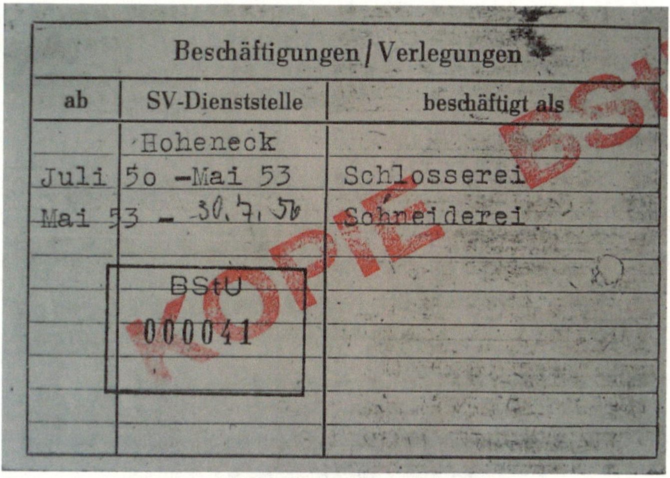

Beschäftigungen / Verlegungen

ab	SV-Dienststelle	beschäftigt als
	Hoheneck	
Juli	50 -Mai 53	Schlosserei
Mai 53	- 30.7.56	Schneiderei

BStU 000041

KOPIE BStU

Quelle: Privatarchiv anonym.

Rückseite der »Arbeitseinsatzkarte« einer SMT-Verurteilten, 1950er Jahre.

zurückging.[427] Dieser Verlust sollte mit einem beschleunigten Ausbildungsverfahren ab 1956 kompensiert werden. Im Vierwochentakt wurden nun ausgewählte Strafgefangene zu Facharbeiterinnen ausgebildet.[428] Das Vorgehen schien erfolgreich, denn Ende des Jahres 1958 registrierten die Verantwortlichen der BDVP Karl-Marx-Stadt wieder eine Übererfüllung des Plans.[429]

Grundsätzlich sollte der gesamte Strafvollzug »auf dem Gedanken der Erziehung der Besserungsfähigen durch gemeinsame produktive Arbeit« beruhen, wie es in Artikel 137 der DDR-Verfassung hieß. Mit dem umfassenden Arbeitseinsatz standen fortan die jeweiligen Arbeitsleistungen im Mittelpunkt der Bewertung der Gefangenen. Das wichtigste Kriterium war dabei die Normerfüllung.[430] In Hoheneck kamen die Frauen seit Mitte der 1970er Jahre

427 Ebd., Bl. 34: Jahresbericht des Referates Produktion 1956.
428 Ebd.; Bl. 47, 69f.: Quartalsbericht I. Quartal 1957, 4.4.1957; Quartalsbericht – II. Quartal 1957 Referat Produktion, 4.7.1957 SächsStA, 30441, 5.1 339, Bl. 12: Quartalsbericht I/63 der StVA Hoheneck, 29.3.1963.
429 Ebd., Bl. 210: Analyse über den Planablauf 1958, 12.2.1959.
430 Vgl. Brey: Doppelstaat DDR, S. 161.

Quelle: Sächsisches Strafvollzugsmuseum Waldheim e.V.

Strafgefangene bei der Arbeit in der Küche in Hoheneck, o.D.

auch im Wäsche-Kombinat Lößnitz (WKL), der Zentralwerkstatt (ZW), in der so genannten Produktionseinheit (PE), der hauseigenen Logistik, im Kunstgewerbe und wie schon vorher in der Küche oder im Heizdienst zum Einsatz.

In der Realität wurden die Gefangenen gnadenlos ausgebeutet, weil die fast unentgeltliche Haftarbeit für die DDR-Volkswirtschaft äußerst profitabel war. Durch den ideologischen Überbau der »Erziehung durch Arbeit« wurde der Arbeit jedoch ein scheinbar fortschrittliches Konzept zugeschrieben. In Nachschlagewerk für den Strafvollzug hieß es dazu:

Erziehung Strafgefangener durch Arbeit[431]

Im Mittelpunkt der Erziehung im Strafvollzug steht der Arbeitseinsatz Strafgefangener in Verwirklichung des Rechts der Strafgefangenen auf Arbeit. Die Erziehung Strafgefangener durch Arbeit ist vorwiegend in Brigaden durchzuführen. Ihre erzieherische Wirkung ist unter Berücksichtigung von Art und Dauer der zu vollziehenden Strafe durch vielfältige Formen der Berufsausbildung und Qualifizierung zu erhöhen.

Die Erziehung Strafgefangener durch Arbeit dient der Formung und Festigung der bewußten Einstellung zu gesellschaftlich nützlicher Tätigkeit sowie der Bewährung und Wiedergutmachung. Die Strafgefangenen sind unter Beachtung ihrer Arbeitsfähigkeit zur Arbeit einzusetzen. Dabei sind nach Möglichkeit ihre beruflichen Qualifikationen sowie ihre Fähigkeiten und Fertigkeiten zu berücksichtigen. Für Strafgefangene, die aufgrund ihres Alters und ihres Gesundheitszustandes keine Tätigkeit in Produktionsstätten ausüben können, ist nach ärztlicher Konsultation eine zweckmäßige Gestaltung des Tagesablaufs zu gewährleisten.

Die Strafgefangenen sind verpflichtet, die ihnen zugewiesene Arbeit ordnungsgemäß zu erfüllen, sich gegenseitig zu unterstützen und die für ihre Tätigkeit erforderlichen Kenntnisse und Fähigkeiten anzueignen.

[…]

Für die Einhaltung und Durchsetzung der Rechtsvorschriften für den Gesundheits-, Arbeits- und Brandschutz im Produktionsprozeß der volkseigenen Betriebe und ihnen gleichgestellten Einrichtungen, in denen Strafgefangene zur Arbeit eingesetzt werden, sind die Direktoren der volkseigenen Betriebe bzw. die Leiter der Einrichtungen verantwortlich. Werden Strafgefangene zur Arbeit für die Strafvollzugseinrichtungen/Jugendhäuser eingesetzt, ist deren Leiter verantwortlich.

431 Ministerium des Innern (Hg.): Schlag nach für Strafvollzugsangehörige, S. 188f.

Erziehung durch Arbeit

§ 21 StVG
Der Einsatz der Strafgefangenen zu gesellschaftlich nützlicher Arbeit soll unter vielfältiger Nutzung ihres erzieherischen Charakters, einschließlich der Durchführung von Maßnahmen der beruflichen Qualifizierung, der Gewährung einer leistungsabhängig gestalteten Arbeitsvergütung und der Anwendung von Anerkennungen zur Formung und Festigung einer bewußten Arbeitseinstellung und zur Bewährung beitragen. Durch Arbeit in der Gemeinschaft, Einbeziehung der Strafgefangenen in den Produktionswettbewerb, die Neuererbewegung und Produktionsberatungen ist der Arbeitseinsatz so zu gestalten, daß seine Möglichkeiten zur Erziehung voll wirksam werden.

Quelle: Sächsisches Strafvollzugsmuseum Waldheim e.V.

Seite »Erziehung durch Arbeit« im Vorzeigealbum der Strafvollzugseinrichtung Hoheneck, o.D.

Wie wenig der Anspruch der »Erziehung durch Arbeit« mit der Realität in Hoheneck zu tun hatte, zeigte sich schon daran, dass kein Recht auf Arbeit, sondern die Pflicht zur Arbeit bestand. Die Strafgefangenen sollten damit den permanenten Arbeitskräftemangel in der DDR kompensieren. Die Häftlinge konnten zudem für schwere und unbeliebte Arbeiten eingesetzt werden, für die außerhalb der Gefängnismauern kaum Arbeiterinnen und Arbeiter zu gewinnen waren.[432] Bei der Vergabe körperlich schwerer Arbeiten wurden das Alter und die physischen Voraussetzungen der Strafgefangenen nicht berücksichtigt. Gesundheits- und Arbeitsschutz spielten kaum eine Rolle. Politische und kriminelle Strafgefangene kamen in Hoheneck in denselben Betrieben zum Einsatz.

6.1 Arbeitseinsatzbetriebe

Die meisten Strafgefangenen arbeiteten seit 1954 für den Volkseigenen Betrieb (VEB) Planet Wäschekonfektion Eppendorf, der nun Bettwäsche und Schlafanzüge auch hinter Gittern produzieren ließ. 1958 kam in Hoheneck eine Produktionsstätte für Elektroartikel hinzu. Dort waren zunächst 30 Strafgefangene beschäftigt.[433] Der Arbeitseinsatz der Strafgefangenen wurde zwischen dem Gefängnis und dem jeweiligen Betrieb schriftlich vereinbart. Neben der Einhaltung einschlägiger Vorschriften und Gesetze wurde festgehalten, dass für die Einhaltung der Regularien und zur Anleitung der Strafgefangenen die Arbeitseinsatzbetriebe eigenes Personal abzustellen hatten.[434]

Mit der Zeit siedelten sich mehr und mehr Betriebe in Hoheneck an. Dennoch ließen sich aufgrund der gestiegenen Belegung etwa ab 1962 nicht mehr für alle Strafgefangenen Arbeitsplätze innerhalb der Gefängnismauern finden. Da jedoch keine Gefangene beschäftigungslos bleiben durfte, wurden zwei zusätzliche Arbeitskommandos eingerichtet. Je 20 Strafgefangene wurden zum Einsatz außerhalb der Gefängnismauern im VEB Spezialnähmaschinen Pleißa und im VEB Strumpfkombinat Esda Thalheim abkommandiert.[435]

Gab es in den ersten Jahren der DDR im Strafvollzug generell noch ein Nebeneinander von Betrieben, die direkt unter der Regie des Strafvollzugs standen, und solchen, die Zweigstellen bereits bestehender sozialistischer Betriebe waren, so setzten

432 Vgl. Wunschik: Knastware für den Klassenfeind, S. 276f.
433 SächsStA, 30441, 25 133, Bl. 155: Halbjahresbericht des Referates Produktion, 23.7.1958.
434 Ministerium des Innern (Hg.): Schlag nach für Strafvollzugsangehörige, S. 83.
435 JVAW, Strafvollzugseinrichtung Hoheneck: Chronik, S. 55.

Quelle: Sächsisches Strafvollzugsmuseum Waldheim e.V.

Strafgefangene beim Arbeitseinsatz in Hoheneck, o.D.

sich letztere seit Anfang der 1960er Jahre als Arbeitseinsatzbetriebe durch.[436] Immer mehr von ihnen folgten den Firmen Planet und Esda nach Hoheneck. Seit 1972 waren so auch die Elektromotorenwerke Grünhain (Elmo) Zentronik und das Modell- und Plastspielwarenkombinat Annaberg-Buchholz mit einer Außenstelle im Gefängnis Hoheneck vertreten.[437] Dass so viele verschiedene Betriebe in einem Gefängnis produzieren ließen, war geradezu typisch für den DDR-Strafvollzug. Hoheneck bildete hierbei keine Ausnahme. Schon 1966 hatte eine Analyse ergeben, dass auf die gesamte DDR betrachtet Strafgefangene in nahezu 100 Betrieben und zehn verschiedenen Wirtschaftszweigen eingesetzt waren. Kritisiert wurde von der Abteilung für Sicherheitsfragen des Zentralkomitees der SED jedoch, dass bei der Entscheidung, welche Betriebe in den Gefängnissen Zweigstellen einrichten durften, volkswirt-

436 Vgl. Richardt: Der Arbeitseinsatz von Strafgefangenen, S. 1198f.
437 JVAW, Strafvollzugseinrichtung Hoheneck: Chronik, S. 66f.

schaftliche Interessen nur eine untergeordnete Rolle spielten. Die lokalen Gegebenheiten wogen schwerer, etwa das Produktionsprofil der Anstalt und die Betriebsstruktur der Umgebung.[438] Die Kritik änderte nichts an dieser Praxis, die bis zum Ende der 1980er Jahre beibehalten wurde.[439]

Anfang der 1960er Jahre arbeiteten die Hohenecker Strafgefangenen verstärkt auch in der umliegenden Landwirtschaft, auf Rüben-, Bohnen- und Kohlfeldern sowie in der Futtermittelproduktion.[440] Bei diesen Außeneinsätzen, die auch ein erhöhtes Fluchtrisiko mit sich brachten, kam es wiederholt zu Solidaritätsbekundungen zwischen den LPG-Arbeiterinnen und insbesondere politischen Häftlingen.[441] Der Anstaltsleitung war das ein Dorn im Auge. Am weiteren Einsatz außerhalb der Gefängnismauern änderte sich jedoch nichts, da die Arbeitskraft der Gefangenen nicht zu entbehren war. Die Einsatzzeiten der Hohenecker Strafgefangenen in der Landwirtschaft wurden sogar mehr als verdoppelt, von 18.000 Stunden im Jahr 1961 auf 40.000 Stunden im Jahr 1962.

Wie mit den Strafgefangenen umgegangen wurde, hing von den einzelnen Zivilarbeitern der Arbeitseinsatzbetriebe ab. Ein Bereichsleiter von Elmo gab unumwunden zu, unter seiner Ägide würden alle Gefangenen, egal ob politisch oder kriminell, gleichbehandelt. Schließlich seien sie allesamt, so seine Begründung, von einem ordentlichen Gericht der DDR verurteilt worden. Dass ein Teil der Häftlinge unschuldig eingesperrt war, interessierte ihn nicht. Zugleich war er der Auffassung, die Zivilarbeiter hätten keinen »Erziehungsauftrag«, sollten also keinen ideologischen Einfluss auf die Häftlinge ausüben, sondern lediglich die Hausordnung der Strafvollzugsanstalt in ihrem Bereich durchzusetzen.[442] Diese

438 Vgl. Eberle: GULag DDR?, S. 130.
439 Vgl. Sélitrenny: Doppelte Überwachung, S. 106.
440 SächsStA, 30441, 25.1 339, Bl. 2f.: Quartalsbericht der StVA Hoheneck für das II. Quartal 1962, 28.6.1962; Bl. 7: Quartalsbericht der StVA Hoheneck über das IV. Quart. 1962, 3.1.1963.
441 Vgl. Eberle: GULag DDR?, S.124.
442 SächsStA, 30461, 67: Arbeitsordnung über die Aufgaben, Pflichten und Rechte der Betriebsangehörigen des VEB Strumpfkombinat Esda Thalheim, die ständig oder zeitweise in den Arbeitsbereichen der StVE Hoheneck tätig sind, 28.2.1985.

Positionierung des Elmo-Bereichsleiters genügte den von der Gefängnisleitung gestellten Anforderungen an die Zivilarbeiter nicht. Sie erwartete von ihnen einen »festen Klassenstandpunkt«, d. h. eine Distanzierung insbesondere gegenüber den politisch Verurteilten. Es war keinerlei menschliche Nähe gegenüber den Strafgefangenen gewünscht. Die Ansprache hatte mit »Sie« und Familiennamen zu erfolgen, und alle persönlichen Gespräche waren verboten. Für alle Betriebsangehörigen galt die Verschwiegenheitspflicht. Zivilarbeiter durften zudem keine aktiven Beziehungen zu Personen im nichtsozialistischen Ausland unterhalten oder gar selbst dorthin reisen. Personalentscheidungen der Betriebe, wie etwa über die Besetzung leitender Positionen, durften erst nach Rücksprache mit dem Vollzugspersonal getroffen werden.[443]

Auf Beschluss des Innenministers vom 8. August 1973 wurde in Hoheneck eine Zentralwerkstatt (ZW) eingerichtet, nachdem die Leipziger ZW zuvor geschlossen worden war. In Hoheneck befand sich die Zentralwerkstatt im Dachgeschoss des Südflügels. Hier sollten nicht mehr nutzbare Kleidungsstücke aus Polizeibeständen (Kostüme, Keilhosen für Männer und Frauen, Winter- und Wettermäntel, Hemdblusen, Hemdkragen, Webpelzmützen, Stoffe aller Art und sämtliche wiederverwendbare Bekleidungsstücke aus der BDVP Karl-Marx-Stadt) aufgearbeitet und weiterverarbeitet werden. Sie sollten dann für Uniformen des Personals sowie für die Einkleidung der Strafgefangenen in Hoheneck und anderer Anstalten genutzt werden.[444] Unter den Strafgefangenen wurde dieser Bereich »Lumpenkommando« genannt. Die Arbeit dort war extrem unbeliebt, weil die aufzuarbeitende Kleidung oft stark verunreinigt war.

Es kam vor, dass externe Betriebe Hoheneck wieder verließen. So schloss beispielsweise Elmo nach der Amnestie im

443 SächsStA, 30441, 25.2.B 233: Vereinbarung zwischen der Strafvollzugseinrichtung Hoheneck, nachfolgend StVE genannt, vertreten durch den Leiter der StVE, Oberstleutnant des SV Veit, und dem VEB Planet Wäschekonfektion Eppendorf, nachfolgend Arbeitseinsatzbetrieb (Abkürzung: AEB) genannt, vertreten durch den Betriebsdirektor, Genossen Rüdiger, übergeordnetes Organ: Kombinat Baumwolle Karl-Marx-Stadt, 4.4.1985.

444 SächsStA, 30461, 45: Protokoll über die Beratung zur Einrichtung einer zentralen Werkstatt (ZW) für Bekleidung in der StVA Hoheneck, 23.10.1973.

Quelle: SächsStA, 30461, 38/2.

VEB Kombinat Elektromaschinenbau

Elektromotorenwerk Grünhain

VEM

Elektromotorenwerk Grünhain - DDR 9437 Grünhain

An die
Leitung der Strafvollzugs-
Anstalt Hoheneck

Stollberg

Ihre Nachricht vom | Ihre Zeichen | Unsere Zeichen | Hausruf | DDR 9437 Grünhain

Betreff

1. Juli 1972

Werte Genossen!

Die Werktätigen des Elektromotorenwerkes Grünhain übermitteln Euch zum

27. Jahrestag der Deutschen Volkspolizei

herzliche Glückwünsche und Kampfesgrüße.

In den vergangenen Jahren habt Ihr bei der Verwirklichung des Strafvollzuges, entsprechend den sozialistischen Prinzipien, gute Ergebnisse erzielt. Dabei war besonders wichtig, daß in Zusammenarbeit mit uns, auch die aufgetretenen Probleme der erzieherischen Wirkung der Arbeit auf die Kollektive und Strafgefangenen zum großen Teil überwunden werden konnten.
Das Teilsystem, Strafvollzugsanstalt Hoheneck ist für die Erfüllung der volkswirtschaftlichen Aufgaben unseres Betriebes ein sehr wichtiges Glied in der Kooperation.

Wir möchten deshalb mit unseren Glückwünschen den Dank aller Elektromotorenwerker von Grünhain für Eure Anstrengungen und Leistungen übermitteln.
Wir sind davon überzeugt, daß es uns, ausgehend von den Beschlüssen des VIII. Parteitages der SED auch in Zukunft gelingen wird, die von unserer Partei- und Staatsführung übertragenen Aufgaben zu erfüllen.

Hierzu wünschen wir Euch und Euren Familien alles Gute, Gesundheit und persönliches Wohlergehen.

Mit sozialistischem Gruß

VEB Elektromotorenwerk Grünhain

Blumenstein BPO | Tittes BGL | Vogelsang Betriebsdirektor

Anbei 200.--

DDR - 9437 Grünhain
Postfach 29
Fernruf: Schwarzenberg 520
ELA 3 2 21 Kb G 5 71 71

Telex-Nr. 07 8055
Drahtanschrift:
Elektrotechnik Grünhain/Sa

Bankkonto
Industrie- und Handelsbank
Schwarzenberg 5881-11-16070

Postscheckkonto
Leipzig 21 096
BN 062 072 34

Glückwünsche des Elektromotorenwerks Grünhain an die Strafvollzugsanstalt Hoheneck zum 27. Jahrestag der Deutschen Volkspolizei, 1.7.1972.

Jahr 1979 seine Produktionsabteilung im Gefängnis, weil die Zahl der Strafgefangenen und damit der Arbeiterinnen so stark gesunken war, dass sich die Aufrechterhaltung des Betriebs nicht mehr rechnete. Bereits nach der Amnestie von 1972 hatte sich die Zahl der Betriebe in Hoheneck reduziert. Der VEB Kombinat Zentronik Buchungsmaschinenwerk Karl-Marx-Stadt, der im Jahr zuvor nach Hoheneck gekommen war, und der VEB Modell- und Plastspielwarenkombinat Annaberg-Buchholz, der seit 1967 in Hoheneck war, räumten ihre Produktionsstätten in der Anstalt.[445]

Bei der Zuteilung der Gefangenen in Arbeitskommandos spielten die Trennungsgrundsätze des Strafvollzugs eine gewichtige Rolle. Strafgefangene des erleichterten Vollzugs sollten grundsätzlich in einem anderen Kommando zum Einsatz kommen als Strafgefangene der allgemeinen Vollzugsart. Diese Separierung ging so weit, dass die politischen Strafgefangenen nur in bestimmten Schichten eingesetzt wurden. Für die Betriebe Esda II, Planet III und Wäsche-Kombinat Lößnitz I arbeiteten zeitweise ausschließlich Republikflüchtlinge.[446]

Wenn die vordefinierten Planziele in Gefahr gerieten, trat jedoch der primär ökonomische Charakter des Arbeitseinsatzes unverkennbar in den Vordergrund. Wirtschaftsinteressen obsiegten, Aspekte der »Erziehung«, die sonst immer betont wurden, spielten dann keine Rolle mehr. Bei Engpässen bekamen die »Erzieherinnen« etwa die Order, genauestens zu prüfen, ob etwa ein verhängter Einzelarrest tatsächlich notwendig sei. Denn Arrest bedeutete, dass die Arbeitskraft der Betroffenen im Produktionsprozess ausfiel.[447] Und das sollte tunlichst vermieden werden.

445 SächsStA, 30461, 22: Kündigung der Vereinbarung zwischen der Strafvollzugsanstalt Hoheneck und dem VEB Kombinat Zentronik, Buchungsmaschinenwerk Karl-Marx-Stadt, Karl-Liebknecht-Werk Oelsnitz, vom 30.9.1971, 12.10.1972; Kündigung des Vertrages zwischen der Strafvollzugsanstalt Hoheneck und dem VEB Modell- und Plastespielwarenkombinat, Annaberg-Buchholz, vom 31.10.1967, 12.10.1972.

446 SächsStA, 30461, 37: Einschätzung des Standes der Durchsetzung des StVG und der neuen Bestimmungen gem. 1. Ergänzung zum Maßnahmenplan des Leiters der StVE vom 17.4.1977, 27.5.1977.

447 Vgl. Ministerium des Innern (Hg.): Arbeitseinsatz Strafgefangener, S. 28.

Quelle: StSG, A 00247.

Strafgefangene Frauen bei der Arbeit im Dachgeschoss der Strafvollzugseinrichtung Hoheneck, o.D.

Zudem galt die Maßgabe, dass Besuchsdurchführungen und ambulante Behandlungen beim Anstaltsarzt ausschließlich in der arbeitsfreien Zeit zu erfolgen hatten. Fielen Strafgefangene wegen Krankheit aus, waren diese Fehlzeiten nachzuarbeiten.[448] Im Übrigen bewahrte auch der Einzelarrest nicht zwangsläufig vor Arbeit. Das Anstaltspersonal musste immer prüfen, ob es möglich war, auch in der Arrestzelle Arbeiten zu verrichten.[449] Zuweilen diente die im Arrest zugewiesene Arbeit auch der bewussten Erniedrigung. Denn nicht wenige Frauen waren dort gelandet, weil sie sich demonstrativ der Arbeit verweigert hatten. So bekam Beate Messerschmidt im Arrest säckeweise abgetrennte Knöpfe vorgesetzt und hatte diese nach Farbe, Form und Größe zu sortieren. Als sie sich über den schier unendlich scheinenden Nachschub an unsortierten Knöpfen wunderte und beim »Zulieferer« nachfragte,

448 SächsStA, 30441, 25.2.B 232: Referat zur Dienstversammlung am 24. Juni 1981 zur Abrechnung der Arbeitsergebnisse des I. Halbjahres; Abrechnung der Arbeitsergebnisse I. Halbjahr 1981, 15.7.1981; BArch/StUA, MfS Bezirksverwaltung Karl-Marx-Stadt, AIM 2626/82 II, Bl. 78: Situationsbericht über die Arbeit des Medizinischen Dienstes der StVA Hoheneck, unter besonderer Berücksichtigung der Aufgaben der Krankenhausabteilung zurzeit und in der Zukunft, 21.9.1973.

449 Vgl. Ministerium des Innern (Hg.): Arbeitseinsatz Strafgefangener, S. 28.

was denn mit den fein säuberlich sortierten und aufgefädelten Knöpfen passieren würde, bekam sie im Vertrauen die Information, dass die Fäden, auf denen sie aufgezogen worden waren, wieder aufgeschnitten wurden und sie dieselben Knöpfe immer wieder neu ordnete.[450]

Eine andere Variante war der sogenannte »Freizeitarrest«. Dies bedeutete, dass die Strafgefangenen ihre Schicht abarbeiteten und in ihrer »Freizeit« in den Arrest kamen.

Wie bei krankheitsbedingten Ausfällen musste die Arbeit auch dann nachgeholt werden, wenn Strafgefangene die Arbeit niederlegten oder gar grundsätzlich verweigerten. Dies war jedoch nicht so einfach umzusetzen. Gerade weil die Arbeit im Vollzug eine so herausgehobene Rolle spielte, war es der wirkmächtigste Hebel der Frauen, die eigene Arbeitskraft dem System zu entziehen, um eigenen Forderungen Nachdruck zu verleihen oder Protest auszudrücken, etwa gegen die Entscheidungen des Strafvollzugspersonals.

6.2 Von der Normerfüllung zur Produktionssteigerung

Die Erfüllung der vorgegebenen Normen reichte den Betrieben nie aus. Fortwährend wurden Überlegungen angestellt, wie der Arbeitseinsatz effizienter ausgestaltet werden könnte, um noch bessere Ergebnisse zu erzielen. In den regelmäßigen Konferenzen beim Chef der Bezirksbehörde der Deutschen Volkspolizei in Karl-Marx-Stadt kam dieses Thema immer wieder zur Sprache. Außer dem Leiter der BDVP selbst nahmen die Direktoren und leitenden Angestellten der Betriebe und die verantwortlichen Offiziere der Strafvollzugseinrichtungen des Bezirks teil. Auch Ende 1976 kam diese Runde wieder einmal zusammen, um sich über den Stand und die Ziele der Haftarbeit zu verständigen. Neben den obligatorischen Lobhudeleien auf die politische Führung des Landes und den nimmermüden Wiederholungen politischer Phrasen rekapitulierten die Vortragenden in zahlreichen Diskussionsbeiträgen

450 Vgl. Messerschmidt: Hinter doppelten Mauern, S. 167f.

Quelle: StSG, A 00139.

»Wettbewerb Erstes Quartal 1965«, Produktionsraum mit fertigen Textilien in der Strafvollzugseinrichtung Hohneneck.

das zurückliegende Jahr, sprachen Probleme und künftige Aufgaben an. Bei dieser Gelegenheit gaben die Vertreter von Esda, Elmo und Planet auch Einblick in ihre Geschäftszahlen. Und diese waren beachtlich. Alle Betriebe hatten die gesteckten Ziele erreicht oder sogar übertroffen. Die 382.000 gewickelten Motoren für Waschmaschinen und Wäscheschleudern im zu Ende gehenden Jahr 1976 entsprachen einer Planerfüllung von 120 Prozent.[451] Auch die Betriebsleiter von Esda und Planet konnten in das Lied der Normerfüllung mit einstimmen.

Die Betriebe übten bei diesen Treffen mit der BDVP aber auch Kritik. So beklagte sich der Elmo-Vertreter beispielsweise über die Strafgefangenen, die in seinen Augen weder fachlich noch körperlich für die Motorenmontage qualifiziert seien. Ihn hatte besonders verärgert, dass dem Betrieb eine Schwangere, eine psychisch Kranke und zwei Frauen, die aufgrund eines ärztlichen Attests nur vier bzw. sechs Stunden am Tag arbeiten durften, zugewiesen worden waren. Er kritisierte

451 SächsStA, 30441, 25.2.B 165: Diskussionsbeitrag – VEB Elektromotorenwerke Grünhain, Bereichsleiter Genosse Weidauer.

weiter, dass den Zivilarbeitern kürzlich die Verantwortung für die Medikamentenausgabe an die Strafgefangenen übertragen wurde. Ein besonderer Dorn im Auge war ihm die Verabreichung von Beruhigungsmitteln, durch die die »betreffenden SG dösig am Arbeitsplatz sitzen und nur geringe Leistungen« erbringen würden. All diese Umstände würden dazu beitragen, dass die Erfüllung der Normen gefährdet sei.[452] Diese und die Kritik der anderen Betriebe ließen erkennen, wie wenig das Wohl der Strafgefangenen eine Rolle spielte. Die Vertreter der Betriebe störten sich auch an den Schonplätzen, die laut § 14 Abs. 1 der Durchführungsbestimmung zum Strafvollzugsgesetz für diejenigen Strafgefangenen bereitgestellt werden mussten, die nach ärztlicher Einschätzung nur eingeschränkt arbeitsfähig waren, wie beispielsweise Rentnerinnen und Diabetikerinnen.[453] Die Esda-Verantwortlichen begründeten ihre Ablehnung solcher Plätze damit, dass die Arbeiten ohnehin im Sitzen ausgeübt würden. Bei der Suche nach weiteren Möglichkeiten der Arbeitserleichterung fehlte es den Verantwortlichen ganz offensichtlich an Vorstellungskraft. Die Schichtleiter wussten schlichtweg nicht, was sie tun sollten, wenn ihnen eine Strafgefangene zugeteilt wurde, die einen Schonarbeitsplatz benötigte. Bei Elmo waren die weniger anstrengenden Posten der Kabelmacher und Raumpfleger als Schonplätze ausgeschrieben, bei Planet die der sogenannten Leger und Linkskontrollen.[454] Generell empfanden die Betriebsvertreter die Vergabe von Schonarbeitsplätzen als zu großzügig. Sie waren der Meinung, dass solche Arbeitsplätze nur im äußersten Notfall zugeteilt werden sollten.[455] Unverhohlen forderten die Betriebe die Anstaltsleitung auf, die ökonomischen Belange der Betriebe über die Gesundheit der

452 Ebd.
453 SächsStA, 30461, 389: Funktionen, die durch Strafgefangene in den Betrieben zu besetzen sind und Schonplätze in den Betrieben, 12.2.1971.
454 Ebd.
455 SächsStA, 30441, 25.2.B 165: Diskussionsbeitrag – VEB Strumpfkombinat »Esda«. Direktor für Ökonomie Genosse Drechsler; Schreiben der stellvertretenden Direktorin des VEB Wäsche-Kombinat Lößnitz, 8.11.1977; Referat des Chefs der BDVP Karl-Marx-Stadt anläßlich der Konferenz mit den Direktoren der Arbeitseinsatzbetriebe des Organs Strafvollzug im Bezirk Karl-Marx-Stadt, 28.1.1987.

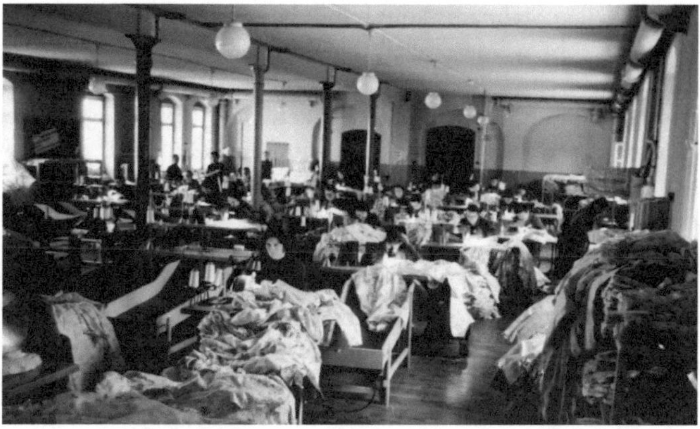

Strafgefangene Frauen in Hoheneck bei der Herstellung von Bettwäsche, o.D.

Strafgefangenen zu stellen. Der Hohenecker Anstaltsleitung war der Mangel an Schonarbeitsplätzen bekannt, und sie versuchte, deren Einrichtung bei den Betrieben durchzusetzen. So wurde 1981 letztmalig die Tagesschicht von Esda, die speziell für bedingt arbeitsfähige Strafgefangene gedacht war, von 15 auf 29 Strafgefangene erweitert.[456]

Wann immer es zu Ausfällen kam, wurden die Gründe dafür ermittelt. Die BDVP bemühte vor allem frauenfeindliche Stereotype, indem sie den weiblichen Strafgefangenen grundsätzlich eine geringere Leistungsfähigkeit unterstellte.[457] Tatsächlich aber führten Materialmangel und Verschleißerscheinungen an den Maschinen, die im Dauerbetrieb liefen, immer wieder zum Stillstand der Produktion.[458] Gerade die Produktionsmaschinen, für die Ersatzteile sogar aus Privathaushalten requiriert worden waren, erwiesen sich als eklatante Schwachstelle.[459]

456 SächsStA, 30441, 25.2.B 232: Berichterstattung zur operativen Lageberatung, 20.4.1982; Abrechnung der Arbeitsergebnisse I. Halbjahr 1981, 15.7.1981.

457 SächsStA, 30441, 25.1 339, Bl. 214: Im Bezirk lagen die Ausfallstunden bei 3,5 Prozent der geleisteten Arbeitsstunden. In Hoheneck belief sich dieser Wert auf 5 Prozent.

458 Ebd., Bl. 215f.

459 Vgl. Bastian/Neubert: Schamlos ausgebeutet, S. 85; Interview mit Cecilia Mühlberg (2009), S. 18.

Industriellen Standards konnten diese Maschinen schlichtweg nicht gerecht werden. Weil die Betriebe nicht willig waren, in die Maschinenparks zu investieren, verschlissen diese zusehends.[460] Ein technisches Hindernis für die weitere Steigerung der Produktionsleistung und auch ein Grund für Ausfälle war die unzuverlässige Stromversorgung. Ohne eine höhere Anschlussleistung könne jedoch der störungsfreie Ablauf bei der Herstellung von Damenstrumpfhosen nicht gewährleistet werden, so die Vertreter der Betriebe.[461]

Um die Produktion noch effizienter zu gestalten, sollten insbesondere versteckte Kosten, nicht notwendige Tätigkeiten und Ähnliches ausfindig gemacht und abgestellt werden. Um weitere Einsparungen zu erreichen, wurde zum Jahresbeginn 1978 eine betriebsübergreifende Arbeitsteilung eingeführt. Diese bezog sich auf das Betriebsgesundheitswesen und die Instandhaltung. Im Gegensatz zur bisherigen Vorgehensweise war Planet Eppendorf fortan nicht mehr allein für den Gesundheitsschutz der im eigenen Betrieb arbeitenden Strafgefangenen verantwortlich, sondern für alle arbeitenden Strafgefangenen in Hoheneck. Dabei musste sich das Betriebsgesundheitswesen stets mit den Medizinischen Diensten der Anstalt abstimmen und bei Bedarf auch das Anstaltspersonal einbinden.[462] Das Wäsche-Kombinat Lößnitz und Elmo hatten hingegen fortan die Reparatur- und Instandhaltungsarbeiten bei allen produzierenden Betrieben in Hoheneck durchzuführen.[463] Mit dieser Art von Optimierung versuchten die Anstaltsökonomen, die Produktivität zu steigern, was letztlich vor allem zu Lasten der Strafgefangenen ging.

460 Vgl. Vesting: »Da habe ich gedacht, das sind lauter wandelnde Leichen«, S. 34.

461 SächsStA, 30441, 25.2.B 165: Diskussionsbeitrag – VEB Strumpfkombinat »Esda«. Direktor für Ökonomie Genosse Drechsler; Schreiben der stellvertretenden Direktorin des VEB Wäsche-Kombinat Lößnitz, 8.11.1977.

462 Vgl. Ministerium des Innern (Hg.): Gesundheitsschutz Strafgefangener und Verhafteter, S. 73f.

463 SächsStA, 30441, 25.2.B 165: Vortragsmanuskript, Hauptmann des SV Guhl, StVE Hoheneck – Bereich Ökonomie, 22.12.1977.

Quelle: SächsStA, 30461, 67.

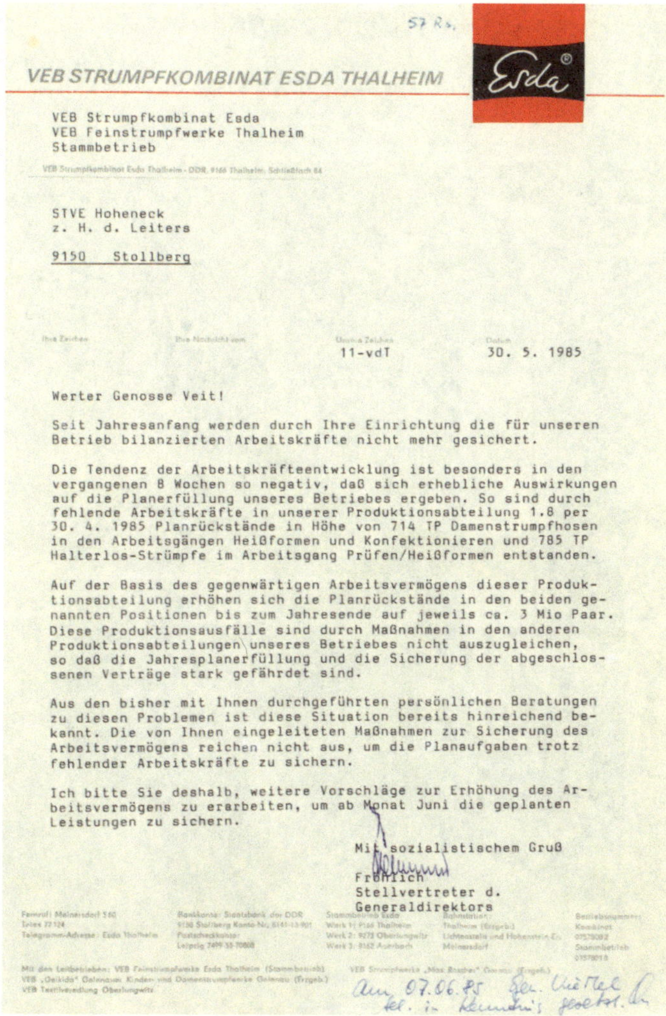

VEB STRUMPFKOMBINAT ESDA THALHEIM

VEB Strumpfkombinat Esda
VEB Feinstrumpfwerke Thalheim
Stammbetrieb

STVE Hoheneck
z. H. d. Leiters

9150 Stollberg

11-vdT 30. 5. 1985

Werter Genosse Veit!

Seit Jahresanfang werden durch Ihre Einrichtung die für unseren Betrieb bilanzierten Arbeitskräfte nicht mehr gesichert.

Die Tendenz der Arbeitskräfteentwicklung ist besonders in den vergangenen 8 Wochen so negativ, daß sich erhebliche Auswirkungen auf die Planerfüllung unseres Betriebes ergeben. So sind durch fehlende Arbeitskräfte in unserer Produktionsabteilung 1.8 per 30. 4. 1985 Planrückstände in Höhe von 714 TP Damenstrumpfhosen in den Arbeitsgängen Heißformen und Konfektionieren und 785 TP Halterlos-Strümpfe im Arbeitsgang Prüfen/Heißformen entstanden.

Auf der Basis des gegenwärtigen Arbeitsvermögens dieser Produktionsabteilung erhöhen sich die Planrückstände in den beiden genannten Positionen bis zum Jahresende auf jeweils ca. 3 Mio Paar. Diese Produktionsausfälle sind durch Maßnahmen in den anderen Produktionsabteilungen unseres Betriebes nicht auszugleichen, so daß die Jahresplanerfüllung und die Sicherung der abgeschlossenen Verträge stark gefährdet sind.

Aus den bisher mit Ihnen durchgeführten persönlichen Beratungen zu diesen Problemen ist diese Situation bereits hinreichend bekannt. Die von Ihnen eingeleiteten Maßnahmen zur Sicherung des Arbeitsvermögens reichen nicht aus, um die Planaufgaben trotz fehlender Arbeitskräfte zu sichern.

Ich bitte Sie deshalb, weitere Vorschläge zur Erhöhung des Arbeitsvermögens zu erarbeiten, um ab Monat Juni die geplanten Leistungen zu sichern.

Mit sozialistischem Gruß

Fröhlich
Stellvertreter d.
Generaldirektors

Brief VEB Esda an Anstaltsleitung Hoheneck, 30.5.1985.

Quelle: Sächsisches Strafvollzugsmuseum Waldheim e.V.

Die Seite »Im Strafvollzug steht modernste Technik zur Verfügung« im Vorzeigealbum der Strafvollzugseinrichtung Hoheneck steht in krassem Gegensatz zu den von den inhaftierten Frauen beschriebenen Zuständen, o.D.

Im Gegensatz zu organisatorischen Anpassungen im Bereich des Gesundheitsschutzes und bei Reparaturen, die eigenmächtig und leicht umzusetzen waren, waren das Gefängnis und die Betriebe von politischen Entscheidungen auf höherer Ebene abhängig, wenn es etwa um die Einführung neuer Produktionsanlagen ging. Im Jahr 1986 wurde für Esda eine neue Automatenfließstrecke aus italienisch-japanisch-englischer Herstellung eingebaut. Die Automatenkombination »Takatori/Solis 11« setzte sich aus Produkten japanischer (Takatori) und italienischer (Solis) Komponenten zusammen, die mit dem englischen Synchronroboter »George« gekoppelt waren.[464] Der Einbau brachte für die Betriebe zwei Vorteile: Zum einen stieg die Produktivität, zum anderen wurden Arbeitskräfte frei, die nun an anderer Stelle zum Einsatz gebracht werden konnten.[465] Im Strumpfkombinat dachten die Verantwortlichen sogar noch größer. Die Planungen kreisten um die Errichtung einer komplett neuen Produktionsstätte auf dem Hohenecker Gelände. Der Baubeginn war für das Jahr 1989 geplant, doch die hochgesteckten Pläne von Esda wurden von der Geschichte hinweggefegt.[466]

464 Vgl. Veit, Wolfang/Seeliger, Erhard: Wissenschaftlich-technischer Fortschritt in den Arbeitsbereichen Strafgefangener ist nur durch Einbeziehung aller am Vollzugsprozeß Beteiligten zu erreichen, als Abschrift in: SächsStA, 30441, 25.2.B 232.

465 SächsStA, 30441, 25.2.B 165: Referat des Chefs der BDVP Karl-Marx-Stadt anläßlich der Konferenz mit den Direktoren der Arbeitseinsatzbetriebe des Organs Strafvollzug im Bezirk Karl-Marx-Stadt, 28.1.1987.

466 Ebd.: Referat des Chefs der BDVP Karl-Marx-Stadt zur Konferenz mit den Direktoren der Arbeitseinsatzbetriebe der SV-Einrichtungen des Bezirkes Karl-Marx-Stadt, 23.11.1988.

6.3 Arbeitsbedingungen

»Unter schlechter Anleitung, ständig defekter Nähmaschine, Lärm, Staub und ohne Arbeitsschutz nähte ich irgendwie, eben oft mit schiefen Nähten und unsauberem Nahtabschluss.«[467]
Konstanze Helber

Die Bedingungen, unter denen die Strafgefangenen zu arbeiten hatten, blieben hart und bisweilen gefährlich. Gesetzliche Vorschriften und die Hausordnung, die die Einhaltung von Gesundheits- und Arbeitsschutz betonten, wurden im Arbeitsalltag nicht ausreichend umgesetzt. Gleichzeitig wurde immer wieder behauptet, der DDR-Strafvollzug entspräche den internationalen Standards der Vereinten Nationen. Die Vernachlässigung der Arbeitssicherheit war verbunden mit dem Risiko, dass die Strafgefangenen langfristig körperliche Schäden davontrugen. Die schlechte Luftqualität durch mangelnde Belüftung führte bei einigen Arbeiterinnen zu Schwindelanfällen. Zu grelles oder zu dunkles Licht verursachte Augenschmerzen. Hinzu kamen Kälte, fehlende Schutzkleidung, mangelnde arbeitsmedizinische Betreuung und verstellte Fluchtwege, die die Arbeitssicherheit gefährdeten.[468] In letzter Konsequenz führte dies bei den Strafgefangenen nicht nur zu erheblichen körperlichen Beschwerden und zur Dauererschöpfung, sondern auch zu Arbeitsunfällen, die in Einzelfällen sogar tödlich endeten.

467 Fragebogen Konstanze Helber.
468 Vgl. Bastian/Neubert: Schamlos ausgebeutet, S. 84f.; Stötzer: Zwangsarbeitsalltag, S. 37, 39; SächsStA, 30441, 25.2.B 165: Vortragsmanuskript, Hauptmann des SV Guhl, StVE Hoheneck – Bereich Ökonomie, 22.12.1977; Referat des Chefs der BDVP zur Beratung mit den Direktoren der Arbeitseinsatzbetriebe und Leitern der Strafvollzugseinrichtungen und Untersuchungshaftanstalten am 19.12.1979; 25.2.B 232: Referat zur Dienstversammlung am 10.1.1978, 28.12.1977; 25.2.B 233: Vereinbarung zwischen der Strafvollzugseinrichtung Hoheneck, nachfolgend StVE genannt, vertreten durch den Leiter der StVE, Oberstleutnant des SV Veit, und dem VEB Planet Wäschekonfektion Eppendorf nachfolgend Arbeitseinsatzbetrieb (Abkürzung: AEB) genannt, vertreten durch den Betriebsdirektor, Genossen Rüdiger, übergeordnetes Organ: Kombinat Baumwolle Karl-Marx-Stadt, 4.4.1985; Vesting: »Da habe ich gedacht, das sind lauter wandelnde Leichen«, S. 35.

Quelle: SächsStA, 30461, 38/1.

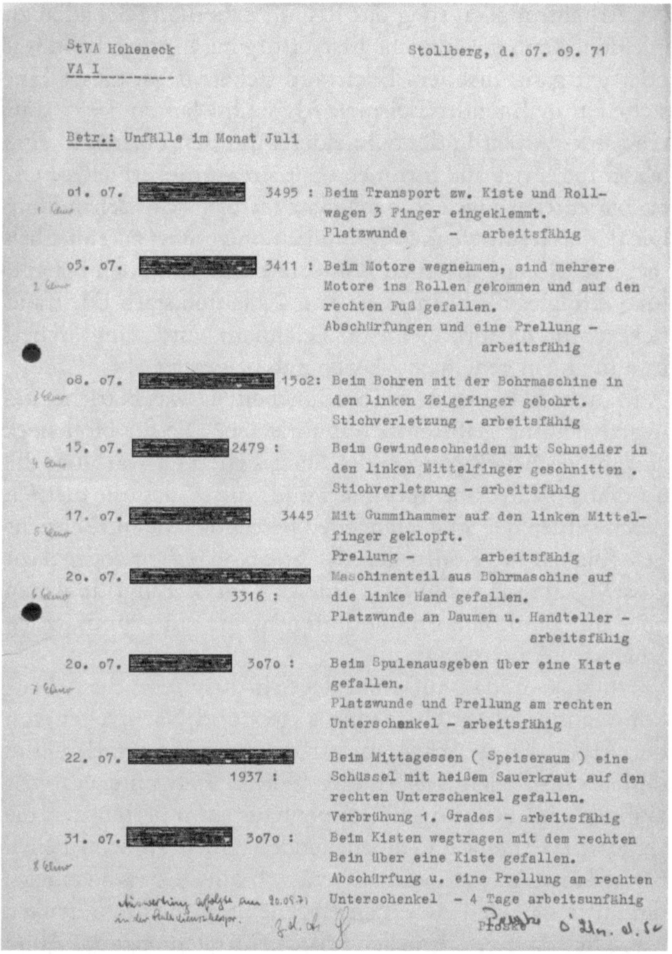

StVA Hoheneck — Stollberg, d. o7. o9. 71

VA I

Betr.: Unfälle im Monat Juli

o1. o7. 3495 : Beim Transport zw. Kiste und Rollwagen 3 Finger eingeklemmt.
Platzwunde - arbeitsfähig

o5. o7. 3411 : Beim Motore wegnehmen, sind mehrere Motore ins Rollen gekommen und auf den rechten Fuß gefallen.
Abschürfungen und eine Prellung - arbeitsfähig

o8. o7. 15o2: Beim Bohren mit der Bohrmaschine in den linken Zeigefinger gebohrt.
Stichverletzung - arbeitsfähig

15. o7. 2479 : Beim Gewindeschneiden mit Schneider in den linken Mittelfinger geschnitten .
Stichverletzung - arbeitsfähig

17. o7. 3445 Mit Gummihammer auf den linken Mittelfinger geklopft.
Prellung - arbeitsfähig

2o. o7. 3316 : Maschinenteil aus Bohrmaschine auf die linke Hand gefallen.
Platzwunde an Daumen u. Handteller - arbeitsfähig

2o. o7. 3o7o : Beim Spulenausgeben über eine Kiste gefallen.
Platzwunde und Prellung am rechten Unterschenkel - arbeitsfähig

22. o7. 1937 : Beim Mittagessen (Speiseraum) eine Schüssel mit heißem Sauerkraut auf den rechten Unterschenkel gefallen.
Verbrühung 1. Grades - arbeitsfähig

31. o7. 3o7o : Beim Kisten wegtragen mit dem rechten Bein über eine Kiste gefallen.
Abschürfung u. eine Prellung am rechten Unterschenkel - 4 Tage arbeitsunfähig

Proske

Die Übersicht von Juli 1971 zeigt, dass Unfälle von Strafgefangenen in Hoheneck keine Ausnahmeerscheinung waren.

Bei Arbeitsunfällen stieg das Risiko, dauerhafte Schäden zu erleiden, wenn die ärztliche Erstversorgung unzureichend war oder gar ganz ausblieb. Edeltraud Eckert ist in dieser Hinsicht ein mahnendes Beispiel. Als sie im Januar 1955 während ihrer Arbeit in der Schneiderei mit den Haaren in eine Maschine geriet und förmlich skalpiert wurde, erhielt sie erst nach mehreren Tagen eine adäquate medizinische Behandlung. Die daraus resultierenden Komplikationen führten schließlich mehrere Monate später zu Wundstarrkrampf, dessen Behandlung erfolglos blieb. Im Alter von 25 Jahren starb Edeltraud Eckert am 18. April 1955. Ihr Leichnam wurde eingeäschert und in einem geheimen Massengrab beigesetzt.

Manchmal bemerkte die Staatssicherheit, was Betriebe und Anstaltsleitung geflissentlich ignorierten. Die für Hoheneck zuständige Arbeitsgruppe der Staatssicherheit war über die miserablen Zustände informiert und wusste, dass die meisten Beschwerden der Strafgefangenen berechtigt waren. Gelegentlich führten die Kontrollen der Staatssicherheit sogar dazu, dass Missstände behoben wurden.[469] Diese Eingriffe waren aber nur punktuell und änderten nichts am grundsätzlich fehlenden Arbeitsschutz.

Hinzu kam, dass aufgrund des Schichtsystems die Arbeitskommandos zu verschiedenen Tages- und Nachtzeiten von der Arbeit kamen bzw. zur Arbeit gebracht wurden und deshalb im Zellenhaus ständig Unruhe herrschte. Im weitläufigen und hellhörigen Treppenhaus summierten sich die Geräusche der ein- und ausrückenden Arbeiterinnen zu einer derart lauten und störenden Geräuschkulisse, dass auch nach der anstrengenden Arbeit an Regeneration nicht zu denken war. Die ständigen Appelle, Zellenkontrollen oder das Abholen von Mitgefangenen zu sogenannten Erziehergesprächen oder »Sprechern«, wie die Besuchstermine hießen, trugen ebenfalls dazu bei, dass die Erholungsphasen immer wieder gestört wurden.[470]

469 Vgl. Wunschik: Knastware für den Klassenfeind, S. 80f.
470 Bastian/Neubert: Schamlos ausgebeutet, S. 84; Schacht: Ich wurde während des Prozesses fast nur angeschrien, S. 170.

Quelle: StSG, A 00050.

Strafgefangene in Hoheneck bei der Arbeit, o.D.

Schichtarbeit an sechs Tagen die Woche war für viele der Strafgefangenen, vor allem aber für die politischen, etwas vollkommen Neues, weil sie damit vor ihrer Haft kaum Erfahrungen gemacht hatten. Dies machte die Arbeit noch belastender. Neu ankommenden Strafgefangenen wurden drei Monate Karenzzeit eingeräumt, um sich an den Arbeitsrhythmus und das Pensum zu gewöhnen. Im ersten Monat mussten sie 50 Prozent der Norm erfüllen, im zweiten 75 und im dritten Monat mussten bereits 90 Prozent erbracht werden. Im Zwei- bzw. Dreischichtsystem mussten die Strafgefangenen acht Stunden am Tag arbeiten.[471] Die Normen waren ausgesprochen hoch – egal, ob es das Annähen von 460 Gummirändern an halterlose Strümpfe pro Schicht für Esda war,[472] das Nähen

471 Die Angaben der Strafgefangenen variieren je nach Betrieb und Zeitpunkt der Freiheitsstrafe. Das hier gegebene Beispiel entstammt der Vereinbarung mit Planet Eppendorf aus dem April 1984. SächsStA, 30441, 25.2.B 233: Anlage 1 zur Vereinbarung zwischen der Strafvollzugseinrichtung Hoheneck, nachfolgend StVE genannt, vertreten durch den Leiter der StVE, Oberstleutnant des SV Veit, und dem VEP Planet Wäschekonfektion Eppendorf nachfolgend Arbeitseinsatzbetrieb (Abkürzung: AEB) genannt, vertreten durch den Betriebsdirektor, Genossen Rüdiger, übergeordnetes Organ: Kombinat Baumwolle Karl-Marx-Stadt, 4.4.1985.

472 Vgl. Fragebogen Karin Sorger.

Quelle: StSG, A 00116.

Strafgefangene in Hoheneck bei der Arbeit an einem Heißformer, o.D.

von 144 Bettbezügen für Planet, das Schalten von 30 Waschmaschinenmotoren für Elmo[473] oder das Heißformen von 942 Paar Strümpfen.[474] Die Strumpfhosen waren unmittelbar nach der Herstellung im Übrigen weiß. Die Einfärbung erfolgte erst später, wodurch der Diebstahl von Strumpfhosen erschwert werden sollte, denn eine heimlich während der Arbeit angezogene Strumpfhose wäre durch ihre weiße Farbe sofort zu erkennen gewesen.[475]

Unentwegt wurden die Frauen auf die Einhaltung der Qualitätskriterien und die Erfüllung der Normen hingewiesen, was insbesondere denjenigen, die keine körperliche Arbeit gewohnt waren, schwerfiel. Jede Unterbrechung der Arbeit war für sie eine Erleichterung.[476] Ein Großteil der politischen Gefangenen versuchte, eine Balance zwischen Normerfüllung

473 Vgl. Thiemann: Stell dich mit den Schergen gut, S. 126.

474 SächsStA, 30461, 67: Normtabelle für den Artikel 635 077 – Heißformer, 15.5.1985.

475 Vgl. Stötzer: Die bröckelnde Festung, S. 86; Schlegel: 5 Monate und 24 Tage, S. 122; SächsStA, 30461, 37: Zuarbeit zur Lageeinschätzung Monat Juni 77, 4.7.1977.

476 Vgl. Schmidt: November, S. 87; Schlegel: 5 Monate und 24 Tage, S. 123f.

und Widerstand im Kleinen zu finden. Wenn die vorgegebene Norm erreicht war, reduzierten sie das Arbeitstempo, ohne die Arbeit jedoch ganz einzustellen. Weder wollten sie, dass der Staat, der sie aus politischen Gründen eingesperrt hatte, von ihrer Arbeit profitierte, noch wollten sie wegen Arbeitsverweigerung zusätzliche Disziplinarmaßnahmen kassieren. Die Anstaltsleitung registrierte dieses Verhalten, das sie vor allem den politischen Häftlingen zuschrieb: »Diese SG nutzen alle sich bietenden Möglichkeiten, um bestimmte Arbeiten nicht auszuführen bzw. halten ihr wirkliches Leistungsvermögen zurück.«[477]

Den Strafgefangenen, die sich der Arbeit verweigerten, drohte Arrest oder sogar ein Ermittlungsverfahren durch den für die Strafvollzugsaufsicht zuständigen Staatsanwalt.[478] Anders als die politischen Häftlinge versuchte der Großteil der wegen krimineller Delikte Verurteilten, maximale Arbeitsleistungen zu erbringen, was der einfachen Überlegung geschuldet war, dass mehr Leistung auch mehr Einkommen bedeutete. Und mit mehr Geld ließen sich im Anstaltskiosk größere Einkäufe tätigen. Frauen, die die Norm übererfüllten, sammelten außerdem Pluspunkte sowohl bei den Zivilarbeitern als auch bei den »Erzieherinnen«. Wer höher in der Gunst stand, konnte davon ausgehen, auch besser behandelt zu werden.[479]

Die Angaben der ehemaligen Strafgefangenen zum Arbeitslohn variieren erheblich. Grundsätzlich hing dieser von der Erfüllung der Normvorgaben ab. Einige Frauen geben jedoch an, zeitweise gar nicht bezahlt worden zu sein. Andere berichten, zwischen 10 und 100 Mark im Monat verdient zu haben.[480] Die meisten Frauen sprechen von einer extrem geringen Entlohnung. So wurden Gabriele Stötzer während ihrer Haft in den Jahren 1977/78 bei einer Erfüllungsquote

477 SächStA, 30461, 37: Einschätzung der Wirksamkeit des Sicherungssystems im Innen- und Außenarbeitseinsatz, 26.9.1977.

478 SächsStA, 30461, 40: Lageeinschätzung März 1981, 7.4.1981.

479 Vgl. Stötzer: Die bröckelnde Festung, S. 66, 78f.; Stötzer: Zwangsarbeitsalltag, S. 36, 38.

480 Vgl. Bastian/Neubert: Schamlos ausgebeutet, S. 102f.; Dorothea Ebert bezifferte ihren Verdienst auf zwischen fünf und 30 Mark. Vgl. Ebert/Proksch: Und plötzlich waren wir Verbrecher, S. 247.

Quelle: StSG/Gedenkstätte Bautzen.

Das »Gefängnisgeld« war eine Ersatzwährung, die es seit Mitte der 1970er Jahre in DDR-Gefängnissen gab: hier ein Wertgutschein aus der Strafvollzugseinrichtung Bautzen II, o.D.

von 100 Prozent der Norm pro Monat 40 Mark in Form des anstaltseigenen Papiergeldes ausgezahlt.[481]

Die gesetzlichen Bestimmungen schrieben zwar vor, dass die Strafgefangenen genauso zu bezahlen waren wie Arbeiterinnen außerhalb des Gefängnisses, die vergleichbare Aufgaben verrichteten. Aber wäre dies so umgesetzt worden, dann wäre die Häftlingsarbeit nicht so lukrativ gewesen. Davon abgesehen wurden den Gefangenen ohnehin nur 18 Prozent ihres regulären Lohns ausgezahlt. Der Restbetrag sollte unter anderem die laufenden Kosten der Haftunterbringung decken. Doch auch diese 18 Prozent standen den Frauen nicht gänzlich zur freien Verfügung. Hiervon mussten Rücklagen für die Zeit nach der Haft gebildet und Zahlungsverpflichtungen wie Unterhalt, Gerichtskosten oder Schulden bedient werden. Je kürzer die Haftzeit, desto höher waren die prozentualen Abzüge.[482]

481 Vgl. Stötzer: Die bröckelnde Festung, S. 68.
482 SächsStA, 30461, 64: Beratungsmaterial zur vorgesehenen Präzisierung der Ordnung Nr. 108/77.

Quelle: SächsStA, 30461, 67.

VEB Strumpfkombinat Esda
Produktionsabteilung 1.8
in der ST VE Hoheneck

Wettbewerbskonzeption 1983

Grundlage der Wettbewerbskonzeption ist die Vereinbarung die zwischen der St VE Hoheneck und dem VEB Strumpfkombinat Esda Thalheim abgeschlossen wurde und den Arbeitseinsatz festlegt.

Die Losung des Produktionswettbewerbes ist:

Bei bester Qualität der Erzeugnisse werden wir die maximalen Produktionsergebnisse erreichen.
das heißt:Das Arbeitsvermögen,die Produktionsfonds,die Arbeitszeit effektiv nutzen um die Planaufgaben so hoch wie möglich zu erfüllen.

Das Ziel des Produktionswettbewerbes besteht darin,die Strafgefangenen zur schöpferischen Mitarbeit im Produktionsprozess zu veranlassen,um ihren Willen zur Bewährung und Wiedergutmachung zu festigen und die bewußte Arbeitseinstellung zu erhöhen. Der Wettbewerb ist darauf gerichtet,mit dem geringsten Aufwand an Arbeitszeit,Material und Kosten,die Planaufgaben des Arbeitsbereiches in hoher Qualität zu erfüllen.

Form des Produktionswettbewerbes

Der Produktionswettbewerb, als öffentlicher Leistungsvergleich zwischen den einzelnen Strafgefangenen und der Schichten, wird täglich und monatlich abgerechnet,damit jede Strafgefangene und jede Schicht laufend vom Erfüllungsstand unterrichtet ist. Ergebnisse werden an den Wandzeitungen öffentlich ausgewertet.

Popularisierung des Produktionswettbewerbes

Ziel und Inhalt des Produktionswettbewerbes werden den im Bereich Esda eingesetzten Strafgefangenen zu Beginn des Wettbewerbsjahr durch den Schichtleiter erläutert.
Alle neu in die Schicht eingeteilten Strafgefangenen sind im Zusammenhang mit der Erstbelehrung über den Arbeitsschutz vom Schichtleiter mit Ziel und Inhalt des Produktionswettbewerbes vertraut zu machen.
Die Wettbewerbskonzeption wird im Produktionsraum zum Aushang gebracht.

VEB Esda »Wettbewerbskonzeption 1983« für die Produktion in Hoheneck.

Was übrig blieb, konnte für den Eigenbedarf verwendet werden, beispielsweise für Einkäufe im Anstaltskiosk. Zunächst gab es Bezahlkarten, die beim Einkauf abgeschnitten wurden. Ab dem 1. Januar 1975 führte die DDR Wertmarken ein, mit denendie Inhaftierten in den HO-Verkaufsstellen einkaufen konnten. Diese Wertgutscheine, die von den Frauen in Hoheneck als »Spielgeld« bezeichnet wurden, besaßen nur in der jeweiligen Anstalt Gültigkeit.[483]

Das System der Haftarbeit war darauf ausgerichtet, den Frauen hohe Leistungen abzuverlangen. Erstaunlich niedrig war vor diesem Hintergrund die Zahl der etwa durch Krankheit ausgefallenen Arbeitsstunden. Im Jahr 1977 machten die Ausfälle in Hoheneck lediglich 0,8 Prozent aller Ausfallstunden in den Arbeitseinsatzbetrieben der Gefängnisse im Bezirk Karl-Marx-Stadt aus. Dies entsprach 1.600 Arbeitsstunden in zwölf Monaten. Das bedeutete, dass im Durchschnitt pro Woche weniger als eine Arbeitskraft ausgefallen war.[484]

Bei der Steigerung der Arbeitsleistungen und der Verbesserung der Produktionsabläufe spielten die Strafgefangenen eine zentrale Rolle. Ihre Leistungen wurden ständig kontrolliert und evaluiert. Die Frauen wurden darauf hingewiesen, wie viel sie geleistet haben bzw. wie viel sie eigentlich hätten leisten müssen. Im Wäsche-Kombinat Lößnitz (WKL) mussten die Strafgefangenen ihren eigenen Arbeitseinsatz reflektieren und in einer Selbsteinschätzung beschreiben.[485] Dadurch sollte ein Wettbewerb zwischen den Strafgefangenen entfacht werden, um die ohnehin schon guten Ergebnisse noch weiter zu steigern. Was als »sozialistischer Wettbewerb« die gesamte Republik propagandistisch durchwehte, war hier knallhartes wirtschaftliches Kalkül. Der Betrieb Planet Eppendorf produzierte mit Hilfe der Arbeitskraft der Hohenecker Gefangenen

483 Vgl. Hiekel: Das Gefängnisgeld der DDR, S. 255–268. Für wichtige Hinweise zum Umgang mit den Wertgutscheinen in Hoheneck danken wir Joseph Walthelm.

484 SächsStA, 30441, 25.2.B 165: Vortragsmanuskript »Die Verantwortung der Angehörigen des Organs Strafvollzug und der Arbeitseinsatzbetriebe zur Durchsetzung des Strafvollzugsgesetzes und der Anordnung des Ministerrates vom 11. Mai 1977 über den Einsatz Strafgefangener zu gesellschaftlich nützlicher Arbeit.«, 27.12.1977.

485 SächsStA, 30441, 25.2.B 165: Redebeitrag – WKL, o.D.

zwischen 1976 und 1980 Waren im Wert von 300 Millionen Mark, bei Esda Thalheim waren es 100 Millionen Mark.[486]

Die Arbeit der Frauen rentierte sich auch für das Gefängnis. Der Haushaltsplan der Anstalt für das Jahr 1978 wies Ausgaben in Höhe von 4.204.400 Mark und Einnahmen von über 4.796.800 Mark aus. Die Strafvollzugsanstalt erwirtschaftete somit einen Überschuss von 592.400 Mark, wobei der Großteil der Einnahmen von insgesamt 3,65 Millionen Mark der Häftlingsarbeit zu verdanken war.[487] Im Vergleich dazu nehmen sich die Mieteinnahmen geradezu bescheiden aus. Planet Eppendorf etwa zahlte jährlich 36.000 Mark für die Nutzung von drei Produktionsräumen (655,5 Quadratmeter), zwei Lagern (190,2 Quadratmeter), zwei Büros (26,8 Quadratmeter) und einem Flur (15,1 Quadratmeter).[488]

Was passierte mit den Einnahmen? Die Anstalt selbst konnte nicht frei darüber verfügen. Die Gelder gingen in den Staatshaushalt und wurden vorrangig zur Quersubventionierung der staatlichen Sozialausgaben verwendet.

6.4 Aus- und Weiterbildung

Ob Polizeibehörde, Gefängnisleitung oder die Buchprüfer der Anstaltsbetriebe – alle waren der Meinung, es gäbe noch ungenutztes Arbeitspotential. Ihnen genügte es nicht, dass der Plan nur erfüllt wurde. Ihr Ziel war die Übererfüllung.[489] Der Drang, die Vorgaben stets zu übertreffen, artete bisweilen in blinden Aktionismus aus. Dabei traten die Bedürfnisse der

486 SächsStA, 30441, 25.2.B 233: Zuarbeit durch die StVE für das Referat des Chefs zur Beratung mit den Direktoren der Arbeitseinsatzbetriebe, 17.11.1980.

487 SächsStA, 30441, 25.2.B 234: Haushaltsplan 1978.

488 SächsStA, 30441, 25.2.B 233: Anlage 10. Nutzungsvertrag. Vereinbarung zwischen der Strafvollzugseinrichtung Hoheneck, nachfolgend StVE genannt, vertreten durch den Leiter der StVE, Oberstleutnant des SV Veit, und dem VEB Planet Wäschekonfektion Eppendorf nachfolgend Arbeitseinsatzbetrieb (Abkürzung: AEB) genannt, vertreten durch den Betriebsdirektor, Genossen Rüdiger, übergeordnetes Organ: Kombinat Baumwolle Karl-Marx-Stadt, 4.4.1985. Zur Ausgestaltung des Vertrages vgl. Richardt: Der Arbeitseinsatz von Strafgefangenen, S. 1199–1212.

489 SächsStA, 30441, 25.2.B 165: Referat des Chefs der BDVP Karl-Marx-Stadt anläßlich der Konferenz mit den Direktoren der Arbeitseinsatzbetriebe des Organs Strafvollzug im Bezirk Karl-Marx-Stadt, 28.1.1987.

Quelle: StSG, A 00184.

Unterricht in der Strafvollzugseinrichtung Hoheneck, o.D.

arbeitenden Strafgefangenen in den Hintergrund. Esda und Planet etwa verpflichteten sich am 25. November 1986 ohne erkennbaren Grund gegenüber der Bezirkspolizeibehörde, bis zum Jahresende zusätzliche 50.000 Paar Strumpfhosen und 26.000 Stück Bettwäsche zu produzieren. Ein Versprechen, das letztlich die Strafgefangenen einlösen mussten.

Ein Potential, das Betriebe und Anstaltsleitung noch nicht ausreichend genutzt sahen, waren die Fähigkeiten und Fertigkeiten der Strafgefangenen. Um die bisherigen Qualifizierungsmaßnahmen für Strafgefangene weiter zu verbessern, wurde am 1. September 1976 ein Pilotprojekt gestartet, in dessen Rahmen die Abteilung für Aus- und Weiterbildung der Esda-Betriebsschule ihre Arbeit in Hoheneck aufnahm. Unter Anleitung von drei Lehrkräften sollten ausgewählte Strafgefangene innerhalb eines Jahres zu Facharbeiterinnen im Textilgewerbe qualifiziert werden und den Facharbeiterbrief erwerben. Bisher hatten sich Qualifizierungsbemühungen darauf beschränkt, Strafgefangene mit unterdurchschnittlichen Arbeitsleistungen dazu zu bringen, die

Norm zu erfüllen.[490] Die neue Art der Qualifizierung hatte, wenn sie erfolgreich war, sowohl für die Strafvollzugseinrichtung als auch für die Betriebe Vorteile. Die besser ausgebildeten Frauen erbrachten höhere Leistungen und erwirtschafteten mehr Gewinn für das Gefängnis. Und die Betriebe bildeten Frauen aus. Zunächst waren nur kriminelle Häftlinge vorgesehen, die nach ihrer Haftentlassung sofort als vollwertige Facharbeiterinnen eingesetzt werden konnten.[491]

Bei den Strafgefangenen stieß die Ausbildungsmaßnahme jedoch auf Abwehr. Es bedurfte »Zwang und Überzeugung«, so der Betriebsschuldirektor, um den Frauen den Mehrwert dieser Maßnahme begreiflich zu machen. Die fehlende Begeisterung der Frauen lässt sich leicht erklären. Denn der Unterricht fand an drei Tagen in der Woche zusätzlich direkt vor oder nach der Arbeit statt. Nur bei Nachtschicht fiel der Unterricht aus. Waren die Strafgefangenen in der Frühschicht eingesetzt, folgten im Anschluss an die Arbeit drei Stunden Unterricht. Arbeiteten sie in der Spätschicht, dann hatten sie vor Schichtbeginn bereits fünf Stunden Berufsschule absolviert. Der Lehrgang galt als mit »befriedigend« bestanden, wenn über einen Zeitraum von acht Monaten eine konstante Normerfüllung von 100 Prozent bei guter Qualität erreicht wurde. Zusätzlich mussten im Rahmen der schultheoretischen Ausbildung in jedem Fach, darunter Staatsbürgerkunde, drei Belegarbeiten eingereicht und positiv bewertet werden. Damit die Strafgefangenen dieses Pensum schafften, schlug der Direktor vor, dass die Frauen die sonntägliche Freizeit zur Erledigung von Hausaufgaben und zum Selbststudium nutzen sollten.[492]

Aus Sicht der Anstaltsleitung zeigte die Fortbildungsmaßnahme schließlich den erhofften Erfolg. Bereits nach vier

490 Ebd.: Diskussionsbeitrag, VEB Wäsche-Kombinat Lößnitz, Amt. Direktor des Kombinats Gen. Hallbauer.

491 Ebd.: Diskussionsbeitrag, VEB Strumpfkombinat »Esda«, Direktor der Betriebsschule Gen. Hilpmann, Direktor für Ökonomie Genosse Drechsler; SächsStA, 30441, 25.2.B 233: Plan der Maßnahmen zur staatsbürgerlichen Erziehung und Bildung der Strafgefangenen und jugendlichen Strafgefangenen – II. Halbjahr, 1.7.1976.

492 Ebd.: Diskussionsbeitrag »Esda«, Gen. Hilpmann, Genosse Drechsler.

Monaten produzierten die ausgebildeten Gefangenen durchschnittlich 20 Prozent mehr und erfüllten die Qualitätsanforderungen nahezu vollständig. Einzelne Strafgefangene verdoppelten ihre Arbeitsleistung sogar.[493] Überaus zufrieden resümierte deshalb der Chef der BDVP Karl-Marx-Stadt vor den Direktoren und leitenden Angestellten der Arbeitseinsatzbetriebe sowie den Offizieren der Strafvollzugseinrichtungen seines Bezirkes, dass »es den VEB Esda und Planet in Hoheneck im Oktober und November 1976 erstmals gelungen« sei, »die durchschnittliche Normerfüllung von 85 % auf über 100 % zu steigern«.[494]

Vor diesem Hintergrund drängte der Esda-Betriebsdirektor darauf, die Klassen zu vergrößern, um mehr Frauen auszubilden, und den Strafgefangenen nur noch aus medizinischen Gründen ein Ausscheiden aus der Maßnahme zu erlauben.[495] Voraussetzung zur Teilnahme am Facharbeiterlehrgang war allerdings ein Abschluss der 8. bzw. 10. Klasse der Polytechnischen Oberschule.[496] Im ersten Ausbildungsjahr schlossen 43 Frauen ihre Facharbeiterausbildung in Hoheneck ab. Von ihnen hatten 21 zuvor keine Berufsausbildung. Zehn der Frauen verfügten vorher über einen Teilabschluss und zwölf konnten einen anderen Abschluss vorweisen. Weitere 39 Strafgefangene hatten am allgemeinbildenden Unterricht teilgenommen, der für Frauen mit einer Schulbildung bis zur 7. Klasse der Zentralen Hilfsschule gedacht war. Der durchschnittliche Bildungsgrad der Gefangenen in Hoheneck entsprach dem in anderen DDR-Strafvollzugseinrichtungen, in denen »überproportional viele Menschen mit erheblichen Bildungsdefiziten vertreten« waren.[497]

Im September 1977 fand eine Erweiterung des Ausbildungsprofils statt. Weil die Arbeitseinsatzbetriebe nach

493 Ebd.

494 Ebd.: Referat des Chefs der BDVP Karl-Marx-Stadt am 28.12.1976 vor der gemeinsamen Beratung mit den Direktoren und Lenkungskräften der Arbeitseinsatzbetriebe sowie verantwortlichen Offizieren der Vollzugseinrichtungen, 17.12.1976.

495 Ebd.: Diskussionsbeitrag, Strumpfkombinat »Esda«, Gen. Hilpmann.

496 Ebd.: Diskussionsbeitrag, Strumpfkombinat »Esda«, Gen. Hilpmann, zur Beratung der BDVP, KMSdt mit den Arbeitseinsatzbetrieben am 28.12.1977.

497 Borchert: Erziehung im DDR-Strafvollzug, S. 115.

Quelle: StSG, A 00130.

Unterricht in der Strafvollzugeinrichtung Hoheneck, o.D.

Gesundheitshelfern suchten, erfolgte eine derartige Ausbildung nun direkt vor Ort. Insgesamt wurde die Berufsausbildung im zweiten Jahr merklich hochgefahren, sodass nunmehr 160 Strafgefangene an drei Facharbeiterlehrgängen teilnahmen oder einen Teilabschluss als Textilarbeiterin machten. Wie gehabt erfolgte die Ausbildung in der arbeitsfreien Zeit. Die Zahl der Lehrlinge pendelte sich auf diesem Niveau ein. Im Jahr 1980 schlossen 25 Strafgefangene ihre Ausbildung zur Textilfacharbeiterin ab und 77 standen kurz davor. 175 Frauen erhielten eine Qualifikation für ihren spezifischen Arbeitsplatz, und weitere 95 befanden sich am Jahresende in Ausbildung.[498] Im gleichen Jahr war die arbeitsplatzbezogene Qualifizierung, die Teilnahme an der Facharbeiterausbildung oder aber an der Gesundheitserziehung für alle Neuankömmlinge verpflichtend geworden. Erstmals wurden nun auch politische Häftlinge miteinbezogen, die bis dahin von den Qualifizierungsmaßnahmen konsequent ausgeschlossen waren.[499]

498 SächsStA, 30441, 25.2.B 165: Referat des Chefs der BDVP zur Beratung mit den Direktoren der Arbeitseinsatzbetriebe und Leitern der Strafvollzugseinrichtungen und Untersuchungshaftanstalten am 10.12.1980; 25.2.B 233: Referat zur Vollzugskonferenz, 22.8.1980.

499 Ebd.: Referat zur Vollzugskonferenz, 22.8.1980.

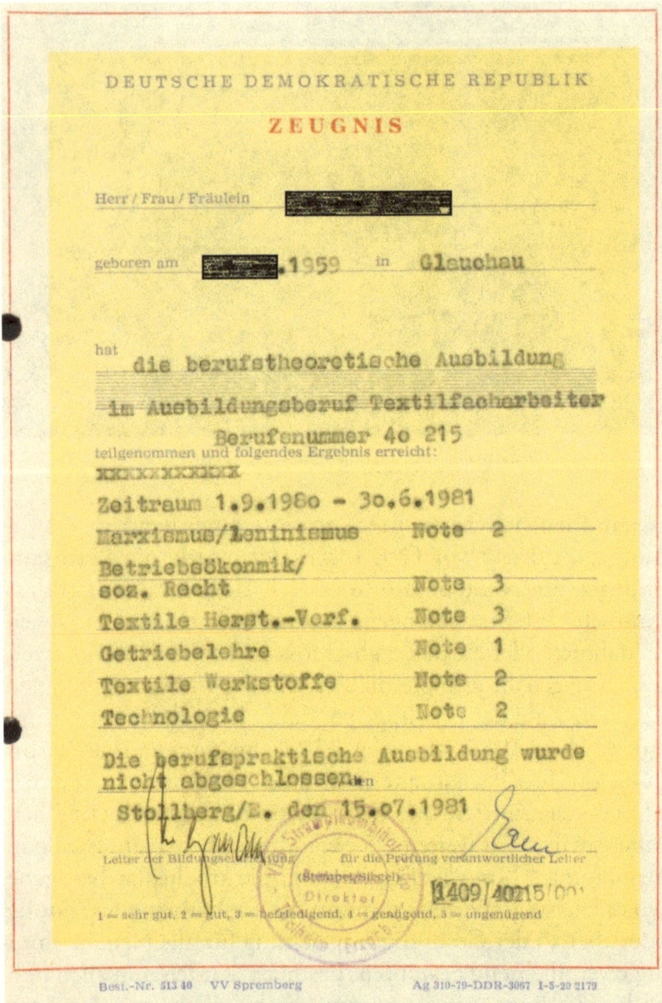

DEUTSCHE DEMOKRATISCHE REPUBLIK

ZEUGNIS

Herr / Frau / Fräulein [geschwärzt]

geboren am [geschwärzt].1959 in Glauchau

hat die berufstheoretische Ausbildung im Ausbildungsberuf Textilfacharbeiter Berufsnummer 4o 215 teilgenommen und folgendes Ergebnis erreicht:

XXXXXXXXXXXX

Zeitraum 1.9.198o – 3o.6.1981

Marxismus/Leninismus	Note 2
Betriebsökonmik/ soz. Recht	Note 3
Textile Herst.-Verf.	Note 3
Getriebelehre	Note 1
Textile Werkstoffe	Note 2
Technologie	Note 2

Die berufspraktische Ausbildung wurde nicht abgeschlossen.

Stollberg/E. den 15.o7.1981

Leiter der Bildungseinrichtung (Stempel/Siegel) für die Prüfung verantwortlicher Leiter

1409/40215/00

1 = sehr gut, 2 = gut, 3 = befriedigend, 4 = genügend, 5 = ungenügend

Best.-Nr. 513 40 VV Spremberg Ag 310-79-DDR-3067 1-5-20 2179

Quelle: SächsStA, 30461, 20.

Ausbildungszeugnis aus der StVA Hoheneck für den »Textilfacharbeiter«, ausgestellt vom VEB Strumpfkombinat Esda, 15.7.1981.

Die Anstaltsleitung und die Betriebe waren mit den Ergebnissen vollends zufrieden und hielten an diesem System der Aus- und Fortbildung bis zum Ende der 1980er Jahre fest.[500]

Den Nachweis über die absolvierte Ausbildung erhielten die Strafgefangenen in Form eines gewöhnlichen Zeugnisses. Für Laien war kein Unterschied zu üblichen DDR-Zeugnissen erkennbar. Nur der Stempel mit der Adressangabe »Stollberg, Straße der VP 5-7« und die gelegentliche Angabe »Produktionseinrichtung des MdI« waren Indizien dafür, dass diese Ausbildung im Strafvollzug stattgefunden hatte.[501]

Auch in Fragen der Aus- und Weiterbildung lässt sich die ungleiche Behandlung von politischen und kriminellen Strafgefangenen erkennen. Zunächst waren die Politischen vollständig von der Qualifizierung ausgeschlossen. Als schließlich auch sie zur Ausbildung zugelassen wurden, kam es vor, dass ihnen der Zugang zu Fachliteratur in der anstaltseigenen Bibliothek verwehrt und damit das Lernen erschwert wurde. Ein Grund für diese Schikanen war die unter den Bediensteten verbreitete Ansicht, die Politischen seien ohnehin nicht bereit, ihre Arbeitskraft in den Dienst der sozialistischen Gesellschaft zu stellen.[502]

500 Ebd.: Analyse des Schul- und Ausbildungsjahres 1979/80, 8.6.1980; 25.2.B 232: Lageeinschätzung für das Jahr 1988, 17.1.1989.

501 SächsStA, 30461, 20. In der Akte finden sich diverse Zeugnisse und Abschriften.

502 BArch/StUA, MfS Bezirksverwaltung Karl-Marx-Stadt, XIV 1536/75 II, Bl. 30: Bericht über Strafgefangene, 13.2.1976; Bl. 31: Bericht über Strafgefangene, 13.2.1976.

7 Personal

Die erste Begegnung zwischen dem deutschen Anstaltspersonal und den aus dem sowjetischen Speziallager Sachsenhausen nach Hoheneck gekommenen Häftlingen im Jahr 1950 machte deutlich, dass die Neuankömmlinge keine Solidarität zu erwarten hatten. Die Speziallagerinsassinnen hatten gehofft, dass das deutsche Wachpersonal sie besser behandeln würde als das sowjetische, aber das war nicht der Fall. Schroff und feindselig hatten sich die neuen Angestellten gezeigt. Tatsächlich war das Personal gezielt falsch informiert worden. Wiederholt wurde ihnen mitgeteilt, dass es sich bei den neu angekommenen Strafgefangenen ausschließlich um Schwerverbrecherinnen und Nazitäterinnen handelte.[503] Dies war der Grund für die grundsätzlich feindselige Haltung der Bediensteten gegenüber den Strafgefangenen und folglich auch für den außerordentlich harten Strafvollzug in den 1950er Jahren.[504] Die Strafgefangenen sollten allerdings nicht nur als abstrakte Feindinnen der DDR, sondern auch als Gegnerinnen der Strafvollzugsbediensteten betrachtet werden.[505]

Darüber hinaus bestand das Personal überwiegend aus Berufsanfängerinnen: »Die Wachtmeisterinnen, die dort waren, waren zunächst erst mal alle sehr jung, völlig unerfahren«, erinnert sich Cecilia Mühlberg.[506] Dass es unter diesen Berufsanfängerinnen auch jene gab, die offenbar Positives bewirken wollten, zeigt die Aussage einer Strafvollzugsbediensteten im Interview: »Meine Vorstellung war, dass ich mit der Arbeit im Strafvollzug die Frauen mit positiv beeinflussen könnte, damit diese ihr Leben nach der Entlassung wieder gut allein und selbstständig organisieren können. Meine Idee war, wenn man diese Frauen durch geregelte Tagesabläufe wieder zu

503 Vgl. Matz-Donath: »Kämpferinnen und Opfer«, S. 55.
504 Vgl. Oleschinski/Pampel: »Nazis«, »Spione«, »Sowjetfeinde«?, S. 464; Interview mit Cecilia Mühlberg (2009).
505 Vgl. Morré: Vom Niedergang des Erziehungsgedankens im Strafvollzug der DDR, S. 247.
506 Interview mit Cecilia Mühlberg (2009).

Quelle: Sächsisches Strafvollzugsmuseum Waldheim e.V.

Appell des Anstaltspersonals in Hoheneck, o.D.

Struktur in ihrem Alltag bringen kann, werden sie nicht wieder straffällig.«[507]

Die Personalpolitik in Hoheneck bestimmte maßgeblich den Dienst- und Haftalltag. Wurden Fehler bei der Personalrekrutierung gemacht, konnten Stellen nicht besetzt werden, oder entsprach die Qualität der Aus- und Fortbildung des Personals nicht den Anforderungen, wirkte sich dies über kurz oder lang negativ auf die Abläufe im Strafvollzug und letztlich auch auf das Leben der Strafgefangenen aus. Während Frauen in fast allen Bereichen des Polizeidienstes eher belächelt wurden und man sie weniger als gleichberechtigte Kolleginnen denn als unterstützende Hilfskräfte wahrnahm, war die Hierarchie in Hoheneck nur bedingt durch das Geschlecht bestimmt. Zwar blieb den weiblichen Bediensteten auch in Hoheneck der Chefposten immer verwehrt, doch konnten sie hier leitende Posten im Offiziersrang bekleiden oder sogar bis in die Führungsetage des Gefängnisses aufrücken.

507 Interview SV-Bedienstete E.

7.1 Personalstruktur

Die Rahmenbedingungen für eine Anstellung im Strafvollzug regelte die Dienstlaufbahnverordnung.[508] Die Staatsbediensteten verrichteten im unteren, mittleren oder höheren Dienst ihre Arbeit. Alle Hohenecker Neueinstellungen im unteren Dienst hatten ihre Ausbildung an der Strafvollzugsschule »August Mayer« in Karl-Marx-Stadt absolviert. Zu den Einstellungsvoraussetzungen zählten eine abgeschlossene Berufsausbildung, die körperliche Eignung sowie bei Männern der abgeleistete Wehrdienst. Einem vier- bis fünfmonatigen Theorieteil schloss sich eine halbjährige Praxisphase in einer Dienststelle des Strafvollzugs an. Danach wurden die Berufsanfängerinnen als Wachtmeisterinnen eingesetzt. Diejenigen, die sich für eine Laufbahn des mittleren Dienstes interessierten, mussten in aller Regel einen Fachschulabschluss nachweisen. Zugangsvoraussetzung für eine Laufbahn des höheren Dienstes war mindestens ein Fachschulabschluss oder ein Hochschulabschluss. Es wurden aber auch weitere Qualifikationen erwartet. So hieß es im Leitfaden für den Strafvollzug: »Angehörige des Organs Strafvollzug des MdI […] müssen für den Dienst im Strafvollzug/Untersuchungshaftvollzug geeignet sein, über ein gutes politisches und Allgemeinwissen verfügen sowie die erforderlichen pädagogischen, psychologischen u.a. Kenntnisse besitzen. Die Kenntnisse und Fähigkeiten sind durch regelmäßige Bildungsmaßnahmen zu erweitern und zu vervollkommnen.«[509]

Nach Ableistung der Probezeit wurden Strafvollzugs-Angehörige in feierlicher Form vereidigt. Der Eid lautete: »Ich schwöre, meinem sozialistischen Vaterland, der Deutschen Demokratischen Republik und ihrer Regierung allzeit treu ergeben zu sein, Dienst- und Staatsgeheimnisse zu wahren und die Gesetze und Weisungen genau einzuhalten. Ich schwöre, dass ich, ohne meine Kräfte zu schonen, auch unter Einsatz meines Lebens, die sozialistische Gesellschafts-, Staats-,

508 Gesetzblatt der Deutschen Demokratischen Republik, Teil 1, Nr. 3, 26.1.1965.
509 Ministerium des Innern (Hg.): Schlag nach für Strafvollzugsangehörige, S. 362.

Quelle: StSG, B 00014.

Appell der Bediensteten der Strafvollzugseinrichtung Hoheneck, o.D.

und Rechtsordnung, das sozialistische Eigentum, die Persönlichkeit, die Rechte und das persönliche Eigentum der Bürger vor verbrecherischen Anschlägen schützen werde. Sollte ich dennoch diesen meinen feierlichen Eid brechen, so möge mich die Strafe der Gesetze unserer Republik treffen.«[510]

Die Laufbahnen waren nach oben durchlässig, ein Aufstieg durchaus möglich. Eine Wachtmeisterin, die einen Laufbahnwechsel anstrebte, musste drei Jahre Berufserfahrung im Strafvollzug nachweisen, um an die zuständige Fachschule »Heinrich Rau« in Radebeul delegiert zu werden. Entweder erfolgte die Ausbildung im operativen Dienst oder im Vollzugsdienst. Im operativen Dienst war das Personal vor allem zuständig für Bewachung und Transport, im Vollzugsdienst für die sogenannte Erziehung der Strafgefangenen. Beide Lehrgänge dauerten zwei Jahre. Weitere zwei Jahre waren nötig, um in die nächsthöhere Laufbahn aufzusteigen. Die Qualifikation zum Diplomstaatswissenschaftler, die zur Leitung eines Gefängnisses befähigte, erfolgte an der Hochschule der Deutschen Volkspolizei in Ost-Berlin.[511]

510 Ebd., S. 362f.
511 Vgl. Essig: Die Entwicklung des Strafvollzugs in den neuen Bundesländern, S. 69, 77.

Die »Grundsätze über die Aufgaben, Prinzipien der Führung, Arbeitsweise, Organisation und Struktur der Strafvollzugseinrichtungen«[512] definierten die Hierarchie der Führungsebene. In Hoheneck waren die ranghöchsten Mitarbeiter der Anstaltsleiter, der Leiter der Medizinischen Dienste und die Anstaltspsychologin. Sie trugen allesamt den Dienstgrad Major. Bemerkenswerterweise fand sich in der Lohntüte des Anstaltsarztes doppelt so viel Geld wie in der des Anstaltsleiters. Die Psychologin hatte immerhin noch 50 Prozent mehr Einkommen als der Leiter. Allem Anschein nach waren die »Spezialkader«, so der offizielle Terminus, nur mit signifikant mehr Geld in den Strafvollzugsdienst nach Hoheneck zu locken.

Mit der Anstaltsleitung hatten die Strafgefangenen in der Regel keinen Kontakt, abgesehen von den Ärzten, wenn sie zu diesen vorgelassen wurden. Die Gefangenen hatten es ausschließlich mit den Mitarbeiterinnen des Vollzugs- und des operativen Dienstes zu tun. Das gesamte Wachpersonal im operativen Dienst rekrutierte sich aus der unteren Laufbahnebene. Die Wachtmeisterinnen waren für die Bewachung von Strafgefangenen in den Verwahrräumen und am Arbeitsplatz, für deren Transport sowie für das Diensthundewesen zuständig. Die Kommunikation zwischen den Wachtmeisterinnen und den Strafgefangenen sollte dabei auf ein Minimum reduziert bleiben. Gesprochen wurden nur knappe Kommandos im Befehlston. Im Häftlingsjargon wurden die Wachtmeisterinnen durchgängig nur »Wachteln« genannt.

Die sogenannten Erzieherinnen im Vollzugsdienst waren bis auf einige Hilfskräfte ausschließlich Offiziere, welche die Fachschulausbildung in Radebeul durchlaufen hatten. Die »Erzieherinnen« bestimmten in ihrem jeweiligen Bereich, welche Frau in welche Zelle kam. Ein Erzieherbereich war gleichzeitig ein Arbeitskommando und konnte in Spitzenzeiten bis zu 100 Häftlinge umfassen. Meinte das Wachpersonal der operativen Dienste Auffälligkeiten bei den Strafgefangenen festgestellt zu haben, so hatten sie

512 BArch/StUA, MfS BdL/Dok Nr. 10359, Bl. 1–124: Grundsätze über die Aufgaben, Prinzipien der Führung, Arbeitsweise, Organisation und Struktur der Strafvollzugseinrichtungen – Grundsätze SVE – vom 10.7.1968, 15.12.1971.

Quelle: Sächsisches Justizvollzugsmuseum Waldheim e.V.

So sollte ein Dienstzimmer der »Erzieher« aussehen: Seite »Neueinrichtung der Diensträume – Erzieher« im Vorzeigealbum der Strafvollzugseinrichtung Hoheneck, o.D.

diese den zuständigen »Erzieherinnen« zu melden.[513] Im Jahr 1969 waren in Hoheneck fast drei Mal so viele Wachtmeisterinnen (120) wie Offizierinnen (42) beschäftigt.[514] Das Verhältnis zwischen beiden Gruppen war durchaus angespannt.[515]

Der folgende Stellenplan vom Juli 1969 zeigt neben den einzelnen Aufgaben der Bediensteten auch die jeweiligen Gehälter. Das Durchschnittsgehalt in der DDR lag zu dieser Zeit bei etwa 650 Mark, d. h. sogar der Anstaltsleiter verdiente weniger als das. Die Wachtmeisterinnen lagen mit einem Monatsgehalt von 260 Mark weit unter der Hälfte des Durchschnittsgehalts.

513 Vgl. Interview SV-Bedienstete A.; Interview SV-Bedienstete B.; Interview SV-Bedienstete D.; Interview SV-Bedienstete E.

514 Zum Vergleich: 1966 waren es 28 zu 145, 1972 42 zu 120, 1974 53 zu 167, 1981 57 zu 169 und 1989 52 zu 131. BArch, DO1 11973: Stellenplan der StVE Hoheneck, 1.1.1966; Stellenplan der StVE Hoheneck, 1.7.1969; Stellenplan der StVE Hoheneck, 1.1.1972; Stellenplan der StVE Hoheneck, 1.1.1974; Stellenplan der StVE Hoheneck, 1.7.1989; BArch, DO1 12178: Stellenplan der StVE Hoheneck, 28.12.1981.

515 Vgl. Interview SV-Bedienstete E.

Arbeitsgebiet	Bezeichnung	Dienstgrad	Personenzahl	Verdienst in Mark pro Monat
Leitung	Leiter	Major	1	600
	1. Stellv. des Leiters	Hauptmann	1	525
	Stellv. Leiter StVE Politische Arbeit	Hauptmann	1	525
	Sekretärin des Leiters	Hauptwachtmeister	1	240
Polit	1. Offizier für die staatsbürgerliche Erziehung und Bildung	Oberleutnant	1	425
	Sekretär der Grundorganisation der SED	Hauptmann	1	450
Kader	Kaderoffizier	Oberleutnant	1	325
Finanzen	Offizier für Finanzen und Zahlstelle	Leutnant	1	325
Vollzugsgeschäftsstelle	Leiter der Vollzuggeschäftsstelle	Leutnant	1	300
	Sachbearbeiter/-in Vollzugsgeschäftsstelle	Meister	3	230
	Sachbearbeiter/-in Effekten	Meister	1	250
Psychologie/ Pädagogik	Diplom-Psychologe	Major	1	900
Wiedereingliederung	Offizier für Wiedereingliederung	Leutnant	1	325
Operativ-taktischer Einsatz	Offizier für operativtaktischen Einsatz und Information	Leutnant	1	275
Aus- und Weiterbildung	Offizier für Ausbildung und Schulung	Leutnant	1	275
Nachrichtenwesen	Truppführer Nachrichten	Obermeister	1	290
	Fernschreiber/Fernsprecher	Hauptwachtmeister	3	250
VS/Post	Sachbearbeiter/-in Post, ZKD und VS	Meister	1	250

Arbeitsgebiet	Bezeichnung	Dienstgrad	Personenzahl	Verdienst in Mark pro Monat
Arbeitseinsatz	Offizier für Arbeitseinsatz und berufliche Qualifizierung	Oberleutnant	1	425
Planung und Abrechnung	Sachbearbeiter/-in Abrechnung	Meister	1	250
Eigengeld	1. Sachbearbeiter/-in Eigengeld	Meister	1	250
	Sachbearbeiter/-in Eigengeld	Meister	1	230
Versorgungsdienste	Abteilungsleiter Versorgung	Oberleutnant	1	350
	Offizier für Bauwesen	Leutnant	1	325
	Offizier Intendantur/ Quartiernutzung	Leutnant	1	275
	Sachbearbeiter/-in Verpflegung	Meister	1	240
	Sachbearbeiter/-in Bekleidung	Meister	1	240
	Küchenleiter und Arbeitsplatzaufsicht	Meister	1	270
Bewaffnung	Waffenmeister	Obermeister	1	260
Kfz-Wesen	Schirrmeister/ Fahrdienstleiter	Obermeister	1	260
	Kraftfahrer Bus/MTW mit mehr als 8 Plätzen	Hauptwachtmeister	1	230
	Kraftfahrer Sankra (Sanitätskraftwagen)	Hauptwachtmeister	1	250
	Kraftfahrer GTW	Meister	1	260
Hauswerkstätten	Schichtleiter Zentralwerkstatt und Arbeitsplatzaufsicht	Meister	1	280
	Leiter Hauswerkstätten	Meister	1	290
	Arbeitsplatzaufsicht – Elektriker	Meister	1	290
	Arbeitsplatzaufsicht – Heizungsmechaniker/Schlosser	Meister	1	290
	Arbeitsplatzaufsicht – ZIW	Meister	1	270
	Arbeitsplatzaufsicht – Heizung	Meister	4	270

Medizinische Dienste	Arzt als Leiter Med. Dienste zgl. Chefarzt der KHA	Major	1	1200
	Offizier für Organisation der med. Betreuung	Oberleutnant	1	350
	MTA mit Spezialkenntnissen	Meister	1	300
	Stationspfleger	Obermeister	1	270
	Sanitäter	Meister	3	260
	Krankenpfleger auf Krankenstation	Meister	4	260
	Desinfektor	Meister	1	240
Operative Dienste	Leiter operative Dienste	Oberleutnant	1	400
	Wachhabender	Meister	4	270
	Gruppenführer des Aufsichtsdienstes	Obermeister	4	280
	Operative Diensthabende	Oberleutnant	4	300
	Diensthundeführer mit Pflichten eines Staffelführers	Meister	1	290
	Posten der Objektsicherung	Hauptwachtmeister	12	240
	Wachtmeister op. Dienstes	Meister	54	260
Erziehungsdienst	Leiter Vollzugsabteilung Erwachsene	Oberleutnant	2	400
	Leiter Vollzugsabteilung Jugendliche	Oberleutnant	1	400
	Erzieher Erwachsene	Leutnant	11	375
	Erzieher Jugendliche	Leutnant	5	375
	Erziehungshelfer	Obermeister	5	280
			162	

Tabelle 10: Stellenplan der Strafvollzugseinrichtung Hoheneck, 1.7.1969, BArch, DO 1 11973.

Quelle: SächsStA, 30461, 38/2.

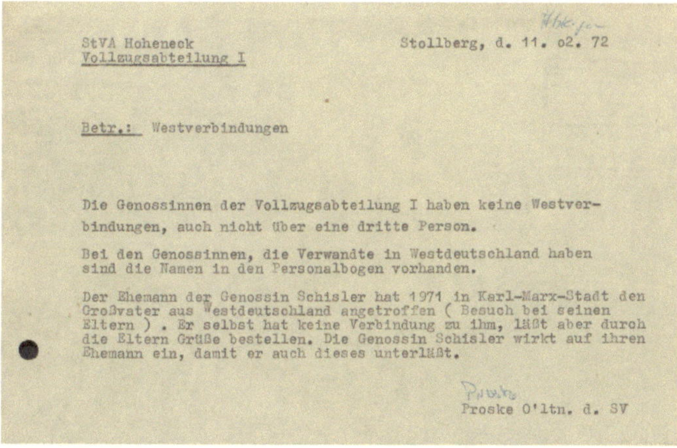
StVA Hoheneck
Vollzugsabteilung I

Stollberg, d. 11. o2. 72

Betr.: Westverbindungen

Die Genossinnen der Vollzugsabteilung I haben keine Westverbindungen, auch nicht über eine dritte Person.

Bei den Genossinnen, die Verwandte in Westdeutschland haben sind die Namen in den Personalbogen vorhanden.

Der Ehemann der Genossin Schisler hat 1971 in Karl-Marx-Stadt den Großvater aus Westdeutschland angetroffen (Besuch bei seinen Eltern) . Er selbst hat keine Verbindung zu ihm, läßt aber durch die Eltern Grüße bestellen. Die Genossin Schisler wirkt auf ihren Ehemann ein, damit er auch dieses unterläßt.

Proske O'ltn. d. SV

Flächendeckende Überwachung: Vermerk über »Westverbindungen« von Bediensteten der Strafvollzugseinrichtung Hoheneck, 11.2.1972.

Eines der größten Probleme der Anstaltsleitung war über ein Jahrzehnt hinweg die hohe Fluktuation im Personalbestand. Diesen zu stabilisieren, gelang erst ab Mitte der 1960er Jahre.[516] Bis dahin hatten die Personalverantwortlichen bei Dienstvergehen oft Nachsicht walten lassen, einfach um das Personal zu halten. Es wurde ein Balanceakt vollführt zwischen Rücksichtnahme auf die angespannte Personalsituation und der Aufrechterhaltung des reibungslosen Haftbetriebs sowie der Arbeitsdisziplin beim Personal. Ein besonderes Ärgernis waren in den Augen der Leitungsebene die immer wieder registrierten Westkontakte einiger Bediensteter.

516 SächsStA, 30441, 25.1 339, Bl. 63.

Hohenecker Strafvollzugspersonal beim Schießtraining, o.D.

1974 gab es einen neuen Stellenplan für Hoheneck, mit dem sich die Anstaltsleitung sogar in der Lage sah, ein Drittel mehr Stellen zu besetzen.[517] Dieser Personalzuwachs erlaubte es den Verantwortlichen, wieder härter gegen Fehlverhalten der Bediensteten vorzugehen. Als sich nun beispielsweise eine Bedienstete weigerte, ihre Kontakte in die Bundesrepublik abzubrechen, wurde sie kurzerhand entlassen.[518]

517 BArch, DO1 11973: Stellenplan der StVE Hoheneck, 1.1.1974.
518 SächsStA, 30461, 37: Anlage zur Lageeinschätzung Monat Juli 1976.

7.2 Personalmangel

Grundsätzlich galt eine Anstellung im Geschäftsbereich des Ministeriums des Innern der DDR als lukrativ, weil damit etwa Vorteile bei der Zuteilung von Wohnraum einhergingen. Gegen den Dienst im Strafvollzug hingegen sprachen vor allem das geringe Ansehen des Berufs in der Bevölkerung sowie die unattraktiven Arbeitsbedingungen mit Schichtarbeit und psychischer Belastung. Für Hoheneck erwies sich der Standort im Erzgebirge zusätzlich als Nachteil, denn die hier beheimatete Bergbauindustrie lockte Arbeiterinnen und Arbeiter mit deutlich besserer Bezahlung.[519] Zudem war der Ruf des Gefängnisses Hoheneck schlecht, sodass bis auf einzelne Ausnahmen Strafvollzugsbedienstete den Wechsel ins Erzgebirge verweigerten.[520]

Die Personalentwicklung in Hoheneck war wie im gesamten Strafvollzug der DDR dauerhaft problematisch. Deutlich wird dies auch im Vergleich zur Personalentwicklung bei Staatssicherheit und Volkspolizei. In der Personalstärke hatte die Geheimpolizei die Volkspolizei mit der Zeit deutlich überholt. Während die gesamte Volkspolizei der DDR im Jahr 1989 gerade einmal 80.000 Mitarbeiter hatte, waren es beim Ministerium für Staatssicherheit 91.000 hauptamtliche Mitarbeiter.[521] Im Strafvollzug gab es das Problem, dass die zahlreichen Entlassungen – hauptsächlich wegen persönlicher Verbindungen in die Bundesrepublik – nicht durch Neueinstellungen von für den Strafvollzug ausgebildetem Personal kompensiert werden konnten. Um die Stellen zu besetzen, mussten Kolleginnen aus anderen Dienstzweigen, beispielsweise aus der NVA, übernommen werden. Oft entsprachen diese personellen Neuzugänge jedoch nicht den Ansprüchen der Anstaltsleitung. Innerhalb der Polizei hatte die »Abteilung Strafvollzug« keinen allzu guten Ruf. Diese Geringschätzung zeigte sich auch darin, dass andere Einheiten der Polizei unqualifizierte und unliebsame Kolleginnen und Kollegen

519 Vgl. Dölling: Strafvollzug, S. 110.

520 SächsStA, 30441, 25.1 339, Bl. 33: Quartalsbericht I/65, 10.04.1965.

521 Zudem hatte die Staatssicherheit 173.000 Inoffizielle Mitarbeiter rekrutiert. Vgl. Gieseke: Volkspolizei und Staatssicherheit, S. 94, 96.

gern dorthin (straf)versetzten. Für den Strafvollzug bedeutete dies, dass sich hier problematisches Personal, das an anderer Stelle den Anforderungen nicht entsprach, konzentrierte. Gleichzeitig fehlte es den Vorgesetzten an Drohpotential, um diese Mitarbeiter und Mitarbeiterinnen zu disziplinieren. Eine Warnung, jemand könne zwangsversetzt werden, lief in diesen Fällen nahezu ins Leere, weil sie das bereits erlebt hatten und eine Verschlechterung kaum mehr möglich war. Untaugliche Strafvollzugsbedienstete waren eine Belastung für das Personal, aber mehr noch für die Gefangenen.

Trotz der Personalnot wurden an die Anwärter und Anwärterinnen für den Strafvollzugsdienst strengere Maßstäbe angelegt als in anderen Bereichen der Volkspolizei. Jeder fünfte potentielle Kandidat genügte schon vor Ausbildungsbeginn nicht den formalen Anforderungen und wurde aussortiert. Es gab viele Kriterien, die einzuhalten waren: Die Neueingestellten sollten nicht nur jung und Mitglied der SED bzw. FDJ sein, sondern auch dem Arbeitermilieu entstammen. Für die ersten Jahre galt außerdem, dass alle Personen, die in nationalsozialistische Verbrechen verstrickt oder in westlicher Kriegsgefangenschaft waren, nicht in Frage kamen. Bereits kurz nach Kriegsende war die unmissverständliche Anweisung ergangen, möglichst wenig ehemaliges Polizeipersonal zu übernehmen. Die neue Polizei sollte politisch einwandfrei sein.[522] Auf der einen Seite formulierten die Personaler also überaus hohe Ansprüche, während es auf der anderen Seite insgesamt eher wenig Interessenten gab.[523] Auch schien der Umgang mit den neuen Bediensteten zuweilen chaotisch. So war die Anstaltslogistik mit den Neueinstellungen bisweilen überfordert. 1974 erhielten die Neulinge beispielsweise Uniformen aus der Kleiderkammer, die zum Teil bereits aussortiert und als Häftlingsbekleidung vorgesehen waren.[524]

522 Vgl. Lindenberger: Volkspolizei, S. 218f.; Kuschel: Innere Sicherheit, S. 123.
523 BArch, DO1 28587: Bericht, o.D., wohl Ende 1949.
524 SächsStA, 30441, 25.1/339, Bl. 139: Lageeinschätzung Monat September 1974, 10.10.1974.

Neben den Schwierigkeiten bei der Ausstattung erschwerten auch Geschlechterklischees den Dienstalltag. In den Reihen der Volkspolizei war die Überzeugung weit verbreitet, dass die politischen Einstellungen von Frauen schwieriger mit denen des Staates in Einklang zu bringen seien als die ihrer männlichen Kollegen. Wenn die Männer von vornherein davon ausgingen, dass ihre weiblichen Kollegen weniger ideologisches Engagement mitbrachten, so behinderten diese Vorbehalte die Zusammenarbeit. Um die jungen Frauen dennoch für den Dienst im Strafvollzug zu gewinnen, wurden ihnen im Vorstellungsgespräch teilweise Versprechungen gemacht wie etwa die Möglichkeit eines berufsbegleitenden Fernstudiums, die später jedoch nicht eingehalten wurden.[525] Während also einerseits großzügige Zusagen gemacht wurden, sahen sich die Verantwortlichen andererseits aufgrund der Personalnot dazu veranlasst, auch Bewerberinnen für den Dienst in Hoheneck einzustellen, die eigentlich untauglich waren.[526]

7.3 Verfehlungen

Von den Strafvollzugsbediensteten wurde erwartet, dass sie sich nicht nur im Dienst, sondern auch nach Feierabend vorbildlich und korrekt verhielten. Das Personal hatte sich an Recht und Gesetz zu halten, sollte politisch zuverlässig sein und weder im Privaten noch in der Öffentlichkeit negativ auffallen. Für den Dienstalltag wurde angenommen, dass die Bediensteten nur mit Disziplin und Ordnung die notwendige Autorität ausstrahlen könnten.[527] Teile des Personals leiteten daraus für sich ab, gegenüber den Strafgefangenen auch gewalttätig werden zu dürfen. Allerdings bewegten sie sich mit dieser Sichtweise auch schon Anfang der 1950er Jahre bestenfalls in einer rechtlichen Grauzone. Nicht immer blieben Übergriffe unwidersprochen. Als Strafgefangene 1950 aus

525 Vgl. Interview SV-Bedienstete E.
526 SächsStA, 30441, 25 133, Bl. 39: Quartalsbericht I. Quartal 1957, 6.4.1957.
527 Vgl. Kühnel: Handbuch, S. 18.

Bedienstete der Strafvollzugeinrichtung Hoheneck am Kulturhaus, 1950er Jahre.

ihrem Fenster heraus beobachteten, wie Wärterinnen zum wiederholten Male Frauen beim Rundgang im Innenhof stießen, schrien sie nach Leibeskräften, sie sollten dies unverzüglich einstellen. Die bloßgestellten Bediensteten eilten daraufhin zum Verwahrraum der intervenierenden Gefangenen, wo sie jedoch bereits erwartet wurden. Die Strafgefangenen zogen eine der Wärterinnen, die sie als Täterin identifiziert hatten, an den Haaren in die Zelle und schlugen heftig auf sie ein. Die Wut über die Gewalt an den Mitgefangenen war derart groß, dass andere Häftlinge dazwischengingen, damit die Bedienstete nicht mit einem Messer angegriffen wurde. Auch wenn mehrere Strafgefangene für diese Attacke auf die Angestellte bestraft wurden, bemerkten die Strafgefangenen, dass sie von den Wachtmeisterinnen nun mit deutlich mehr Vorsicht behandelt wurden.[528]

Seit 1956/57 galt der Grundsatz, dass die körperliche Unversehrtheit der Gefangenen zu gewährleisten sei. Bei Übergriffen von Kolleginnen auf Gefangene sollte es unter den Bediensteten kein Wegschauen und kein Schweigen geben. Während Tätlichkeiten geächtet wurden, gewannen die Mittel der politischen Indoktrination der Strafgefangenen immer

528 Vgl. Giersch: Wir hungern noch, S. 57.

mehr an Bedeutung.[529] Dennoch sind zwischen 1961 und 1989 DDR-weit 625 Körperverletzungen an Strafgefangenen und etwa 2.000 weitere Misshandlungen dokumentiert.[530] Dabei ist von einer deutlich höheren Dunkelziffer auszugehen. Verstöße durch das Personal gab es auch in Hoheneck.[531]

Die Strafgefangenen sahen die Bediensteten aufgrund ihrer Machtstellung und ihres Fehlverhaltens vor allem negativ.[532] Besonders bitter stieß den Häftlingen der falsch verstandene Korpsgeist auf, der dazu führte, dass Vergehen unter »Kolleginnen« gedeckt wurden. Als beispielsweise 1963 einer Strafgefangenen der Arm gebrochen wurde, stellte sich die Anstaltsleitung vor die verantwortliche Strafvollzugsbedienstete.[533] Das Vertuschen der Tat verfestigte die Abneigung gegenüber dem Personal und bestärkte zugleich die Bediensteten in ihrem übergriffigen Verhalten, weil dies keine Konsequenzen zu haben schien. Diese Rückendeckung für gewalttätige Kolleginnen setzte sich bis in die 1970er Jahre fort. Danach wurden gewalttätige Übergriffe zumindest nicht mehr ignoriert, sondern von der Staatssicherheit beobachtet und näher untersucht. So gab es verschiedene Vorfälle: Die ehemalige Gefangene Angelika Schmidt berichtet davon, von einer Wärterin körperlich attackiert worden zu sein, nachdem Schmidt diese darauf hingewiesen hatte, dass der Lautsprecher in der Zelle defekt sei. Das Kommando, sich zum Mittagessen fertig zu machen, sei deshalb nicht zu hören gewesen.[534] Auch Elisabeth Holl, die wegen »ungesetzlicher Verbindungsaufnahme« in Hoheneck einsaß, gibt an, während ihrer Haft 1978/79 geschlagen worden zu sein.[535]

529 Vgl. Wunschik: Regenmantel, S. 302, 305, 307; Wunschik: Hinter doppelten Mauern, S. 573.
530 Vgl. Sauer: Salzgitter-Report, S. 196; Ansorg: Die juristische Aufarbeitung, S. 591f.
531 BArch/StUA, MfS Karl-Marx-Stadt, XIV 1536/75 II, Bl. 11: Auszug aus einem Ausspracheprotokoll, 28.11.1975.
532 Vgl. Finn: Politischer Strafvollzug in der DDR, S. 106.
533 SächsStA, 30441, 25.1 142, Bl. 91: Bericht über das I. Halbjahr 1963 im Dienstzweig SV, 16.7.1963.
534 Vgl. Schmidt: November, S. 99.
535 Vgl. Brey: Doppelstaat DDR, S. 165.

Hannelore Höfelmayer wurde noch 1984 Zeugin, wie eine Wärterin in den Kellerräumen auf eine Gefangene mit Eisenketten einschlug.[536]

Die Beschreibungen Schmidts, Holls und Höfelmayers bestätigen, dass die körperlichen Übergriffe auch in den 1970er und 1980er Jahren nicht vollständig der Vergangenheit angehörten. Der Anstaltsarzt bemerkte bei Untersuchungen der Strafgefangenen Mitte der 1970er Jahre wiederholt Anzeichen von Gewalteinwirkungen und informierte die Staatssicherheit darüber. Diese beauftragte ihren langjährigen Inoffiziellen Mitarbeiter, die Situation weiter zu beobachten und zu dokumentieren. Die Staatssicherheit wollte die Entwicklung zunächst aus der Distanz abwarten.[537] Ob und wenn ja, welche weiteren Schritte sich daraus ergaben, ist nicht bekannt.

Es kam immer wieder vor, dass Bedienstete die Strafgefangenen schlugen. Wenn die Betroffenen einen solchen Übergriff meldeten, wurde in der Regel der leitende Anstaltsarzt hinzugezogen. Dieser sollte etwaige Verletzungen dokumentieren und im Bedarfsfall die Frauen medizinisch versorgen. Körperliche Angriffe auf Strafgefangene mussten dem Anstaltsleiter grundsätzlich gemeldet werden, sofern es der Strafgefangenen gelang, ihre Beschwerde vorzutragen. Denn es konnte sein, dass andere Strafgefangene dies verhinderten, weil sie selbst keinen Ärger wollten.[538] Auch Bedienstete waren in der Position, die Beschwerde einfach nicht weiterzuleiteten.

Körperliche Gewalt war aber immer auch ein Mittel, auf das die Bediensteten unter bestimmten Umständen ganz legal zurückgreifen durften. Wenn gegen eine Strafgefangene eine Arreststrafe ausgesprochen wurde, musste sie ihre Kleidung wechseln und statt Alltagskleidung Arbeitsjacke und Arbeitshose tragen. Als sich im Sommer 1986 eine Strafgefan-

536 Vgl. Nayhauß/Riepl: Der dunkle Ort, S. 114.

537 BArch/StUA, MfS Bezirksverwaltung Karl-Marx-Stadt, AIM 2626/82 II, Bl. 128: Treffauswertung, 10.4.1975.

538 Ebd., Bl. 182: Mündlicher Bericht, 28.10.1977. Eine der Bediensteten war IM »Lucien«. BArch/StUA, MfS Bezirksverwaltung Karl-Marx-Stadt, AIM 4593/86 I, Bl. 107: Beschwerde der SG, 11.6.1980.

gene weigerte, ihre Kleidung zu wechseln, drohten ihr die drei Strafvollzugsbediensteten mit der Anwendung »unmittelbaren Zwangs«. Dies war eine unter bestimmten Bedingungen laut Strafvollzugsordnung zulässige Maßnahme, die vorher angekündigt werden musste und nur so lange angewendet werden durfte, bis ihr Zweck erreicht war. Außerdem musste eine solche Maßnahme gemeldet und schriftlich erfasst werden. Offiziell hieß es: »Maßnahmen des unmittelbaren Zwangs sind nur zulässig, wenn auf andere Weise ein Angriff auf Leben oder Gesundheit oder ein Fluchtversuch nicht verhindert oder Widerstand gegen Maßnahmen zur Aufrechterhaltung der Sicherheit nicht beseitigt werden können. Es dürfen nur die dem Grad der Gefährlichkeit entsprechenden und zweckmäßigen Maßnahmen angewandt werden.«[539] Folgende Hilfsmittel galten als zulässig: die Anwendung des Schlagstocks, das Fesseln an den Händen und Füßen bzw. das Anlegen der Führungskette, das Anlegen der Fesselungsjacke sowie der Diensthundeeinsatz.[540] Eine Führungskette war eine Metallkette, die ums Handgelenk gelegt und enger gezogen werden konnte, um Schmerzen zu verursachen.

Die drei Strafvollzugsbediensteten, die bei der Strafgefangenen den Kleidungswechsel durchsetzen wollten, trugen Schlagstock und Führungskette mit sich und erzeugten damit eine bedrohliche Atmosphäre. Als der Schlagstock zum Einsatz kam, gab die Gefangene schließlich ihren Widerstand auf. Sie lag am Boden und zwei der drei Bediensteten beendeten umgehend die Gewalt. Die Dritte ließ jedoch nicht von der Strafgefangenen ab und musste durch ihre Kolleginnen gestoppt werden.[541]

Parallel zu diesen Berichten über Gewalt und Missbrauch erzählen ehemalige Strafgefangene auch von Wärterinnen, die mitunter auf Disziplinarmaßnahmen verzichteten, niemanden schikanierten und sich menschlich und fair verhielten.[542] Die

539 Ministerium des Innern (Hg.): Schlag nach für Strafvollzugsangehörige, S. 379.

540 Vgl. ebd.

541 Vgl. Interview SV-Bedienstete E.

542 Vgl. Interview SV-Bedienstete E.; Interview mit Sigrid Seime (2009), S. 21, 32; Bechler: Warten auf Antwort, S. 373f.; Giersch: Wir hungern noch, S. 55f.

Bediensteten hatten also einen gewissen Handlungsspielraum und waren durchaus in der Position, den Umgang mit den Strafgefangen in die eine oder andere Richtung zu gestalten.[543]

Es war ausgerechnet das Ministerium für Staatssicherheit, das sich im Hintergrund mitunter für die Strafgefangenen einsetzte, etwa wenn Stasi-Offiziere die von der Anstaltsleitung ausgesprochenen Disziplinarstrafen als überzogen bewerteten und deren Aussetzung forderten.[544] Dabei war es weniger das Wohl der Häftlinge, das die Staatssicherheit umtrieb. Sie agierte vielmehr aus dem Kalkül heraus, mögliche Eskalationen zu verhindern und eine schädliche Außenwirkung zu vermeiden. So wurde die Arreststrafe einer Strafgefangenen in Hoheneck auf Veranlassung der Staatssicherheit über die Anstaltspsychologin von 18 auf acht Tage heruntergesetzt. Mit diesem »Entgegenkommen« sollte eine angedrohte Nahrungsverweigerung verhindert werden.[545]

Die Rolle der Staatssicherheit als Aufklärerin von Fehlverhalten des Personals ist eine überaus zwiespältige. Erschien es den Stasi-Offizieren nützlich, wenn Fehltritte verborgen blieben, um politischen Schaden abzuwenden, dann gab es seitens des MfS keinen Widerspruch gegen Verschleierungsmaßnahmen durch das Personal. Als die Anstaltspsychologin beispielsweise von einer Strafgefangenen erfuhr, dass diese von einem männlichen Bediensteten sexuell missbraucht worden war, berichtete die Psychologin dies zuerst an die Staatssicherheit. Erst als das MfS sie anwies, zum Anstaltsleiter zu gehen, meldete sie den Vorfall offiziell.[546] Der beschuldigte Strafvollzugsangehörige leugnete den Vorwurf, woraufhin die Strafgefangene der Lüge bezichtigt wurde. Die Psychologin wiederum wies die Strafgefangene daraufhin an, die Tat gegenüber anderen nicht zu

543 Vgl. Décarpes: DDR-Strafvollzug vor und nach der Wende, S. 97.

544 So hatten Mitarbeiter des MfS in der StVA Torgau die Entlassung eines Strafgefangenen aus dem Arrest bewirkt, der wegen groben Verstoßes gegen die Hausordnung und Hetze gegen die Regierung mit 21 Tagen Arrest bestraft worden war. BArch/StUA, MfS BdL/Dok Nr. 2658, Bl. 1: Ergänzung zur Arbeitsrichtlinie der Abteilung VII/Referat 3 – über die Arbeit im Strafvollzug – vom 23.4.1956, 11.12.1956.

545 BArch/StUA, MfS Bezirksverwaltung Karl-Marx-Stadt, XIV 1536/75 II, Bl. 324: Treffbericht, 22.1.1980.

546 Ebd., Bl. 170: Treffbericht, 19.6.1978.

erwähnen.[547] Dass wenige Wochen später ein Parteiverfahren gegen den Bediensteten stattfand, erfuhr die Strafgefangene nicht. Der sexuelle Übergriff war jedoch nicht Gegenstand des Verfahrens, womit die eigentliche Tat keine Erwähnung mehr fand. In der entsprechenden Stasi-Information hieß es dazu: »Von den tatsächlichen Geschehnissen [sollte] im Parteiverfahren keine Rede sein.«[548] Stattdessen wurde von einer »groben Überschreitung seiner Dienstbefugnisse« gesprochen. Er hätte das Büro des Wachhabenden ohne die notwendige Genehmigung verlassen und eigenmächtig die Kontrolle einer Strafgefangenen durchgeführt. Zusätzlich habe ein Mitarbeiter der BDVP Karl-Marx-Stadt eine schriftliche Erklärung der Strafgefangenen verlangt, in der sie zugeben sollte, den Strafvollzugsbediensteten zu Unrecht beschuldigt zu haben. »Dies soll dem Zweck dienen«, so die Stasi, »falls über das Vorkommnis in der BRD etwas bekannt wird, es als Verleumdung [...] gegenüber dem Strafvollzug dementieren zu können«.[549] Die Polizei tat also alles, um das Ansehen des Strafvollzugs und damit der DDR zu schützen. Die Gefängnispsychologin wurde schließlich aufgefordert, alle Unterlagen zu diesem Fall der BDVP auszuhändigen. Diese war über die Vertuschungsaktion empört und äußerte dies gegenüber der Staatssicherheit. Die Stasi-Mitarbeiter rechtfertigten das Vorgehen der BDVP gegenüber der Psychologin damit, dass der Vorfall nicht an die Öffentlichkeit gelangen dürfe. Die Entscheidung, die Straftat nicht zu verfolgen, sei vom Chef der BDVP getroffen worden, so die MfS-Mitarbeiter, sie sei aber im Interesse der Staatssicherheit.[550]

Verstöße gegen allgemeine Dienstvorschriften durch Strafvollzugbedienstete wurden ebenfalls registriert. Als harmlos kann etwa die laxe Handhabung der geltenden Bekleidungsordnung für die Angestellten gelten, die gerade nachts immer wieder großzügig ausgelegt wurde. Die eigentliche Dienstdurchführung berührte dies jedoch nicht. Relevanter waren

547 Ebd., Bl. 175f.: Ergänzung zum Ausspracheprotokoll, 22.6.1978.
548 BArch/StUA, MfS Bezirksverwaltung Karl-Marx-Stadt, XIV 1536/75 II, Bl. 179: Information zum Vorkommnis vom 17.6.78, 5.7.1978.
549 Ebd.
550 Ebd., Bl. 178.

eigenmächtige Veränderungen der Kontrollgänge oder das Auslassen von Kontrollen, um sich stattdessen schlafen zu legen.[551] Als die Anstaltsleitung im August 1968 als Reaktion auf die Ereignisse des Prager Frühlings in der Tschechoslowakei das gesamte Gefängnis in Alarmbereitschaft versetzte, umgingen einige Bedienstete die Anwesenheitspflicht und blieben einfach weg. Sie ignorierten das Signal oder behaupteten im Nachgang, es schlichtweg nicht gehört zu haben.[552]

Volkspolizei und Staatssicherheit registrierten darüber hinaus eine Vielzahl an weiteren Verstößen gegen allgemeine Dienstvorschriften durch das Anstaltspersonal. Die Vorwürfe betrafen beispielsweise das Thema »Alkoholgenuss während des Dienstes«, den Diebstahl von Lebensmitteln oder andere für das Ansehen der SED schädliche Verhaltensweisen.[553] Verfehlungen, Übertritte und Übergriffe fanden nicht nur auf der Ebene der Bediensteten statt und waren nicht unbedingt für die DDR spezifisch. Denn ganz ähnliche Befunde lassen sich auch für den Strafvollzug in der Bundesrepublik feststellen.[554] Fehlverhalten auf der Ebene des Führungskorps kann dagegen durchaus auf die Eigenheiten des DDR-Strafvollzugs zurückgeführt werden, genauer gesagt darauf, wie Führungskräfte ausgewählt wurden. Dass die politische Zuverlässigkeit von Kandidaten und Kandidatinnen für Führungspositionen wichtiger war als deren fachliche Expertise, musste früher oder später zu Problemen führen. Denn aus dieser Einstellungspraxis heraus erfolgte die Besetzung der Schaltstellen in Hoheneck mit ungeeignetem Personal. Verstießen Wachtmeisterinnen oder die sogenannten Erzieherinnen gegen die Dienstvorschriften, blieb dies ein internes Problem der Strafvollzugseinrichtung. Übertraten die Führungskräfte rote Linien, zog dies jedoch ungleich größere Aufmerksamkeit auf sich. Der zwischen Dezember 1963 und August 1965 als Anstaltsleiter in Hoheneck einge-

551 BArch/StUA, MfS Bezirksverwaltung Karl-Marx-Stadt, XIV 2536/80, Bl. 68: Bericht, 24.1.1968.
552 Ebd., Bl. 108: Bericht, 21.8.1968.
553 SächsStA, 30461, 23: Ordner Parteiverfahren, Rüge, 10.12.1976; Aktennotiz, 13.3.1980; Beschluß, 6.5.1982.
554 Vgl. Rollmann: Strafvollzug in Deutschland.

setzte Rudi Petry war ein unberechenbarer Chef. Er traf seine Entscheidungen willkürlich. Bereits nach sechs Monaten im Amt gingen bei der BDVP Karl-Marx-Stadt die ersten Hinweise auf ein nicht näher erläutertes Fehlverhalten ein. Bei der Aufsichtsbehörde zeigte man sich desinteressiert.[555] Das Versagen der Dienstaufsicht ermöglichte es schließlich, dass unter Petrys Führung eine »Atmosphäre der Kumpelhaftigkeit und Unehrlichkeit«, wie sich die Stasi auszudrücken pflegte, gedieh. Der Anstaltsleiter selbst ignorierte Befehle und Weisungen seiner Dienstvorgesetzten und ließ jegliche Kritik an seiner Person und seinem Führungsstil ins Leere laufen. Diejenigen, die in seiner Gunst standen, wurden befördert, ausgezeichnet und prämiert, oft mit Geldprämien in Höhe von über 500 Mark.[556] Der Durchschnittslohn in der DDR betrug damals 633 Mark im Monat.[557] Der Leiter und sein enger Umkreis veranstalteten Feiern, die mit jenen Prämien finanziert wurden, die im Haushalt eingeplant, abgerechnet, aber nicht an andere Bedienstete ausgezahlt worden waren. Unter Petrys Ägide sei auch die »Erziehung« der Strafgefangenen vernachlässigt worden, bemerkte der Innenminister Friedrich Dickel im Befehl Nr. 21/65. Darin fand er unmissverständliche Worte: »Der Leiter der StVA Hoheneck, Major des SV Petry, mißbrauchte seine Dienststellung, verstieß grob gegen die Prinzipien der Kaderarbeit und gegen die sozialistischen Moralgesetze. Begünstigt durch das liberale und unparteiliche Verhalten der Leitung der Dienststelle führte diese moralische Versumpfung des Leiters der Dienststelle zu ernsthaften Aufweichungs- und Zersetzungserscheinungen bei Offizieren und Wachtmeistern der Strafvollzugsanstalt Hoheneck.«[558]

555 SächsStA, 30441, 25.1 142, Bl. 108: Einschätzung der Arbeitsergebnisse 1971, 2.12.1971. Die übliche vertikale Verwaltungsstruktur fand auch im Strafvollzug Anwendung: MdI (VSV) – Bezirksbehörde (BDVP) – Kreisämter (VPKA). Allerdings unterstand die StVA Hoheneck keinem Volkspolizeikreisamt, sondern direkt der Bezirksbehörde in Karl-Marx-Stadt.

556 BArch/StUA, MfS Bezirksverwaltung Karl-Marx-Stadt, 2536/80, Bl. 48: Bericht, 9.9.1965.

557 Staatliche Zentralverwaltung für Statistik (Hg.): Statistisches Jahrbuch der Deutschen Demokratischen Republik 1966, S. 79.

558 BArch, DO1 58514: Befehl Nr. 21/65 des Ministers des Innern und Chefs der Deutschen Volkspolizei über Vorkommnisse in der Strafvollzugsanstalt Hoheneck, 8.9.1965.

Wegen fortgesetzter schwerer Verfehlungen, Nichteinhaltung von Befehlen und Weisungen, Missbrauchs seiner Dienststellung und Unterschlagung wurden Rudi Petry schließlich sämtliche Auszeichnungen aberkannt. Er wurde zum Meister des Strafvollzugs degradiert und fristlos entlassen. Der Innenminister gestand dabei auch eigene Fehler ein. Zu nachlässig hätten die Verwaltung Strafvollzug und die Personalverwaltung die fachliche Eignung Petrys geprüft.[559] Auch weitere Führungskader wurden sanktioniert. Der 1. Stellvertreter des Leiters erhielt wegen Mitwisserschaft und unterlassenem Einschreiten einen strengen Verweis, genauso wie der Stellvertreter für politische Arbeit wegen der Vernachlässigung seiner Pflichten bei der Anleitung des Personals. Auch ein Fachgebietsleiter der Fachschule für Strafvollzug in Radebeul erhielt einen strengen Verweis, denn er hatte sich während seiner Hospitanz in Hoheneck an den Trinkgelagen beteiligt. Eine Hohenecker Stationsleiterin wurde wegen ihrer wiederholten Teilnahme an solchen Zusammenkünften sogar aus dem Dienst entlassen.[560]

Die Entlassung des Hohenecker Anstaltsleiters Petry wurde allen Bezirksbehörden der Deutschen Volkspolizei zur Kenntnis gegeben. Die Fachschule für Strafvollzug sowie das Zentralkomitee der SED wurden informiert. Außerdem befahl der Innenminister, dass sich sämtliche Vollzugseinrichtungen mit diesem Fall zu beschäftigen hatten. Hoheneck wurde so allen anderen Gefängnissen als Negativbeispiel vorgeführt.[561]

Die Abberufung Petrys bedeutete jedoch nicht das Ende der Missstände in der Hohenecker Anstaltsführung. Auch nach seiner Entlassung gab es immer wieder Anlass zur Kritik, die Anfang der 1970er Jahre zu einem mehrmaligen Wechsel des Anstaltsleiters führte. Den späteren Anstaltsleitern Harry Grunewald und Wolfgang Veit wurde vorgeworfen, sexuell übergriffig geworden zu sein. Grunewald hätte mehrfach versucht, sich einer Mitarbeiterin anzunähern. Diese reagierte darauf, indem sie fortan ausschließlich Hosen trug. Auch die Sekretärin des Anstaltsleiters Veit musste sich mehrfach seiner

559 Ebd.
560 Ebd.
561 Ebd.

Quelle: StSG, A 00227.

Ansprache an die Bediensteten des Hohenecker Strafvollzugs, o.D.

sexuellen Belästigungen erwehren.[562] Obwohl die eklatanten Mängel weder der zuständigen Polizeibehörde noch der Staatssicherheit in Hoheneck verborgen blieben, wurden diese nicht nachhaltig behoben. Bezirksbehörde und Geheimpolizei versagten als Aufsichtsorgane.

7.4 Anstaltsleitungen

Dass der Fisch vom Kopf her stinkt, ist ein bekanntes Sprichwort. Für Hoheneck gibt es kaum eine treffendere Beschreibung der Probleme im täglichen Dienstbetrieb. Dabei waren Rudi Petrys Eskapaden nur die Spitze des Eisbergs. Nach ihm wurden mehrere ungeeignete Anstaltsleiter durch neue ersetzt. Zwischen 1969 und 1974 gab es fünf Neubesetzungen an der Spitze des Gefängnisses. Eine stabile Führungs- und Kommunikationskultur konnte sich auf diese Weise nicht entwickeln. Major Heinz Scholz hatte die längste Amtszeit. Auf ihn folgte Hauptmann Heinz Georgi für immerhin zwei Jahre. Georgi wurde dann durch seinen Stellvertreter Hauptmann Harry Grunewald abge-

562 BArch/StUA, MfS Bezirksverwaltung Karl-Marx-Stadt, AIM 2921/84 I, Bl. 32: Abschrift, 22.9.1976; Bl. 108, 110: Oberstleutnant Veit, 20.3.1980; Bl. 119: Treffbericht, 23.12.1980.

löst. Obwohl Grunewald langjährige Erfahrungen im Strafvollzug hatte, wurde ihm nur vorrübergehend die Leitung zugetraut. Danach folgte Major Gerhard Schulze. Er trat sein Amt an und verließ es nach gerade einmal drei Monaten wieder. Erst mit der Berufung von Oberstleutnant Wolfgang Veit im Oktober 1974 war eine langfristige Lösung gefunden worden. Sie sollte bis 1989 Bestand haben. Doch auch er fiel durch wiederholten Alkoholkonsum während der Dienstzeit negativ auf. Fast täglich ließ er seine Sekretärin für ihn Alkohol kaufen.[563]

Auffällig ist die männliche Vormachtstellung auf den oberen Führungsebenen. Zwischen 1950 und 1989/90 leitete keine einzige Frau das zentrale Frauengefängnis der DDR. Als sich der Hohenecker Anstaltsarzt für die Einstellung einer Ärztin aussprach, entgegnete der Leiter der Medizinischen Dienste der BDVP Karl-Marx-Stadt, dass Frauen häufiger krank seien und auch durch Geburten und wegen der Betreuung kranker Kinder häufig ausfallen würden. Er wies daraufhin, dass es sehr schwierig sein würde, diese Frau wieder loszuwerden, wenn sie erst einmal die Planstelle besetzen würde.[564]

Name und Dienstgrad des Leiters	**Zeitraum**
Oberstleutnant des SV Robert Schroetter	1. Dezember 1958 – 30. November 1963
Major des SV Rudi Petry	1. Dezember 1963 – 31. August 1965
Major des SV Hermann Kühnel	1. Oktober 1965 – 31. Dezember 1968
Major des SV Heinz Scholz	1. Januar 1969 – 31. Dezember 1971
Hauptmann des SV Heinz Georgi	1. Januar 1972 – 31. Dezember 1973
Hauptmann des SV Harry Grunewald	1. Januar 1974 – 30. Juni 1974
Major des SV Gerhard Schulze	1. Juli 1974 – 30. September 1974
Oberstleutnant des SV Wolfgang Veit	1. Oktober 1974 – 30. September 1990

Tabelle 11: Leiter der Strafvollzugsanstalt Hoheneck, 1958–1990.

563 BArch/StUA, MfS Bezirksverwaltung Karl-Marx-Stadt, AIM 2626/82 II, Bl. 149: Tonbandabschrift, 27.1.1976.

564 BArch/StUA, MfS Bezirksverwaltung Karl-Marx-Stadt, AIM 2626/82 I, Bl. 130: Bericht über ein Gespräch mit Dr. Janata bei einer zufälligen Begegnung, 20.5.1976.

Der häufige Wechsel an der Anstaltsspitze zeigt eines ganz deutlich: Ideologie, soziale Herkunft und Geschlecht wogen bei der Einstellung schwerer als die eigentlich notwendige Qualifikation. Diese fatale Prioritätensetzung lässt sich bis in die Anfangszeit der DDR zurückverfolgen.[565] Alle Hohenecker Anstaltsleiter entstammten dem Arbeitermilieu. Ob Kaufmannsgehilfe, Schmied, Ofensetzer oder Spitzendreher: diese Ausbildungsberufe qualifizierten nicht für die Arbeit im Strafvollzug, zumal in der Leitungsebene. Dieses Manko zog eine unsachgemäße Dienstdurchführung nach sich und provozierte so die Unzufriedenheit der übergeordneten Stellen, die die Kandidaten ursprünglich ausgewählt hatten. Allerdings waren es eben auch die Akteure der Verwaltung Strafvollzug und der BDVP Karl-Marx-Stadt, die im Zweifelsfall der politischen Zuverlässigkeit den Vorzug vor der nötigen Ausbildung gaben, wenn Leitungsposten besetzt wurden.[566]

Einer, an dessen Loyalität nie Zweifel bestanden, war Heinz Scholz. In seiner Personalakte ist vermerkt, dass er stets den Kurs der SED vertrat, sowohl beim 17. Juni 1953 als auch beim Mauerbau.[567] Seine Karriere bei der Volkspolizei begann er 1952. Der gelernte Verkäufer arbeitete nach der Kriegsgefangenschaft zunächst in seinem Beruf, bevor er Schreibkraft im Amtsgericht Ehrenfriedersdorf wurde. Rasch machte er Karriere, leitete mehrere Vollzugseinrichtungen, bis er 1959 schließlich zum Referatsleiter in der Abteilung Vollzug der BDVP Karl-Marx-Stadt berufen wurde. Seine Vorgesetzten schätzten ihn für seine »konsequente Durchführung der dienstlichen Weisungen und Parteibeschlüsse« und für seinen unermüdlichen Einsatz.[568] Von Mitte 1960 bis April 1970 war Scholz als IM »Huster« zudem eine verlässliche Quelle für die

565 Vgl. Lindenberger: Volkspolizei, S. 219.

566 Vgl. Wunschik: Die Haftanstalt Bützow-Dreibergen, S. 140, 147; Wunschik: Das »Organ Starfvollzug«, S. 496f.; Finn: Politischer Strafvollzug in der DDR, S. 56f.

567 BArch/StUA, MfS Bezirksverwaltung Karl-Marx-Stadt, AGI 632/70, Bl. 3: Auskunftsbericht, 4.7.1962.

568 Ebd. Bl. 31: Beurteilung des Leiters des VPKA [Volkspolizeikreisamts] Annaberg, 26.3.1954.

Staatssicherheit.[569] In seinen etwa 300 Berichten gab er detailliert Auskunft über sein Arbeitsumfeld. Die Staatssicherheit bemerkte darin jedoch auch eine zunehmende Nachlässigkeit in seiner Rolle als Anstaltsleiter, der er seit Januar 1969 war. Die Kontrolleure der BDVP kamen ebenfalls zu der Einschätzung, dass Scholz die Führung der Anstalt nicht mehr im Griff habe.[570] Mehrere Kontrollen und Aussprachen seit dem Frühjahr 1971 hatten letztlich seine Absetzung zur Folge.[571] Die Kritik war unter anderem, dass das Personal unter seiner Leitung zu nachsichtig und großzügig gegenüber den Gefangenen auftrete. Auch die Nichtmeldung einer vermeintlichen Häftlingsmeuterei stieß vor allem der Staatssicherheit sauer auf. Die Prüfer, die sich im Dezember 1971 abermals vor Ort einen Eindruck verschaffen wollten, alarmierte außerdem, dass im Jugendbereich unter den Insassinnen nachgemachte Schlüssel zu den Zellen im Umlauf seien. MfS und BDVP sahen aber nicht nur die innere Sicherheit des Gefängnisses gefährdet, sondern auch die Absicherung nach außen. Fahrzeuge, die ins Gefängnis fuhren oder es verließen, seien nicht kontrolliert worden. Strafvollzugsbedienstete, die Westkontakte unterhielten und eifrig ARD und ZDF schauten, ergänzten das Bild. Anfliegende Brieftauben eines Bundesbürgers und Musik der »Rolling Stones«, die zur Weihnachtszeit 1971 über das interne Lautsprechersystem lief, fielen da fast nicht mehr ins Gewicht.[572] Weil Scholz diese Mängel nicht abstellen konnte oder wollte, erfolgte seine Strafversetzung zum Strafvollzugskommando Karl-Marx-Stadt, dessen stellvertretender Leiter er wurde.[573]

569 Ebd., Bl. 50: Handschriftliche Verpflichtung; BArch/StUA, MfS Bezirksverwaltung Karl-Marx-Stadt, AGI 632/70, Bl. 148: Abschlussbericht, 12.5.1970.

570 SächsStA, 30441, 25.1/339, Bl. 212: Bericht über den Einsatz der Kontrollgruppe in der StVA Hoheneck in der Zeit vom 22.11. bis 17.12.1971, 28.12.1971.

571 BArch/StUA, MfS Bezirksverwaltung Karl-Marx-Stadt, AGI 632/70, Handakte für GMS, Bl. 10: Bericht über eine Aussprache am 1.12.1971, 6.12.1971.

572 BArch/StUA, MfS Bezirksverwaltung Karl-Marx-Stadt, AKG 2738, Bl. 10–18: Erscheinungen und Unsicherheitsfaktoren, die die Ordnung und Sicherheit in der StVA Hoheneck beeinträchtigen, Dezember 1971.

573 BArch/StUA, MfS Bezirksverwaltung Karl-Marx-Stadt, AGI 632/70, Bl. 11: Bericht, 6.12.1971.

Bereits in den letzten Monaten seiner Amtszeit hatte es immer wieder Gerüchte über seine Ablösung gegeben. Auch den Mitarbeitern war seine mangelhafte Arbeit aufgefallen, ebenso wie der rüde Umgang mit dem weiblichen Kollegium.[574] Befeuert wurde das Gerede über seine Entlassung, weil in den letzten Wochen des Jahres 1971 wiederholt Heinz Georgi in Hoheneck gesichtet wurde.[575] Die Berichte der Staatssicherheit zeichneten ein ambivalentes Bild von Georgi, das eines in der Praxis bewährten SV-Bediensteten, der allerdings große Schwierigkeiten in der vertikalen Kommunikation hatte. Das Fass zum Überlaufen brachte schließlich Georgis Auftreten während einer Arbeitstagung, in deren Nachgang ihm eine bereits bestätigte Auszeichnung samt Prämie wieder aberkannt wurde. Georgi hatte dort den Leiter der BDVP offen bezichtigt, ihn in seiner Amtsausführung viel zu sehr zu beschränken.[576] Das war ein Affront, den der Polizeichef nicht reaktionslos hinnehmen konnte.

Sein Nachfolger wurde Harry Grunewald. Dieser stand in der Gunst des Leiters der BDVP, der jedoch als einziger der Überzeugung war, Grunewald wäre der Richtige für diesen Posten. Die Kritiker hegten größte Zweifel an dessen Eignung. Zu anspruchsvoll sei der Job für ihn, das Objekt zu groß und seine Erfahrungen nicht ausreichend. Auf dem Papier hatte Harry Grunewald eine steile Polizeikarriere hingelegt: Kasernierte Volkspolizei, Stationen in mehreren Strafvollzugsanstalten, Aufstieg in die höhere Laufbahn, Beförderungen, Delegierung zum Studium an die Hochschule der DVP. Nach seinem Abschluss als Diplom-Staatswissenschaftler wurde er zunächst Stellvertreter, bevor er dann den Posten des Anstaltsleiters übernahm.[577] Ein Zugeständnis konnten seine Kritiker dem Chef der BDVP Karl-Marx-Stadt zumindest noch abringen: Grunewald sollte Hoheneck zunächst nur kommissarisch leiten. Und tatsächlich wurde er alsbald wieder ins

574 BArch/StUA, MfS Bezirksverwaltung Karl-Marx-Stadt, XIV 2536/80, Bl. 189: Information, 29.10.1971.
575 Ebd., Bl. 192: Bericht, 3.12.1971.
576 Ebd., Bl. 97: Bericht, 7.11.1973.
577 BArch/StUA, MfS Bezirksverwaltung Karl-Marx-Stadt, XIV 645/77, Bl. 62f.: Auskunftsbericht, 22.2.1978.

zweite Glied zurückbeordert. Der BDVP-Chef warf ihm vor, zu nachsichtig mit den Fehlern von Mitarbeiterinnen zu sein und diese nicht genug zu fordern.[578]

Nach dreimonatiger kommissarischer Leitung durch Major Gerhard Schulze übernahm Oberstleutnant Wolfgang Veit am 1. Oktober 1974 die Leitung der Anstalt Hoheneck. Erfahrungen im Strafvollzug hatte er keine. Auch Veit war ein Mann aus dem Dunstkreis des Leiters der BDVP, bei dem er als Justiziar gearbeitet hatte. Um eine gewisse Grundvorstellung vom praktischen Strafvollzugsdienst zu erhalten, hatte er von Mai bis August 1974 beim Leiter des Strafvollzugskommandos Karl-Marx-Stadt hospitiert und die »Arbeitsgruppe Strafvollzug« der BDVP begleitet. Bei der Entscheidung, ihn zum neuen Leiter von Hoheneck zu machen, ruhten die Hoffnungen vor allem auf seiner Hochschulausbildung und den ihm attestierten strengen »Moralvorstellungen«. Die BDVP in Karl-Marx-Stadt schien zunächst zufrieden mit Veit in seiner neuen Position. Nach gerade einmal vier Monaten im Dienst wurde er für die »Verdienstmedaille der Organe des MdI in Silber« vorgeschlagen.[579] Schnell sollte das Bild des Erneuerers jedoch Risse bekommen. Ihm wurden »ideologische Hemmnisse« unterstellt, welche ihn daran gehindert hätten, das Personal zu »dauerhaftem Sicherheitsdenken« anzuhalten.[580] Die Beurteilungen Veits waren in der Folge durchaus wechselhaft. Während sein Arbeitsstil und das Arbeitsklima lobende Erwähnung fanden,[581] wurden seine Überheblichkeit und Selbstüberschätzung kritisiert.[582]

Mit der Zeit wurde die Mängelliste länger und länger. Vom vielversprechenden Start war kaum mehr etwas übrig. Ihm wurde zur Last gelegt, sein Offizierskorps mangelhaft

578 Ebd.

579 SächsStA, 30441, 5358: Vorschlags-/Unterhaltungsblatt, 4.4.1974; Vorschlag, 28.1.1975.

580 SächsStA 30441, 25.2.B 164: Abschlußbericht über die Nachkontrolle in den Strafvollzugseinrichtungen Karl-Marx-Stadt, Hoheneck und Plauen in der Zeit vom 20. bis 29.4.1976, 7.5.1976.

581 Ebd.: Bericht über den Kontrollgruppeneinsatz der Verwaltung Strafvollzug im Bereich der BDVP Karl-Marx-Stadt vom 12.1. bis 29.1.1982, 8.2.1982.

582 BArch/StUA, MfS Bezirksverwaltung Karl-Marx-Stadt, KD Stollberg ZMA 9412, Bl. 92: Bericht, 22.11.1984.

anzuleiten, was eine schlechte Zusammenarbeit der einzelnen Dienstbereiche zur Folge habe. Um den Vorstellungen des Innenministeriums zu entsprechen, hätte er straffer führen und die ihm übertragenen Aufgaben exakter erfüllen sollen. Bedienstete, die sich seiner Gunst sicher sein konnten, mussten keine negativen Einträge in der Personalakte fürchten. Bei Bedarf ließ er solche sogar tilgen.[583] Trotz der Kritik blieb Veit bis ins Jahr 1990 hinein der Leiter der Strafvollzugseinrichtung Hoheneck. Offensichtlich versprach sich die BDVP von einem abermaligen Wechsel keine Qualitätssteigerung mehr.

7.5 Staatssicherheit in Hoheneck

Das Schild und Schwert der Partei, das Ministerium für Staatssicherheit (MfS), durchdrang sämtliche Lebensbereiche in der DDR. Der Strafvollzug, eigentlich das Hoheitsgebiet des Ministeriums des Innern, bildete dabei keine Ausnahme. Für eine möglichst engmaschige Überwachung in Hoheneck war es eine der vordringlichsten Aufgaben der Stasi, sowohl unter den Strafgefangenen als auch unter den Bediensteten Inoffizielle Mitarbeiter (IM) anzuwerben. Seit 1972 organisierte die Stasi ihre Arbeit direkt vor Ort. Die vom Leiter der Bezirksverwaltung für Staatssicherheit Karl-Marx-Stadt eingesetzte operative Arbeitsgruppe, zuständig für Hoheneck, war dabei direkt dem Leiter der MfS-Kreisdienststelle Stollberg unterstellt.[584] Bis zur Installation der Diensteinheit in Hoheneck hatte die Bezirksverwaltung mit der Abteilung VII von Karl-Marx-Stadt aus den Einsatz im Gefängnis organisiert.[585] Die Erwartungen der Bezirksverwaltung an die neue Arbeitsgruppe waren hoch: »Aufspürung, Bekämpfung und Liquidierung des Feindes«, wobei »die vorbeugende

583 SächsStA, 30441, 25.2.B 164: Abschlußbericht der Verwaltung Strafvollzug im Bezirk Karl-Marx-Stadt, 18.10.1985.
584 BArch/StUA, MfS BdL/Dok Nr. 500316: Dienstanweisung 2/72 der BV Karl-Marx-Stadt, 4.1.1972.
585 BArch/StUA, MfS BdL/Dok Nr. 500284, Bl. 1: Arbeitsordnung für die operative Arbeit in den Strafvollzugseinrichtungen (Strafvollzugskommando und UHA) des Bezirkes Karl-Marx-Stadt, 20.10.1969.

Arbeit wesentlich zu verbessern« sei.[586] Zur Erfüllung dieser Aufgaben war das Personal der operativen Arbeitsgruppe gezielt ausgesucht worden. Sie bestand aus dem Leiter der Arbeitsgruppe, Major Peter Schoch, und seiner Mitarbeiterin Hauptmann Helga Göllnitz, die seit 1973 dabei war. Schoch war seit Mitte der 1950er Jahre Mitarbeiter des Ministeriums für Staatssicherheit, wobei er vor allem für die Überwachung der Bediensteten im Strafvollzug verantwortlich war. Auch mit den lokalen Gegebenheiten war er vertraut, verrichtete er doch seit 1963 seinen Dienst in der Abteilung VII der Bezirksverwaltung des MfS in Karl-Marx-Stadt.[587] Die ihm unterstellte Göllnitz war seit 1954 beim MfS, zuletzt als Offizierin im Vollzugsdienst und in dieser Funktion in der Untersuchungshaft der Staatssicherheit eingesetzt.[588] Hier war sie unter anderem für die erkennungsdienstlichen Maßnahmen zuständig, führte die Gefangenen den Vernehmern zu und organisierte den Freigang.[589] Der Einsatz erfahrener Mitarbeiter in Hoheneck zahlte sich für die Staatssicherheit aus. Im ersten Jahr griffen Schoch und Göllnitz massiv in den Personalbestand der Anstalt ein. Fünf Strafvollzugsbedienstete hatte Schoch als Sicherheitsrisiko erkannt und deren Entlassung forciert. Sechs Zivilarbeiter kamen fortan nicht mehr in den Arbeitskommandos zum Einsatz, da sie Verbindungen zu Strafgefangenen unterhielten. Außerdem wurde der Kreis der für das Gefängnis zugangsberechtigten Personen radikal verkleinert, begleitet von einer generellen Verschärfung der Zugangskontrollen. Zwischen 1980 und 1983 wurden weitere 14 Strafvollzugsangestellte auf Wunsch der Staatssicherheit entlassen. Wen die Stasi als untragbar identifizierte, den schützten weder Dienstalter noch Rang oder Funktion. Die Gründe für solche

586 BArch/StUA, MfS BdL/Dok Nr. 500316: Dienstanweisung 2/72 der BV Karl-Marx-Stadt, 4.1.1972.

587 BArch/StUA, MfS Bezirksverwaltung Karl-Marx-Stadt, KD Stollberg 258, Bl. 8: Zusammengefasste Auskunft; Bl. 60: Beurteilung, 18.12.1963; Bl. 71, Beurteilung, 1.12.1970.

588 BArch/StUA, MfS Bezirksverwaltung Karl-Marx-Stadt, KD Stollberg 235, Bl. 18: Beurteilung, 10.1.1984; Bl. 22: Zusammengefasste Auskunft.

589 Vgl. Beleites: Abteilung XIV, S. 24.

Entlassungen konnten in der Ausübung des Dienstes, aber auch im Privatleben der betreffenden Person liegen. Ein vorbestrafter Lebensgefährte, eine vermeintlich unmoralische Lebensführung oder eben auch Verstöße gegen Vorschriften des Strafvollzugs wie etwa die Geheimhaltungspflicht konnten für das MfS Anlass zur Versetzung oder Entlassung sein.[590]

Die politischen Strafgefangenen galten im Sicherheitsdenken der Staatssicherheit als besonders unberechenbarer Faktor. Die Stasi fürchtete, dass deren politische Einstellung auch auf die kriminellen Häftlinge übergehen könnte. Dies sollte unter allen Umständen verhindert werden. Neben der Aufklärung und Unterbindung politisch motivierter Straftaten oder Handlungen, die als Gefahr für Sicherheit und Ordnung betrachtet wurden, war es für die Staatssicherheit von größter Bedeutung, genau zu prüfen, welche Informationen Hoheneck verließen. Letzteres beschäftigte das MfS verstärkt seit Beginn des Freikaufs politischer Strafgefangener in die Bundesrepublik ab Mitte der 1960er Jahre. Durch die Befragung der Freigekauften durch westdeutsche Stellen, aber auch durch Interviews in den Medien verlor die Geheimpolizei zusehends ihre Informationshoheit über die Vorgänge im Gefängnis.[591]

Die Stasi behielt jedoch nicht nur die politischen Häftlinge im Auge, sondern alle Personen, die sich im Gefängnis aufhielten. Das Auskundschaften des Personals diente vor allem der Überprüfung der politischen Zuverlässigkeit. Hier galt das besondere Interesse der hauptamtlichen Mitarbeiter den Strafvollzugsbediensteten, die im Zuge ihrer »dienstlichen Aufgaben unmittelbaren Umgang mit Strafgefangenen« hatten.[592] Informanten, die die Staatssicherheit unter den Strafgefangenen angeworben hatte, bespitzelten somit nicht nur ihre Mitgefangenen, sondern auch das Personal. Das Spitzelnetzwerk sollte zwei wesentliche Funktionen erfüllen: Es sollte »Fehlverhalten« abwenden und Anzeichen dafür aufklären. Ließen die Berichte der Spitzel Hinweise auf Fehlentwicklungen erkennen,

590 BArch/StUA, MfS HA VII 2047, Bl. 30f.: Entlassungen 1980–1983.
591 Vgl. Wunschik: Hauptabteilung VII, S. 64.
592 BArch/StUA, MfS Bezirksverwaltung Karl-Marx-Stadt, KD Stollberg 62, Bl. 3–5: Leitakte zur Strafvollzugseinrichtung Hoheneck 1985.

versuchte die Stasi entgegenzusteuern. Gleichzeitig bekamen die Zuträger den Auftrag, die Begleitumstände aufzuklären, die die ungewollten Entwicklungen begünstigt hatten.

Dass die Stasi überhaupt in der Lage war, Inoffizielle Mitarbeiter im Gefängnis anzuwerben, war dem Umstand geschuldet, dass sie stets freien Zugang zu allen Bereichen in Hoheneck hatte. Im September 1984 koordinierten die beiden Stasioffiziere, von den Strafgefangenen scherzhaft »James« und »Daisy« genannt, schließlich ein Netzwerk von 24 Informanten, darunter sechs Strafgefangene und 15 Bedienstete des Strafvollzugs sowie zwei Betriebsangehörige und eine ehemalige Gefangene.[593] Zum Jahresende 1985 waren es noch 21 IM.[594] Dabei hatte es sich als besonders schwierig erwiesen, politische Strafgefangene für eine Zusammenarbeit zu gewinnen. Für Schoch und Göllnitz blieb zu konstatieren, dass sich überhaupt nur eine von 100 Strafgefangenen bereiterklärte, der Stasi zuzuarbeiten.[595] Die Schwierigkeit, IM in Hoheneck zu werben, hatte eine gewisse Tradition. Bereits in den 1950er Jahren war es der Stasi schwergefallen, unter den Gefangenen Informanten zu rekrutieren.[596]

Auch den Strafgefangenen war nicht verborgen geblieben, welchen Einfluss die Stasi in Hoheneck ausüben konnte. Ihnen war bekannt, dass die Stasi-Mitarbeiter mit weitreichenden Befugnissen ausgestattet waren, weshalb sie mitunter zur Anlaufstelle für Beschwerden wurden. Für die an die Staatssicherheit gerichteten Unmutsäußerungen wurde Mitte der 1970er Jahre sogar ein spezieller Briefkasten aufgehängt. Bis dahin hatten Häftlinge nur die Möglichkeit, sich mit ihren »Eingaben« an die jeweilige »Erzieherin« zu wenden.[597] Der

593 BArch/StUA, MfS BdL/Dok Nr. 500316: Dienstanweisung, 4.1.1972; BArch/StUA, MfS Bezirksverwaltung Karl-Marx-Stadt, KD Stollberg 59, Bl. 398: Bericht über die am 31.8.1984 in der KD Stollberg durchgeführte Überprüfung zum Stand und der Wirksamkeit der politisch-operativen Abwehrarbeit zum Schwerpunktbereich Strafvollzugseinrichtung Hoheneck (StVE), 5.9.1984.

594 BArch/StUA, MfS Bezirksverwaltung Karl-Marx-Stadt, KD Stollberg 59, Bl. 433: Kontrolle-Stollberg, 8.–15.11.1985.

595 Ebd.

596 Vgl. Giersch: Wir hungern noch, S. 58.

597 SächsStA, 30441, 25.2.B 232: Hausordnung der StVA Hoheneck vom 1. Januar 1979.

Vorteil, eine Beschwerde bei der Staatssicherheit einzureichen, bestand darin, dass die Geheimpolizei Beschwerden, die für sie relevante Sicherheitsfragen betrafen, möglicherweise ernster nahm als die Strafvollzugsbediensteten.

Im Dienstalltag begegneten sich die Mitarbeiter und Mitarbeiterinnen der Staatssicherheit und die des Strafvollzugs in der Regel nicht. Selbst in der Kantine saßen sie nicht zusammen, sondern aßen getrennt. Sie trafen sich nur dann, wenn Strafgefangene der Stasi zugeführt oder Mitarbeiter überprüft wurden. Über die Gründe für solche Kontrollen wurden die Strafvollzugsbediensteten nicht in Kenntnis gesetzt. Als eine Strafvollzugsangehörige Mitte der 1980er Jahre beabsichtigte, einen MfS-Mitarbeiter zu heiraten, unterzog die Hohenecker Stasi-Arbeitsgruppe sie einer intensiven Sicherheitsüberprüfung und befragte auch ihre Kolleginnen. Erst als das MfS grünes Licht gab, konnten sich die beiden das Ja-Wort geben.

Die Stasi-Offiziere nutzten ihre Bewegungsfreiheit und Kompetenzen auch, um stets auf dem Laufenden in Sachen Personaleinsatz zu sein. Göllnitz und Schoch ließen sich Dienstpläne zeigen und stellten den Strafvollzugsmitarbeiterinnen immer wieder auch vermeintlich unverfängliche Fragen.[598] Für die Staatssicherheit war jede Information von Belang, getreu dem Credo des Ministers für Staatssicherheit Erich Mielke: »Genossen, wir müssen alles wissen!«

Bedienstete des Strafvollzugs, die sich bereiterklärten, als IM für die Stasi zu arbeiten, waren zu Dienerinnen zweier Herren geworden. Auf der einen Seite hatten sie einen Eid geleistet und waren dem Innenministerium unterstellt. Der Leiter der Strafvollzugsanstalt war ihr unmittelbarer Dienstherr, der wiederum selbst offiziell mit der Stasi kooperierte.[599] Auf der anderen Seite bedeutete die Tätigkeit als IM, sich der Geheimpolizei auszuliefern und sich zu absoluter Geheimhaltung zu verpflichten, auch wenn die Belange des Strafvoll-

598 Vgl. Interview SV-Bediensteter A.; Interview SV-Bediensteter B.; Interview SV-Bediensteter D.

599 BArch/StUA, MfS Bezirksverwaltung Karl-Marx-Stadt, KD Stollberg, ZMA 9414, Bl. 59: Einschätzung über den Leiter der StVE Hoheneck, 2.6.1981.

zugs und die Dienstgeschäfte in Hoheneck davon betroffen waren. Im Arbeitsalltag mussten die Informantinnen daher ständig zwischen Pflichterfüllung und Geheimhaltung im Dienst der Stasi abwägen. So erfuhren sie als IM mitunter Dinge, die sie ihrem Vorgesetzten hätten melden müssen, und standen damit vor der Entscheidung, welche Aufgabe für sie Priorität hatte.

Für das Jahr 1984 konnte die Arbeitsgruppe acht Prozent der überwiegend weiblichen Belegschaft für eine inoffizielle Mitarbeit gewinnen. Diese Quote lag unter jener der IM innerhalb der gesamten Volkspolizei.[600] Die Staatssicherheit wünschte sich immer solche IM, die aus ideologischer Überzeugung mit dem MfS zusammenarbeiteten. Die Mehrzahl der Zuträgerinnen spekulierte aber auf Vorteile und Unterstützung durch die Stasi bei beruflichen oder privaten Schwierigkeiten.[601]

Drei Frauen, die sich neben ihrem Dienst im Strafvollzug auch für eine Mitarbeit bei der Staatssicherheit entschieden hatten, waren die IM mit den Decknamen »Iltis«, »Spree« und »Frauenstein«. Sie waren in den 1970er und 1980er Jahren in Hoheneck und im Zeitraum von 1982 bis 1985 sogar alle drei gleichzeitig angestellt gewesen. »Iltis«, »Spree« und »Frauenstein« haben über Jahre, teilweise sogar über Jahrzehnte hinweg Informationen über Kolleginnen, Vorgesetzte, Strafgefangene, Zivilarbeiter, Freunde und Verwandte an die Staatssicherheit geliefert. Der Fülle an Material nach zu urteilen, waren sie die drei emsigsten Informantinnen in Hoheneck. Aus den Stasi-Unterlagen lässt sich ableiten, welche Beweggründe die Frauen hatten, mit dem MfS zusammenzuarbeiten.[602] Die Motivlage von IM »Frauenstein« entsprach am ehesten den Idealvorstellungen der Staatssicherheit. Sie war überzeugt von der Richtigkeit und Wichtigkeit ihrer Spitzeltätigkeit. Bei IM »Iltis« speiste sich der Antrieb mehr aus Neugier und Aben-

600 Vgl. Wunschik: »Volkspolizei und Staatssicherheit«, S. 322.
601 Vgl. Wunschik: »Zinker« und »Zellenrutscher«, S. 30.
602 BArch/StUA, MfS Bezirksverwaltung Karl-Marx Stadt, XIV 2536/80; BArch/StUA, MfS Bezirksverwaltung Karl-Marx-Stadt XIV 2534/82; BArch/StUA, MfS Bezirksverwaltung Karl Marx Stadt, XIV 688/70.

teuerlust, wohingegen für IM »Spree« pragmatische Gründe im Vordergrund standen. Sie erhoffte sich, Einfluss auf die Arbeitsbedingungen in Hoheneck nehmen zu können.[603]

Alle IM hatten den Auftrag, Informationen zu sammeln, die der geheimpolizeilichen Arbeit dienen sollten. Ergänzend kamen spezielle Aufgaben hinzu, die von der jeweiligen beruflichen oder privaten Situation abhängig waren. Grundsätzlich wurden die IM zur Unterstützung von operativen Personenkontrollen (OPK), zur Ausforschung des Personals oder auch zur Beobachtung von bestimmten Vorgängen im Gefängnis eingesetzt.

Einen Bereich, den die Staatssicherheit trotz oder gerade wegen seiner besonderen Sensibilität zu ihrem Aufgabenspektrum zählte, war die Gefangenenseelsorge. Laut Strafvollzugsgesetz durfte keine Gefangene wegen ihrer Religion in irgendeiner Form benachteiligt werden. Auch die Hausordnung gab vor, dass dem Wunsch der Gefangenen nach religiöser Betätigung zu entsprechen sei.[604] In der Realität sah dies jedoch oft anders aus. Um an Gottesdiensten teilnehmen zu können, musste eine Gefangene bei ihrem Aufnahmegespräch in Hoheneck ihre Religionszugehörigkeit angeben. Schriftliche Übersichten dazu existierten jedoch nicht, sodass letztlich doch die »Erzieherinnen« entschieden, wer zum Gottesdienst durfte und wer nicht. Schon in den 1950er Jahren versuchten einige Bedienstete, die Durchführung der Gottesdienste zu sabotieren, indem sie zum Beispiel den Andachtsraum nicht heizten. Zur damaligen Zeit bedeutete das ein gesundheitliches Risiko für die Gottesdienstbesucherinnen, das besonders die älteren Gefangenen nicht eingehen wollten.[605]

IM »Spree« wusste der Stasi zu berichten, dass es Kolleginnen im Aufsichtspersonal gab, die die Häftlinge kategorisch vom Gottesdienst fernhielten. Sie behaupteten gegenüber den Gefangenen schlichtweg, Gottesdienste fänden nicht

603 BArch/StUA, MfS Bezirksverwaltung Karl-Marx-Stadt, KD Stollberg, ZMA 9414, Bl. 75 f.: Tonbandabschrift, 10.8.1983.

604 Gesetz über den Vollzug der Strafen mit Freiheitsentzug vom 7. April 1977; SächsStA, 30441, 25.2.B 232: Hausordnung der StVA Hoheneck vom 1. Januar 1979.

605 Vgl. Bechler: Warten auf Antwort, S. 365f.,

BSTU
0075

Abschrift - 10. aug. 1983

MA: Göllnitz
7. 7. 1983

Der Leitungsstil des Leiters der StVE ist geprägt von einem inkonsequenten Stil, der sich in mangelndem Durchsetzungsvermögen und Kontrollen ausdrückt. Dieser Stil ist m. E. nicht aus Unvermögen, sondern Bequemlichkeit abzuleiten.
Dieser Arbeitsstil zeigt sich vor allem in seiner Arbeit mit seinen unmittelbaren Vorgesetzten, die weder genügend angeleitet noch kontrolliert werden.

Bereich Versorgung - Spontatnität, verschleppte Arbeitsweisen; ich habe den Eindruck, die Arbeit ist planlos und unkonstruktiv. Bestes Beispiel: Leiter hat selbst durch Absprache Termin für eine Aktivität gesetzt, die nicht eingehalten wurde. Er hat sich schützend vor Versorgung gestellt, Äußerung: "Die armen Leute wissen auch nicht wohin".

Bereich Op. - Seit Jahren wird von Einsatz in festen Bereichen gesprochen - Postenbereiche durch Werkstatt gebaut - keinen interessiert ernsthafte Realisierung, er vertritt unterschiedliche Standpunkte je nach Anlaß - Personenkreis.
Er hat viele Unregelmäßigkeiten, insbesondere im op. Dienst geduldet- "Die armen Mädels", er hat die Genn. d. op. Dienstes verdummt, indem propagiert wurde, die können nichts dafür - Verantwortung wurde seit seinem Wirken immer geringer - op. Dienst ist nur für das Schließen da.

Wirkung: Manche op. Genn. finden das nicht sinnerfüllt,
manche sehr bequem

Vollzugsdienst - Unfähigkeit von Stellv. Vollzug, ist ihm bekannt. Es schlampert dahin bis zum Einsatz der Genn. Viele Probleme unterliegen ebenfalls Spantanität.

Bsp. Massenverlegung im April, die bei Planung vermieden sein könnten.

Bequemlichkeit empfinde ich auch, wenn sich nicht auseinandergesetzt wird.
Kennzeichen für Bequemlichkeit ist auch für einen Leiter, daß ein pünktlicher Dienstschluß gewährleistet wird. Wenn sich das ein Erzieher nicht regelmäßig leisten kann, wieso ein Leiter.

Bei der Allgemeinheit der Gen. ist er m. E. unbeliebt. Dies resultiert erstens aus seiner Inkonsequenz und zum anderen aus seiner "weibischen Art". Darunter ist seine unsachliche, kumpelhafte Art (wirkt plump) und seine Arroganz und Kritikempfindlichkeit zu verstehen.

Quelle: BArch/StUA, MfS BV KMSt KD St, ZMA 9412, Bl. 75f.

Bericht IM »Spree« über den Anstaltsleiter Wolfgang Veit, 10.08.1983.

Quelle: BArch/StUA, MfS BV KMSt KD St, ZMA 9412, Bl. 75f.

BSTU
0076

2

Er ist einerseits in Gesprächen vor Untergebenen vertratscht, klatscht über Vorgesetzte unflätig und macht kumpelhafte Annäherungen gegenüber Untergebenen. Die dadurch verlorene Autorität bewertet er über, indem er von allen "geliebt" werden will. Wird er offen kritisiert, reagiert er unsachlich und nachtragend.

Vom op. Dienst wird er deshalb "bubi" genannt, was keine Achtung ausdrückt.

Ich habe von keinem gehört, daß er als Leiter die gebührende Achtung besitzt.

gez. "Spree"

F. d. R.
gef. 1 Ex.

statt.[606] Dieses rechtswidrige Fernhalten hatte auch Angelika Schmidt erlebt, die wegen einer gescheiterten Republikflucht Mitte der 1970er Jahre nach Hoheneck überstellt worden war. Vom Gottesdienst versprach sie sich Aufmunterung und hoffte auf positive, tröstliche Gedanken.[607]

Die Stasi-Arbeitsgruppe bestand auf eine korrekte Durchführung und Zulassung zu den Gottesdiensten, weil ein Konflikt mit der Kirche unbedingt vermieden werden sollte. Gleichzeitig wollte sie aber auch den kirchlichen Einfluss auf die Strafgefangenen eindämmen.[608] IM »Spree« saß nun zwischen den Stühlen. Ihre Strafvollzugskolleginnen sabotierten weiterhin den Zugang zum Gottesdienst, und ihre Stasi-Führungsoffiziere insistierten auf den einwandfreien Ablauf.

Die Staatssicherheit richtete auch deshalb ein besonderes Augenmerk auf die Gottesdienste, weil hauptsächlich politische Strafgefangene die Anstaltsgottesdienste besuchten. Für sie ergab sich der eigentliche Mehrwert der Gottesdienste neben der Seelsorge aus der Möglichkeit, Häftlinge aus anderen Kommandos zu treffen sowie heimlich Informationen und Kassiber auszutauschen. Die Strafgefangenen standen während des Gottesdienstes aber unter Beobachtung. Auch die Geistlichen, die die Staatssicherheit für die monatlich stattfindenden Gottesdienste aussuchte, wurden kontrolliert. Zweideutige Anmerkungen, zu viel Interpretationsspielraum und mutmaßlich getarnte Kritiken wurden von den IM notiert und an die Arbeitsgruppe weitergegeben. IM »Frauenstein«, die im Rahmen ihrer regulären Dienstdurchführung Strafgefangene zum Gottesdienst brachte, meinte bemerkt zu haben, dass es dem Geistlichen nicht nur darum ging, die anwesenden Strafgefangenen, sondern ebenso die Angehörigen des Strafvollzugspersonals zum Glauben zu bekehren.[609] Ganz

606 BArch/StUA, MfS Bezirksverwaltung Karl-Marx-Stadt, XIV 688/70 II, Bd. 2, Bl. 119: Tonbandabschrift, 8.1.1974; vgl. Schacht: Ich wurde während des Prozesses fast nur angeschrien, S. 169.
607 Vgl. Schmidt: November, S. 76.
608 BArch/StUA, MfS Bezirksverwaltung Karl-Marx-Stadt, XIV 688/70 II, Bd. 2, Bl. 11: Kurz-Treffbericht, 7.6.1986; BArch/StUA, MfS Bezirksverwaltung Karl-Marx-Stadt, XIV 688/70 II, Bd. 1, Bl. 274: Treffbericht, 13.2.1981.
609 BArch/StUA, MfS Bezirksverwaltung Karl-Marx-Stadt, XIV 2536/80, Bl. 161: Gottesdienst bei Strafgefangenen in der StVA Hoheneck, 14.7.1970.

Quelle: StSG, B 00055.

Blick in die Anstaltskirche in der Strafvollzugseinrichtung Hoheneck, o.D.

ähnliche Beobachtungen machte IM »Spree«. Sie führte aus, dass »vorwiegend weltliche Probleme religiös ummäntelt [sic!] dargestellt werden würden«.[610] Allzu sehr beunruhigt dürfte die Operativgruppe dadurch nicht gewesen sein, gehörte es bisweilen doch zur Taktik, dem Geistlichen ein wenig Freiraum zu lassen, damit dieser das Vertrauen der Strafgefangenen gewann.[611]

Die Strafgefangenen selbst wahrten jedoch immer eine gewisse Distanz zu den Geistlichen und behielten sich vor, misstrauisch zu sein. Aufbauende Worte wurden sehr gern vernommen, aber wenn den Häftlingen angeboten wurde, mit dem Geistlichen unter vier Augen zu sprechen, wurden sie skeptisch. Der Verdacht lag nahe, dass dies nur mit Zustimmung, wenn nicht sogar im Auftrag der Stasi geschah, denn

610 BArch/StUA, MfS Bezirksverwaltung Karl-Marx-Stadt, XIV 688/70 II, Bd. 2, Bl. 415: Seelsorgerische Betreuung der Strafgefangenen durch Pfarrer Steiner, 4.6.1984.

611 Vgl. Beckmann/Kusch: Gott in Bautzen, S. 126f.

ein derart privates Gespräch unter vier Augen war ihnen nicht einmal mit ihrem Rechtsbeistand erlaubt.[612]

Mit dem Anstaltsleiter kooperierte die Stasi offiziell, aber allein darauf verlassen wollte sie sich nicht. Um vollumfänglich informiert zu sein, hatte das MfS deshalb die Vorzimmerkraft des Anstaltsleiters zur Mitarbeit angeworben. IM »Uta« stand in ständigem Kontakt mit dem Führungspersonal des Gefängnisses, und alle, die zum Chef wollten, mussten an ihr vorbei. Die Stasi kritisierte sie anfangs dafür, ihr Äußeres nicht offensiv genug zu nutzten, um den männlichen Kollegen Informationen zu entlocken. Es entwickelte sich dann aber eine Zusammenarbeit, mit der die Staatssicherheit durchaus zufrieden war. Aus der gut platzierten Informantin wurde in den Augen des MfS dennoch irgendwann ein Sicherheitsrisiko. IM »Uta« erschien der Stasi zunehmend als »unzuverlässig«. Wiederholt fanden sich in ihren Berichten falsche Angaben. Dass sie sich außerhalb der Dienstzeit zudem immer wieder mit Personen aus dem Westen traf, machte sie für das MfS schließlich untragbar. Die Quelle »Uta« wurde »abgeschaltet«. Sie verlor auch ihre Arbeit als Strafvollzugsbedienstete, als die Stasi entsprechende Hinweise an den Anstaltsleiter übergab.[613]

Bei der Aufdeckung der Unzuverlässigkeit der Informantin »Uta« war der Staatssicherheit eine andere Inoffizielle Mitarbeiterin behilflich: IM »Iltis«. Ihr gegenüber hatte »Uta« sich selbst als IM zu erkennen gegeben, ohne zu ahnen, dass auch ihre Kollegin für das MfS tätig war. Wie perfide die Staatssicherheit vorging, soll im folgenden Beispiel etwas näher beleuchtet werden.

Ein Verdacht, der im Raum stand und schwerwiegender kaum sein konnte, sollte mit Unterstützung von IM »Iltis« geklärt werden. Denn IM »Uta« hatte angeblich von dienstlichen Unterlagen Thermokopien angefertigt und bewahrte

612 Vgl. Feustel: Osthippie. Eine Jugend in Deutschland, S. 278; Ansorg: Politische Häftlinge im Strafvollzug der DDR, S. 269.

613 BArch/StUA, MfS Bezirksverwaltung Karl-Marx-Stadt, AIM 2921/84 I, Bl. 4: Beschluß, 16.5.1976; Bl. 58: Beurteilung, 27.6.1977; Bl. 64: Abschluß der Zusammenarbeit, 14.9.1984; AIM 4593/86 III, Bl. 129: Betrifft: Sekretärin des Leiters der StVE, 4.10.1984; Bl. 138: Ehemalige Sekretärin des Leiters, 23.10.1984.

diese zuhause auf. Die Stasi sah dadurch nichts weniger als die Sicherheit der gesamten Strafvollzugsanstalt in Gefahr. Deshalb wurde der Operative Vorgang (OV) »Schmetterling«[614], ein Maßnahmenkatalog zur geheimdienstlichen Ermittlung, angelegt und mit Verdacht auf Geheimnisverrat begründet. Der Vorfall hatte auch das Interesse des Leiters der Stasi-Bezirksverwaltung geweckt, der auf zügige Ermittlungsergebnisse drängte und eine enge Abstimmung zwischen seinem Haus, der unterstellten Kreisdienststelle Stollberg und der operativen Arbeitsgruppe verlangte.[615]

Schließlich fand eine Vernehmung der Informantin in Karl-Marx-Stadt statt. Nach Aussage von IM »Iltis« habe »Uta« diese Überprüfungen durch die Geheimpolizei als Psychoterror wahrgenommen. Bis in die Nacht hinein verhört zu werden, nicht zu wissen, was mit dem eigenen Kind sei, der barsche Umgangston, eine Wohnungsdurchsuchung und der stete psychische Druck lagen bis dahin außerhalb ihrer Vorstellungskraft. Von den Hohenecker Stasi-Leuten Göllnitz und Schoch zeigte sie sich enttäuscht, sie hätte sich von ihnen mehr Unterstützung erhofft.[616] Die Hauptbelastungszeugin aber war ihre Freundin IM »Iltis«. Nach einer Befragung durch die Stasi besuchte IM »Iltis« ihre Freundin und erkundigte sich nach ihren Erlebnissen. Das Gespräch diente wiederum der Staatssicherheit, um nachzuprüfen, ob »Utas« Äußerungen im privaten Rahmen mit denen im Verhör übereinstimmten. Dies bestätigte IM »Iltis« und lieferte dem MfS noch weitere Informationen.[617] Nach der Freistellung »Utas« vom Dienst sollte sich IM »Iltis« auf Geheiß der Stasi von ihr fernhalten. Eine Auflage, gegen die sie jedoch mehrfach verstieß, worauf IM »Iltis« vom MfS gerügt wurde. Wolfgang Veit, der Anstaltsleiter, trauerte seiner Sekretärin durchaus nach. Weil

614 BArch/StUA, MfS Bezirksverwaltung Karl-Marx-Stadt, Kreisdienststelle Stollberg 59, Bl. 405: Kontrollvermerk, 4.10.1985.

615 Ebd., Bl. 395f.: Schreiben des Leiters der Bezirksverwaltung Karl-Marx-Stadt an den Leiter der Kreisdienststelle Stollberg, 4.9.1984.

616 BArch/StUA, MfS Bezirksverwaltung Karl-Marx-Stadt, XIV 2534/82 II. Bd. 1, Bl. 224f.: Mündlicher Bericht des IMS »Iltis« beim Treff am 23.10.1984, 26.10.1984.

617 Ebd., Bl. 224f.: Mündlicher Bericht des IMS »Iltis« beim Treff am 23.10.1984, 26.10.1984.

er keinen Einblick in die Hintergründe hatte, sah er nicht ein, warum Strafvollzugsbedienstete keinen Umgang mit einer ehemaligen Kollegin pflegen sollten.[618] In diesem Punkt liefen die Vorstellungen von Stasi und Anstaltsleitung auseinander.

Der OV »Schmetterling« zeigt, dass IM »Iltis« zwischen der Loyalität gegenüber der Staatssicherheit und gegenüber ihrer Kollegin hin- und hergerissen war. Ein halbes Jahr lang hatte sie »Uta« gedeckt aus Angst, ihre Freundin könnte zu einer Gefängnisstrafe verurteilt werden. Sie wusste von den Kopien, die »Uta« daheim versteckte, informierte aber weder die Anstaltsleitung noch die Staatssicherheit.[619] Die Informantin hatte sich eine Theorie zurechtgelegt, die ihre Freundin entlasten sollte: Die Tat selbst sei zwar nicht zu leugnen, aber »Uta« trüge nicht die Verantwortung dafür. Vielmehr habe es im Hintergrund einen Strippenzieher gegeben.[620] Die Stasi gab nichts auf diese Theorie. Ihre Anstrengungen galten der Suche nach den entwendeten und kopierten Dokumenten. Schoch und Göllnitz setzten die Kontaktsperre zwischen »Iltis« und »Uta« aus, und IM »Iltis« bekam den Auftrag, die Kopien ausfindig zu machen. IM »Iltis« nahm den Auftrag allzu gern an, konnte sie auf diese Weise doch ihre Freundin wiedersehen.[621] Während einer ihrer Besuche bei »Uta« wurde sie mit operativer Technik, das heißt einem versteckten Aufnahmegerät in einer eigens präparierten Damenhandtasche ausgestattet. Sie sollte ihre Freundin im Laufe des Gesprächs dazu bewegen, das Versteck der Dokumente preiszugeben. Der Stasi diente dieser Auftrag zugleich als Überprüfung der Zuverlässigkeit ihrer Quelle »Iltis«.[622] Und der Plan ging auf. Im Gespräch mit ihrer vermeintlichen Freundin verriet »Uta«, dass sich die

618 Ebd., Bl. 263f.: Bericht, 10.1.1985.

619 BArch/StUA, MfS Bezirksverwaltung Karl-Marx-Stadt, XIV 2534/82 I. Bd. 1, Bl. 86f.: Mündliche Berichterstattung des IM »Iltis« zum Treff am 31.10.1984 und 1.11.84, 7.11.1984.

620 Ebd., Bl. 231: Mündlicher Bericht des IMS »Iltis« beim Treff am 23.10.1984, 26.10.1984; Bl. 253: Bericht, 6.12.1984.

621 Ebd. Bl. 94: Einsatz des IMS »Iltis« zur ehemaligen SV-Angeh., 9.4.1985.

622 BArch/StUA, MfS Bezirksverwaltung Karl-Marx-Stadt, XIV 2534/82 II. Bd. 1, Bl. 305: Kurz-Treffbericht, 16.4.1985.

Thermokopien in einem Safe in der Schrankwand befänden. IM »Iltis« hatte sich nun endgültig entschieden, dass ihre Loyalität der Staatssicherheit galt.[623]

Die ausgewählten Beispiele von »Iltis«, »Spree«, »Frauenstein« und »Uta« aus Hoheneck zeigen, wie weitverzweigt das Informantinnennetz der Staatssicherheit in Hoheneck war. Dass es ein solches Netzwerk gab, war sowohl den Angestellten als auch den Strafgefangenen bewusst. Das Wissen um die IM hatte nicht nur den Effekt, dass jede jederzeit damit rechnen musste, bespitzelt zu werden. Auch der Verdacht, für die Staatssicherheit zu arbeiten, hatte Konsequenzen. Denn sobald es ruchbar wurde, dass eine Mitarbeiterin oder eine Mitgefangene im Dienst der Stasi stand, distanzierten sich die anderen von ihr.[624] Das Agieren der Staatssicherheit im Gefängnis schuf eine Atmosphäre des Misstrauens. Für die Häftlinge bedeutete dies nichts weniger, als dass sie weder den Strafvollzugsbediensteten noch den kirchlichen Seelsorgern oder den Mitgefangenen wirklich vertrauen konnten.

623 Ebd. Bl. 313f.: Bericht, 25.4.85.

624 BArch/StUA, MfS Bezirksverwaltung Karl-Marx-Stadt, XIV 2534/82 II, Bd. 1, Bl. 7: Bericht zu Genn., 5.10.1982.

Quelle: Bundesstiftung Aufarbeitung, EBW PH 1101701.

Nach dem Fall der Mauer fordern die Häftlinge in Hoheneck eine Amnestie, 6.12.1989.

8 Vom DDR-Gefängnis zur Gedenkstätte – ein Fazit

Hoheneck war das zentrale Frauengefängnis der DDR, in dem zwischen 1950 und 1989 Frauen aus der gesamten DDR inhaftiert waren. Kriminelle saßen hier neben politischen Häftlingen, deren Verurteilungsgründe sich im Laufe der Jahre änderten. Waren es bis in die 1950er Jahre vor allem vermeintliche Spioninnen, die verurteilt und eingesperrt wurden, so waren es ab den 1960er Jahren überwiegend Frauen, deren Verurteilung im Zusammenhang mit dem Wunsch stand, die DDR zu verlassen. Bei den kriminellen Häftlingen waren Eigentumsdelikte der Hauptgrund für eine Verurteilung. Aber auch Frauen, die wegen Tötungsdelikten verurteilt worden waren, saßen in Hoheneck ein. Sie stellten zwar nicht die Mehrheit der kriminellen Häftlinge, lösten aber bei vielen Mitgefangenen Ängste aus und erschwerten das Zusammenleben. Der Haftalltag war bis in die 1970er Jahre von Enge geprägt, da das Gefängnis meist überbelegt war. Drill, Schikanen und Zwangsarbeit, die offiziell der »Erziehung« der Strafgefangenen dienen sollte, bestimmten das Leben hinter Gittern. Hinzu kamen die marode Bausubstanz, die unzureichende medizinische Betreuung und die schlechte Versorgungslage.

Für die Insassinnen war Hoheneck eine Hölle, denn sie erlebten Ohnmacht und Entrechtung. Diese Hölle war zugleich ein straff organisierter Betrieb und ein Arbeitsplatz für Hunderte von Menschen, die hier ihren zumeist unbeliebten und gering bezahlten Dienst verrichteten. Das Personal war oft ungenügend ausgebildet, aus anderen Dienststellen nach Hoheneck strafversetzt worden und arbeitete unter einer unqualifizierten Anstaltsleitung. Personalmangel war ein ständiges Problem. Die Verfehlungen der Bediensteten, wie etwa das Drangsalieren von Häftlingen, blieben häufig unbestraft, weil sie von Kolleginnen gedeckt wurden. Aber auch die Angestellten des Strafvollzugs erlebten mitunter

Übergriffe durch Gefangene und Vorgesetzte. Am untersten Ende der im Gefängnis herrschenden Rangordnung standen die politischen Häftlinge, die als sogenannte »Staatsfeinde« in vielen Bereichen schlechter behandelt wurden als die kriminellen Häftlinge und nicht nur dem Anstaltspersonal, sondern auch den Mitgefangenen ausgeliefert waren.

Als der Autor Ulrich Schacht nach dem Ende der DDR nach Stollberg kam, um mit der Hohenecker Anstaltsleitung und einer der berüchtigtsten Hohenecker Wachtmeisterinnen zu sprechen, war das auch eine Rückkehr an den Ort seiner Geburt.[625] Er war eines der 24 Kinder, die bis 1952 hinter den Gittern von Hoheneck das Licht der Welt erblickt hatten. Seine Mutter war eine der 24.000 Frauen, die zwischen 1950 und 1989 in Hoheneck inhaftiert waren. Die ehemalige Oberaufseherin Margarete Suttinger, die Schacht besuchte, erklärte rückblickend, dass für sie nur das Verhalten der Gefangenen im Strafvollzug entscheidend gewesen sei, nicht die Gründe ihrer Verurteilung. Für sie waren alle Häftlinge in dem Sinne gleich, dass, wer gegen die Gesetze der DDR verstoßen hatte, eben eine Verbrecherin war und damit zu Recht im Gefängnis saß. Sie habe nur ihre Arbeit getan und könne daher keine Verantwortung für das Unrecht übernehmen, das den Gefangenen widerfahren sei.

Ehemalige Hoheneckerinnen erinnern sich hingegen sehr konkret an ihre strenge, überengagierte Dienstverrichtung, an ihre ruppige Art und ihre Freude am Schikanieren von Häftlingen. Bei den geringsten Verstößen gegen die Hausordnung drohte sie mit Arrest.[626] Aus der Sicht der Anstaltsleitung wurde ihr Umgang genau deshalb positiv hervorgehoben. Sie erziele »in der Durchsetzung der Kommandosprache [...] gute Ergebnisse«, hieß es in einem Auskunftsbericht aus dem Jahr 1976.[627] Unnachgiebig war sie aber nicht nur gegenüber den Gefangenen. Als langjährige IM belastete sie auch ihre Kolleginnen,

625 Seine dreiteilige Reportage wurde in *Die Welt* (25.2.1990, 4.3.1990, 11.3.1990) abgedruckt.
626 Vgl. Schacht: »Papa, mach du!«, S. 26f.
627 SächsStA, 30461, 37: Auskunftsbericht Erfüllung der Hauptaufgaben und Vorgaben des MdI, 14.7.1976.

wenn diese sich nicht ideologiekonform verhielten. Kam ihr zu Ohren, dass diese Dienstpflichten vernachlässigten, privat Westfernsehen schauten oder Besuch aus der Bundesrepublik erwarteten, informierte sie umgehend ihren Führungsoffizier.[628]

Der Ort, an dem Margarete Suttinger ihren Dienst tat und für den sie 1967 mit dem »Ehrenzeichen der Deutschen Volkspolizei« ausgezeichnet wurde, war über Jahrzehnte hinweg ein Ort des Leidens, der Unterdrückung und der Ausbeutung. Wie eng die staatliche Repression mit wirtschaftlichen Interessen verbunden war, wird anhand der Häftlingsarbeit in Hoheneck besonders deutlich. Sowohl die Anstaltsleitung und deren übergeordnete Instanzen als auch die im Gefängnis produzierenden DDR-Betriebe sahen in den Frauen vor allem billige Arbeitskräfte. Die Häftlingsarbeit wurde systematisch zur Erfüllung von Produktionsplänen genutzt. Auf die Gesundheit der Inhaftierten wurde kaum Rücksicht genommen.

Viele der ehemaligen Häftlinge leiden noch heute unter den Folgen der enormen physischen und psychischen Belastungen, die mit der Haft in Hoheneck einhergingen. Für die Mütter unter den Frauen gehörte die Trennung von ihren Kindern durch ihre Festnahme und Inhaftierung oder gar die Wegnahme der in der Haft geborenen Kinder zu den schmerzlichsten Erfahrungen ihres Lebens. Hoheneck steht damit für die Herrschaft des SED-Regimes, die darauf gründete, seine Gegnerinnen und Gegner sowie diejenigen brutal zu bestrafen, die einfach nur ein selbstbestimmtes und freies Leben führen wollten.

Für das, was die politisch verfolgten Frauen in Hoheneck erlebt haben, wurde nie irgendjemand zur Rechenschaft gezogen. Umso wichtiger war und ist es den Betroffenen, die Geschichte des Ortes und das, was Menschen dort erlebt haben, aufzuarbeiten und nicht in Vergessenheit geraten zu lassen. Im Jahr 1991 gründete sich der Frauenkreis der ehemaligen Hoheneckerinnen. Seitdem engagieren sich diese und andere Initiativen unermüdlich für die Errichtung einer

628 BArch/StUA, MfS Bezirksverwaltung Karl-Marx-Stadt, XIV 2536/80, Bl. 88: Treffauswertung, 2.4.1973; Bl. 209: Mündlicher Bericht, 9.9.1977.

Gedenkstätte auf Burg Hoheneck. Ein erster wichtiger Schritt gelang im Jahr 2001: In Zusammenarbeit mit der Stiftung Sächsische Gedenkstätten wurde eine Dauerausstellung über die Frauen von Hoheneck in der Bibliothek Stollberg eingerichtet. Die Haftanstalt selbst blieb bis 2001 in Betrieb und stand anschließend zwei Jahre lang leer. 2003 veräußerte der Freistaat Sachsen die Immobilie für einen symbolischen Betrag an den saarländischen Investor Bernhard Freiberger und die Artemis GmbH. Während der Verkaufsverhandlungen setzte sich Michael Beleites, damaliger Sächsischer Landesbeauftragter für die Stasi-Unterlagen, dafür ein, vertraglich einen Bereich zur Einrichtung einer Gedenkstätte zu sichern. Doch trotz dieser Vereinbarung stießen Freibergers Nutzungsideen bei Opferverbänden auf heftige Kritik. Seine Pläne sahen vor, das ehemalige Gefängnis in ein Hotel, ein Tagungszentrum und ein Automobilmuseum umzuwandeln. Im Innenhof sollte eine »Event-Arena« für Musicals und Theateraufführungen entstehen. Der Investor erkannte schließlich jedoch, dass Event- und Spaßkultur nicht mit der Geschichte des Ortes vereinbar sind. Die ursprünglichen Nutzungskonzepte wurden aufgegeben, und Freiberger versuchte, die Burg wieder zu verkaufen. Seit 2011 bekam der Ort wieder größere mediale Aufmerksamkeit. Der Besuch von Bundespräsident Christian Wulff im Mai 2011 sowie die Ausstrahlung des Spielfilms *Es ist nicht vorbei* über das Schicksal einer Gefangenen aus Hoheneck führten zu neuer öffentlicher Wahrnehmung. Im März 2012 kündigte Siegfried Reiprich, der damalige Geschäftsführer der Stiftung Sächsische Gedenkstätten, an, Hoheneck in das novellierte Gedenkstättengesetz aufzunehmen und fördern zu wollen – erstmals war damit auch eine mögliche finanzielle Unterstützung durch das Land Sachsen in Aussicht gestellt. Im Jahr 2014 kaufte die Stadt Stollberg das ehemalige Gefängnis für 160.000 Euro von der Artemis GmbH und begann mit der vom Land Sachsen geförderten Sanierung. Zwölf Jahre später, im Juli 2024, wurde die Gedenkstätte Hoheneck schließlich eröffnet. Die Geschichte des Frauengefängnisses Hoheneck ist damit nicht nur ein Kapitel der DDR-Vergangenheit. Sie bleibt Teil unseres kollektiven Gedächtnisses – als Mahnung und als Verpflichtung.

9 Anhang

9.1 Hausordnung

StVE Hoheneck Stollberg, den 1.11.1979

Der Leiter

Hausordnung

1. Grundsatzbestimmungen

1.1 Strafgefangene haben gleiche Rechte und Pflichten, unabhängig von ihrer Nationalität, ihrer Staatsbürgerschaft, ihrer Rasse, ihres Geschlechts, ihres weltanschaulichen oder religiösen Bekenntnisses [sic!] oder ihrer sozialen Herkunft und Stellung.

1.2 Die Rechte der Strafgefangenen werden nur so weit eingeschränkt, wie das gesetzlich zulässig und im Interesse der Aufrechterhaltung der Sicherheit und Ordnung notwendig ist.

1.3 Den Strafgefangenen wird der Schutz ihres Lebens, ihrer Gesundheit und Arbeitskraft gewährleistet. Die Unterbringung, Versorgung und Betreuung erfolgt nach den allgemeinen Grundsätzen der Förderung und Erhaltung der Gesundheit, den allgemeinen Grundsätzen der Hygiene und des Zusammenlebens in der Gemeinschaft.

1.4 Strafgefangene haben entsprechend den Bestimmungen des Strafvollzugsgesetzes und der dazu erlassenen Regelungen insbesondere das Recht auf:

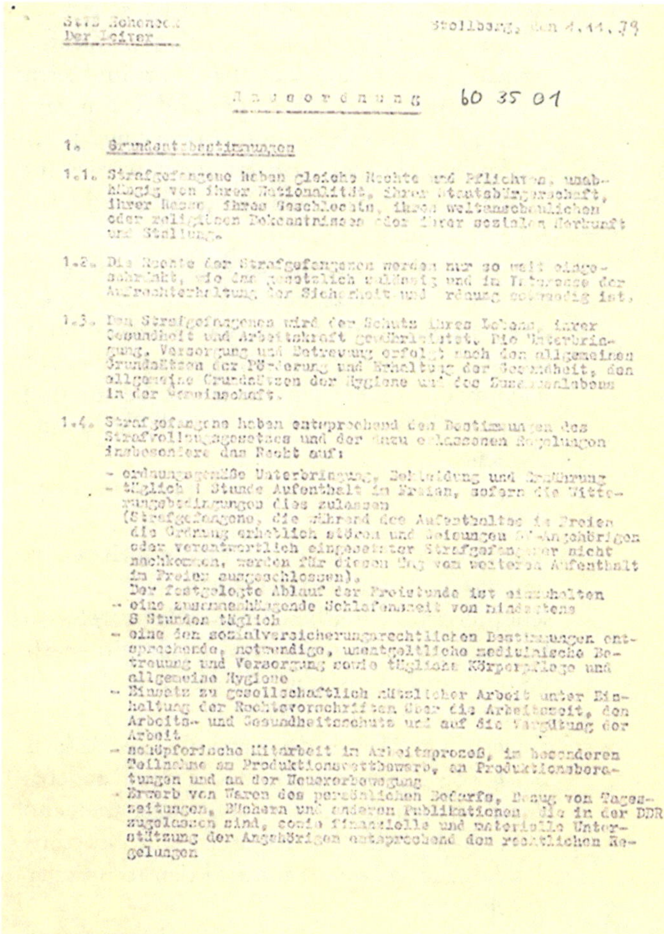

StVE Hoheneck
Der Leiter

Stollberg, den 1.11.79

Hausordnung 60 35 01

1. Grundsatzbestimmungen

1.1. Strafgefangene haben gleiche Rechte und Pflichten, unabhängig von ihrer Nationalität, ihrer Staatsbürgerschaft, ihrer Rasse, ihres Geschlechts, ihres weltanschaulichen oder religiösen Bekenntnisses oder ihrer sozialen Herkunft und Stellung.

1.2. Die Rechte der Strafgefangenen werden nur so weit eingeschränkt, wie das gesetzlich zulässig und im Interesse der Aufrechterhaltung der Sicherheit und Ordnung notwendig ist.

1.3. Den Strafgefangenen wird der Schutz ihres Lebens, ihrer Gesundheit und Arbeitskraft gewährleistet. Die Unterbringung, Versorgung und Betreuung erfolgt nach den allgemeinen Grundsätzen der Förderung und Erhaltung der Gesundheit, den allgemeinen Grundsätzen der Hygiene und des Zusammenlebens in der Gemeinschaft.

1.4. Strafgefangene haben entsprechend den Bestimmungen des Strafvollzugsgesetzes und der dazu erlassenen Regelungen insbesondere das Recht auf:

- ordnungsgemäße Unterbringung, Bekleidung und Ernährung
- täglich 1 Stunde Aufenthalt im Freien, sofern die Witterungsbedingungen dies zulassen
  (Strafgefangene, die während des Aufenthaltes im Freien die Ordnung erheblich stören und Weisungen SV-Angehörigen oder verantwortlich eingesetzter Strafgefangener nicht nachkommen, werden für diesen Tag vom weiteren Aufenthalt im Freien ausgeschlossen).
  Der festgelegte Ablauf der Freistunde ist einzuhalten
- eine zusammenhängende Schlafenszeit von mindestens 8 Stunden täglich
- eine den sozialversicherungsrechtlichen Bestimmungen entsprechende, notwendige, unentgeltliche medizinische Betreuung und Versorgung sowie tägliche Körperpflege und allgemeine Hygiene
- Einsatz zu gesellschaftlich nützlicher Arbeit unter Einhaltung der Rechtsvorschriften über die Arbeitszeit, den Arbeits- und Gesundheitsschutz und auf die Vergütung der Arbeit
- schöpferische Mitarbeit im Arbeitsprozeß, im besonderen Teilnahme am Produktionswettbewerb, an Produktionsberatungen und an der Neuererbewegung
- Erwerb von Waren des persönlichen Bedarfs, Bezug von Tageszeitungen, Büchern und anderen Publikationen, die in der DDR zugelassen sind, sowie finanzielle und materielle Unterstützung der Angehörigen entsprechend den rechtlichen Regelungen

Hausordnung der Strafvollzugseinrichtung Hoheneck, 1.11.1979.

Quelle: SächsStA, 30441, 25.2.B 232.

- ordnungsgemäße Unterbringung, Bekleidung und Ernährung
- täglich 1 Stunde Aufenthalt im Freien, sofern die Witterungsbedingungen dies zulassen (Strafgefangene, die während des Aufenthaltes im Freien die Ordnung erheblich stören und Weisungen SV-Angehöriger oder verantwortlich eingesetzter Strafgefangener nicht nachkommen, werden für diesen Tag vom weiteren Aufenthalt im Freien ausgeschlossen).
- eine zusammenhängende Schlafenszeit von mindestens 8 Stunden täglich
- eine den sozialversicherungsrechtlichen Bestimmungen entsprechende, notwendige, unentgeltliche medizinische Betreuung und Versorgung sowie tägliche Körperpflege und allgemeine Hygiene
- Einsatz zu gesellschaftlich nützlicher Arbeit unter Einhaltung der Rechtsvorschriften über die Arbeitszeit, den Arbeits- und Gesundheitsschutz und auf die Vergütung der Arbeit
- schöpferische Mitarbeit im Arbeitsprozeß, im besonderen Teilnahme am Produktionswettbewerb, an Produktionsberatungen und an der Neuererbewegung
- Erwerb von Waren des persönlichen Bedarfs, Bezug von Tageszeitungen, Büchern und anderen Publikationen, die in der DDR zugelassen sind, sowie finanzielle und materielle Unterstützung der Angehörigen entsprechend den rechtlichen Regelungen
- aktive Einbeziehung in den Erziehungsprozeß einschließlich der Mitwirkung an der Gestaltung

der arbeitsfreien Zeit sowie der Festigung der Disziplin
- Wahrung ihrer Interessen in zivil-, familien-, arbeits- und strafrechtlichen Angelegenheiten einschließlich des Rechts, sich vertreten zu lassen
- Eingaben zur Wahrnehmung persönlicher und gesellschaftlicher Interessen einzureichen.

1.5 Strafgefangene haben die im Strafvollzugsgesetz und in den dazu erlassenen Bestimmungen sowie die in dieser Hausordnung festgelegten Pflichten und Verhaltensregeln einzuhalten und durch vorbildliches Verhalten dazu beizutragen, daß sie die ihnen zustehenden Rechte voll wahrnehmen können.
Sie haben insbesondere die Pflicht:
- die ihnen zugewiesene Arbeit ordnungsgemäß durchzuführen, sich dabei gegenseitig zu unterstützen und die Arbeitszeit voll zu nutzen
- sich die für ihren Arbeitsplatz erforderlichen Kenntnisse, Fähigkeiten und Fertigkeiten anzueignen (Ausbildung zum Fach- bzw. Teilfacharbeiter und Arbeitsplatzqualifizierung)
- Arbeiten zur Erhaltung der Ordnung und Sauberkeit der Strafvollzugseinrichtung und zur unmittelbaren Versorgung der Strafgefangenen durchzuführen
- das Volkseigentum zu pflegen, zu schonen und vor Verlust und Beschädigung zu schützen
- an den Maßnahmen der staatsbürgerlichen Erziehung, der allgemeinen und beruflichen Bildung und der Ausgestaltung der arbeitsfreien Zeit teilzunehmen und aktiv mitzuarbeiten

- die Bestimmungen über den Gesundheits-, Arbeits- und Brandschutz einzuhalten und festgelegte ärztliche Maßnahmen zur Förderungen, Erhaltung und Wiederherstellung der Gesundheit zu befolgen
- Gefahren für Personen und Sachen unverzüglich zu melden und – soweit möglich – abzuwenden
- den Weisungen der Strafvollzugseinrichtung und anderen mit der Erziehung und Beaufsichtigung beauftragten Personen Folge zu leisten
- den Aufträgen und Kommandos der mit konkreten Aufgaben und Verantwortung beauftragten Strafgefangenen, Erzieherbereichsälteste (Verwahrraumälteste, Brigadiere, Aktivmitglieder) Folge zu leisten
- den Tagesablaufplan einzuhalten und durch eine hohe Disziplin dessen Durchsetzung zu gewährleisten
- den Personalbogen und alle an sie gerichteten Fragen wahrheitsgemäß auszufüllen bzw. zu beantworten und den Lebenslauf ausführlich niederzuschreiben.

1.6 Strafgefangene haben im Verhalten untereinander die Regeln des Zusammenlebens zu achten, sich gegenseitig bei der Erfüllung ihrer Pflichten zu unterstützen und sich im persönlichen Umgang untereinander immer so zu benehmen[,] wie es die Ordnung und die Würde des Menschen verlangen. Dabei haben Strafgefangene aufeinander Rücksicht zu nehmen und jede unnötige Störung des anderen, besonders in den angeordneten Schlafens- bzw. Ruhezeiten, zu unterlassen.

1.7 Den Strafgefangenen ist es untersagt:

- andere als die ausgehändigten und genehmigten Gegenstände zu besitzen
- Veränderungen an technischen und Sicherungsanlagen vorzunehmen oder diese zu mißbrauchen, zu beschädigen bzw. zu berühren (1 Meter Abstand)
- auf Diensthunde einzuwirken
- unerlaubte Verbindung aufzunehmen
- andere Strafgefangene physisch oder psychisch zu mißhandeln, zu nötigen oder auf andere Art und Weise sich gefügig zu machen
- körperliche Selbstbeschädigungen herbeizuführen
- sich selbst oder andere zu tätowieren bzw. sich tätowieren zu lassen
- alkoholische Getränke zu beschaffen, herzustellen bzw. zu sich zu nehmen. Kein Mißbrauch mit Medikamenten zu treiben
- andere als die ausgehändigten Unterhaltungsspiele zu benutzen
- Spiele zum Erreichen materieller oder finanzieller Vorteile durchzuführen
- andere als genehmigte Unterlagen zu besitzen bzw. andere als genehmigte Aufzeichnungen zu fertigen
- andere Strafgefangene zu Verstößen gegen Ordnungs- und Verhaltensregeln zu veranlassen
- die zum Aufenthalt zugewiesenen Räume bzw. Bereiche ohne Erlaubnis zu verlassen
- während der Durchführung der Freistunde:
  - zu lesen
  - Handarbeiten zu verrichten
  - Karten zu spielen
  - Brettspiele zu veranstalten

2. Anrede

2.1 Die Strafvollzugsangehörigen sind mit Herr bzw. Frau und Dienstgrad, die im Strafvollzug tätigen Zivilpersonen mit Herr bzw. Frau und Familiennamen anzusprechen.

2.2 Sofern Strafgefangene einen Strafvollzugsangehörigen bzw. eine mit der Erziehung beauftragten Personen [sic!] zu sprechen wünschen, haben sie ihm gegenüber ordentlich und diszipliniert aufzutreten. In gleicher Weise ist zu verfahren, wenn Strafgefangene von einem der obigen Genannten angesprochen werden.

3. Tagesgruß und Meldung

3.1 Den Strafvollzugsangehörigen und anderen mit der Erziehung und Beaufsichtigung beauftragten Personen ist der Tagesgruß zu entbieten.

3.2 Beim Aufschluß bzw. Betreten des Verwahrraumes durch Strafvollzugsangehörige haben die Verwahrraumältesten »Achtung!« zu rufen und Meldung zu erstatten. Die anderen Strafgefangenen haben sich von den Plätzen zu erheben.
Die Meldung hat zu lauten:
– die Bezeichnung des Verwahrraumes
– die Belegungsstärke
– die Namen der abwesenden Strafgefangenen
– etwaige Vorkommnisse
– den Namen der Meldenden.

Nach der Meldung hat die Meldende den Tagesgruß zu entbieten. Bei Abwesenheit der Verwahrraumältesten hat die Strafgefangene zu melden, die den Strafvollzugsangehörigen als erstes erblickt.

3.3 Betritt ein Vorgesetzter während des Aufenthaltes eines Strafvollzugsangehörigen den Verwahrraum, haben sich die Strafgefangenen in diesen Fällen ohne Aufforderung von ihren Sitzplätzen zu erheben, eine erneute Meldung ist nicht erforderlich.

3.4 Wird ein Verwahrraum am Tage wiederholt von derselben Strafvollzugsangehörigen betreten, entfällt die Meldung. Die Verwahrraumälteste hat in diesen Fällen nur »Achtung!« zu rufen. Bei Einzelunterbringung bzw. Arrest hat die Strafgefangene aufzustehen und unter das Fenster zurückzutreten, von dort ist die Meldung zu erstatten.

3.5 Bei Bewegungen in geordneter Form, während der Arbeit, bei laufenden Veranstaltungen und sportlichen Übungen und bei Einnahme von Mahlzeiten erfolgt, sofern <u>kein</u> aufsichtsführender Strafvollzugsangehöriger anwesend ist, die Entbietung des Tagesgrußes und die Meldung durch die Brigadiere bzw. beauftragten Strafgefangenen. »Achtung!« ist <u>nicht</u> zu rufen.

3.6 Meldungen von Strafgefangenen an Strafvollzugsangehörige erfolgen ohne Veränderung der jeweiligen Antreten- oder Bewegungsform. Es wird kein Kommando gegeben, es erfolgt auch keine Blickwendung. Der Meldende verläßt die geordnete Form (auch während der Bewegung), meldet und geht sofort zurück. Diese Meldung entfällt, wenn die Strafgefangenen durch einen Strafvollzugsangehörigen beaufsichtigt werden.

3.7 Beim Betreten von Diensträumen der Strafvollzugseinrichtung haben sich Strafgefangene mit Namen, ihrem Auftrag oder ihrem Anliegen zu melden.

4 Verhalten im Produktionsprozeß

4.1 Die Arbeitsordnung des Betriebes und die Arbeitsdisziplin sind einzuhalten, geleistete Arbeit ist wahrheitsgemäß abzurechnen, die Arbeitszeit ist voll auszulasten.

4.2 Jede erkennbare Qualitätsminderung des Arbeitsmaterials sowie Fehler vorausgegangener Arbeitsgänge, die zu Ausschuß bzw. Qualitätsminderung führen oder führen können, haben Strafgefangene unverzüglich den zuständigen Betriebsangehörigen mitzuteilen.

4.3 Maschinen, Geräte und Ausrüstungen sind pfleglich zu behandeln und das vorhandene Material ist rationell zu verarbeiten. Verstöße gegen die Gesundheits-, Arbeits- und Brandschutzbestimmungen sind von Strafgefangenen, sobald sie davon Kenntnis erhalten, unverzüglich den Betriebsangehörigen bzw. Strafvollzugsangehörigen mitzuteilen.

4.4 Den Weisungen der Betriebsangehörigen ist unbedingt Folge zu leisten.

5. Ordnung in den Verwahrräumen

5.1 Die Verwahr- und anderen zugewiesenen Räumen [sic!] sowie die Einrichtungsgegenstände sind stets pfleglich zu behandeln, selbst zu reinigen und im ordentlichen Zustand zu halten.

5.2 Die Einrichtungsgegenstände sind an den dafür bestimmten Plätzen zu belassen und nur zweckentsprechend zu nutzen. Das selbstständige Verstellen von Gegenständen ist nicht statthaft.

5.3 Es ist nicht erlaubt, aus dem Fenster zu winken, zu rufen oder sich in anderer Weise bemerkbar zu machen sowie Gegenstände aus dem Fenster zu werfen bzw. weiterzureichen.

5.4 Bekleidung, Wäsche und die für den täglichen Gebrauch genehmigten Gegenstände sind in den Verwahrräumen einheitlich an den dazu bestimmten Stellen abzulegen (siehe Anlage Hausordnung).

5.5 Die Aufbewahrung von Lebensmitteln hat in geeigneten Behältnissen und an den festgelegten Orten zu erfolgen. (Plastikbehältnisse – Schrankfächer). Das Abstellen in bzw. außerhalb der Fenster ist nicht statthaft.

5.6 Die Betten sind nur während der Schlafenszeit oder ärztlich angeordneten Ruhezeiten und nur in der festgelegten Bekleidung (Nachthemd) zu benutzen. Danach sind die Betten einheitlich in Kastenform zu ordnen.

Auf den Betten dürfen eine Badetasche und ein Bild von den Angehörigen stehen. An den Betten haben keinerlei Gegenstände zu hängen. Jedes Bett ist am Fußende unten mit Namen und Vornamen der Strafgefangenen zu versehen, welche das Bett belegt. Die sich im Gebrauch befindlichen Handtücher und Seiflappen sind im Waschraum aufzuhängen.

6. Körperpflege und Hygiene

6.1 Strafgefangene haben die persönliche Hygiene sorgfältig einzuhalten.

6.2 Vor der Schlafenszeit und nach dem Wecken haben sich die Strafgefangenen zu waschen und die Zähne zu putzen.

6.3 Strafgefangene haben mindestens einmal in der Woche zu duschen bzw. zu baden.
In jedem Verwahrraum ist ein Duschplan unter Verantwortlichkeit der Verwahrraumältesten zu führen, wo bei jeder Strafgefangenen das erfolgte Duschen nachzuweisen ist (Duschzeiten lt. Vorgabe).

7. Bekleidungsordnung

7.1 Die Bekleidungsordnung ist einzuhalten.
Im Aufnahmebereich ist die Bekleidung entsprechend der Vorgaben zu kennzeichnen.

- Sommerbekleidung 01.04.–15.10.
- Winterbekleidung 16.10.–31.03.
- Übergangsbekleidung wird gesondert festgelegt.

7.2 Die Bekleidung muß stets in einem ordentlichen Zustand sein. Tägliche Säuberungen und kleine Reparaturen sind von den Strafgefangenen selbst durchzuführen.

7.3 Stark verschmutzte oder schadhafte Bekleidung ist in der Bekleidungskammer zu tauschen, über den zuständigen Erzieher.

7.4 Es ist untersagt:
Änderungen an der Bekleidung oder Bekleidungskennzeichnung vorzunehmen. Die Tragweise der Bekleidung ist in der Bekleidungsordnung enthalten (siehe Anhang Hausordnung).

Die Verwahrraumältesten haben jeden 1. Sonntag im Monat im Zusammenwirken mit dem Ordnungsaktiv einen Bekleidungsappell durchzuführen. Die Abrechnung hat schriftlich in der nachfolgenden Sprechstunde des Erziehers vorzuliegen.

In der offenen Station wird dies jeden 1. Sonnabend und Sonntag durch die Erzieherbereichsältesten im Zusammenwirken mit den Verwahrraumältesten durchgeführt.
Jeden Sonnabend und Sonntag ist durch die Verwahrraumälteste die Putz- und Flickstunde zu gewährleisten, in der die Bekleidung gründlich gesäubert und instandgesetzt wird.
Der Bekleidungstausch erfolgt entsprechend der Vorgabe.

8. Rauchen

8.1 Das Rauchen ist nur im Waschraum und auf der Raucherinsel im Freistundenhof gestattet. ~~Im offenen Bereich darf auf den Fluren geraucht werden.~~

8.2 Während der Schlafens- bzw. Ruhezeit sowie während der Arbeitszeit ist das Rauchen verboten. Zu den Frühstückspausen kann bei günstiger Witterung in der StVE Hoheneck auf dem Freistundenhof geraucht werden.

9. Verhalten im Rahmen des Gesundheitsschutzes

9.1 Strafgefangenen [sic!] haben ihr Gesamtverhalten auf die Erhaltung der Gesundheit und Leistungsfähigkeit bzw. auf die schnelle Wiederherstellung der Gesundheit und Leistungsfähigkeit im Erkrankungs- und Verletzungsfall einzustellen sowie alles zu unterlassen, was den Heilungs- bzw. Gesundungsprozeß bei sich oder anderen Strafgefangenen beeinträchtigen kann.

9.2 Jede Erkrankung, Verletzung oder Selbstbeschädigung sowie der Befall mit Gesundheitsschädlingen ist sofort den Strafvollzugsangehörigen mitzuteilen.

9.3 Es ist untersagt, Krankheiten und Verletzungen eigenmächtig zu behandeln, von nichtberechtigten Strafgefangenen behandeln zu lassen oder den Arzt über den Gesundheitszustand zu täuschen.

9.4 Alle Arbeitsunfälle sind sofort mitzuteilen. Die Mitteilung erfolgt an den Schichtleiter bzw. den aufsichtshabenden Strafvollzugsangehörigen.

10. Persönliche Verbindungen

10.1 Strafgefangenen werden persönliche Verbindungen mit ihren Ehegatten, Kindern, Eltern, Geschwistern, Großeltern und Verlobten sowie anderen Personen aus ihren ehemaligen oder zukünftigen Wirkungs- und Lebensbereichen gewährt.

10.2 Strafgefangene haben im Aufnahmebereich bzw. beim zuständigen Erzieher mitzuteilen, mit wem sie persönliche Verbindung aufrechterhalten oder aufnehmen wollen bzw. wenn sie eine Veränderung der persönlichen Verbindung wünschen.

10.3 Beim Briefwechsel und Besuch können sich Strafgefangene mit ihren Briefpartnern und Besuchern über familiäre, verwandtschaftliche und gesellschaftliche Probleme austauschen. Es ist ihnen untersagt, dabei über Angelegenheiten des Strafvollzugs, über Strafvollzugsangehörige oder über andere Strafgefangene zu schreiben oder zu sprechen.

10.4 Die Unterhaltung beim Besuch und der Briefverkehr haben in deutscher Sprache zu erfolgen. Strafgefangene, die der deutschen Sprache nicht mächtig sind, können sich einer anderen Sprache bedienen. Briefe sind deutlich lesbar zu schreiben. Eine Aushändigung oder Weiterleitung von Briefen unterbleibt, wenn sie unbegründet in einer fremden Sprache geschrieben sind.

10.5 Briefe werden an Strafgefangene nicht ausgehändigt, auch an die Empfänger nicht ausgesandt, wenn der

Inhalt die Strafgesetze verletzt oder die Sicherheit sowie den Erziehungsprozeß gefährdet. Diese Briefe werden eingezogen.
Strafgefangene können im erleichterten Vollzug 4 Briefe und im allgemeinen Vollzug 3 Briefe im Monat absenden.
Aus- und eingehende Briefe haben den Absender aufzuweisen, da sonst eine Aushändigung nicht erfolgen kann.

10.6 Strafgefangene können Briefe in der Regel bis zu 1 Monat persönlich aufbewahren. Sie sind von ihnen nach dieser Frist zu vernichten. Auf Wunsch können Briefe zu den Effekten genommen werden.

10.7 Den Strafgefangenen <u>kann</u> es gestattet werden, ihre Besuche mit Handschlag zu begrüßen und zu verabschieden.
Sie können nach Genehmigung des beaufsichtigenden Strafvollzugsangehörigen ein kleines Geschenk, was den Bestimmungen entspricht und für den alsbaldigen Verbrauch bestimmt ist, [von] ihren Besuchern entgegennehmen.
Von der Übergabe sind ausgeschlossen:
- Alkohol
- alkoholische Erzeugnisse
- Konserven
- Aerosol (Sprays)
- pharmazeutische Erzeugnisse (einschließlich Summavit-Forte)
- Nahrungs- und Genußmittel, die einer weiteren Bearbeitung bedürfen, z.B. Kakao, Combo, Milchpulver, Tee und andere Instanterzeugnisse

Die Übergabe eines kleinen Geschenkes erfolgt entsprechend dem Disziplinarverhalten und der Arbeitsleistungen der Strafgefangenen gestaffelt und kann bei groben Verstößen gegen die Verhaltensregeln ganz entfallen. Die Geschenke werden einer Kontrolle unterzogen. Im erleichterten Vollzug ist jeden Monat ein Besuch und im allgemeinen Vollzug jeden zweiten Monat ein Besuch durch 2 Personen für 1 Stunde gestattet.
Es ist untersagt[,] ohne Erlaubnis Gegenstände von Besuchern zu übernehmen oder an diese zu übergeben.

10.8 Persönliche Verbindungen können zeitlich befristet, eingeschränkt oder abgebrochen werden, wenn das im Interesse der Sicherheit notwendig ist oder das Erreichen des Erziehungsziels gefährdet wird.

11. <u>Umgang mit Wertgutscheinen</u>

11.1 Wertgutscheine sind sorgfältig zu behandeln. Sie dienen ausschließlich zum genehmigten Einkauf von Waren und Gegenständen des persönlichen Bedarfs.
Die Wertgutscheine sind im Brustbeutel aufzubewahren und dieser ist unter der Bluse zu tragen.

11.2 Jeglicher Mißbrauch von Wertgutscheinen ist untersagt.

11.3 Der Betrag, den Strafgefangene über den monatlichen Einkaufsbetrag hinaus bei sich führen, darf 50,00 M in Wertgutscheinen nicht überschreiten.

11.4 Nicht in Anspruch genommene Wertgutscheine können zur Gutschrift auf das Eigengeldkonto zurückgegeben werden. In den Folgemonaten können die Wertgutscheine auf Grund eines schriftlichen Antrages wieder ausgehändigt werden.

11.5 Wertgutscheine sind nur in der ausgebenden Strafvollzugseinrichtung gültig. Bei Verlegungen in eine andere Einrichtung oder bei Entlassung aus dem Strafvollzug sind die noch vorhandenen Wertgutscheine zwecks Gutschrift gegen Quittung zurückzugeben. Benutzung von Wertgutscheine[n] anderer Strafvollzugseinrichtungen wird geahndet.

12. <u>Literatur, Presseerzeugnisse, Musikinstrumente und Unterhaltungsspiele</u>

12.1 Die aus der Bücherei entliehene Literatur ist pfleglich zu behandeln und darf nicht vorsätzlich beschädigt werden. Sie darf nur in den Verwahrräumen aufbewahrt werden. Die Ausleihfrist beträgt 4 Wochen und ist einzuhalten.
Ein Verlust von entliehener Literatur ist sofort dem Erzieher zu melden.

12.2 Bei einer Entlassung, einer Verlegung aus dem Bereich der Vollzugsabteilung, einer stationären Einweisung im Krankheitsfall und bei Arrestantritt sind entliehene Bücher an den Erzieher zurückzugeben.

12.3 Erworbene Presseerzeugnisse (Tageszeitungen u. Zeitschriften) sind nach nachstehend aufgeführten

Fristen zur Verwertung abzugeben:
Tageszeitungen: dienstags und freitags im jeweiligen Erzieherbereich
Fachzeitschriften: im jeweiligen Erzieherbereich im letzten Monat des Quartals

12.4 Musikinstrumente, Unterhaltungsspiele, Geräte sowie Materialien zur Allgemeinbildung oder zur beruflichen Ausbildung sind in vorgesehenen Räumen aufzubewahren, für den vorgesehenen Zweck zu nutzen und nach Gebrauch unverzüglich wieder abzugeben.

12.5 Für Unterhaltungsspiele sind zugelassen:
- Brettspiele
- Kartenspiele

Die Maßnahmen der staatsbürgerlichen Erziehung, allgemeinen Bildung und kulturellen Betätigung erfolgen auf der Grundlage des Rahmenprogrammes und der Zeiten im Tagesablaufplan. Die sportliche Betätigung wird durch die verantwortlich eingesetzten Strafgefangenen während des Aufenthaltes im Freien organisiert und umfaßt vorrangig

- gymnastische Übungen
- Ballspiele einschließlich Federball
- Tischtennis

Dabei ist der Ablauf der Freistunde einzuhalten.

13. Eingaben

13.1 Strafgefangene haben das Recht, Eingaben in mündlicher oder schriftlicher Form vorzubringen. Eingaben sind dem zuständigen Erzieher vorzutragen. In unaufschiebbaren Fällen können sich Strafgefangene an den nächsten Strafvollzugsangehörigen wenden. Das Recht der Eingaben an andere staatliche Organe und Institutionen wird dadurch nicht eingeschränkt.

13.2 Die Strafgefangenen können dem Leiter der Strafvollzugseinrichtung persönlich zu den festgelegten Zeiten ihre Anliegen unterbreiten oder Eingaben vortragen.
Die Sprechstunde des Leiters der hiesigen Strafvollzugseinrichtung findet jeden Dienstag um 09.30 Uhr statt. In der SV-Abteilung Freiberg finden die Sprechstunden mittwochs von 09.00–10.00 Uhr und donnerstags von 13.00–14.00 Uhr statt. Die Strafgefangenen haben sich rechtzeitig beim Erzieher anzumelden.

13.3 Es ist nicht gestattet, sich in derselben Angelegenheit gleichzeitig an mehrere Organe zu wenden sowie gemeinsame Beschwerden oder Gesuche einzureichen bzw. vorzubringen.

14. Schadenersatzleistungen

Für schuldhaft verursachte Schäden sind Strafgefangene entsprechend den Rechtsvorschriften zum Schadensersatz verpflichtet. Die Anwendung von

Disziplinarmaßnahmen oder eine strafrechtliche Verantwortlichkeit werden dadurch nicht ausgeschlossen.

15. Anerkennungen

15.1 Um positives Gesamtverhalten Strafgefangener zu fördern, können Anerkennungen ausgesprochen werden. Sie werden vor allem angewandt, wenn Strafgefangene die an sie gestellten Forderungen gewissenhaft erfüllen oder eine gute Arbeitsdisziplin zeigen und vorbildliche Arbeitsergebnisse erzielen oder aktiv den Erziehungsprozeß unterstützen.

15.2 Strafgefangene können folgende Anerkennungen erhalten:
- Ausspruch eines Lobes
- Prämierung
- Gewährung von Vergünstigungen
- Vorfristige Streichung einer früher ausgesprochenen Disziplinarmaßnahme
- Überweisung in den erleichterten Vollzug

15.2.1 Als Anerkennung zu gewährende Vergünstigungen sind:
- Erweiterung der persönlichen Verbindungen, einschließlich Genehmigung zum Aufenthalt außerhalb der Strafvollzugseinrichtung am Tag der Besuchsdurchführung
- Erhöhung des Verfügungssatzes für den monatlichen Einkauf
- Verlängerung der Aufenthaltsdauer im Freien

- Erteilung von Genehmigungen zur individuellen Ausgestaltung arbeitsfreier Zeit, der erweiterten Ausstattung von Verwahrräumen und zum Tragen eigener Bekleidungsstücke
- Gewährung von Urlaub aus dem Strafvollzug

16. Disziplinarbestimmungen

16.1 Bei schuldhaften Verstößen Strafgefangener gegen die Forderungen der Hausordnung werden Disziplinarmaßnahmen angewandt. Deren Anwendung schließt eine strafrechtliche Verantwortlichkeit der Strafgefangenen nicht aus.

16.2 Disziplinarmaßnahmen sind:
- Ausspruch einer Mißbilligung
- Verwarnung durch eine Aussprache mit Androhung einer strengeren Disziplinarmaßnahme
- Einschränkung oder Entzug von Vergünstigungen gemäß Pkt. 15.2.1
- Einschränkung des Verfügungssatzes für den monatlichen Einkauf
- Arrest (Freizeit- oder Einzelarrest)

17. Sicherungsmaßnahmen

Gegen Strafgefangene können Sicherungsmaßnahmen gemäß Strafvollzugsgesetz angewandt werden, wenn sie durch ihr Verhalten dazu Anlaß geben. Die Anwendung von Sicherungsmaßnahmen schließt Disziplinarmaßnahmen oder eine strafrechtliche Verantwortlichkeit nicht aus.

18. Beschwerden

Gegen die Anwendung von Disziplinar- und Sicherungsmaßnahmen sowie gegen Verfügung zu Schadensersatzleistungen nach § 37 Abs. 3 des Strafvollzugsgesetzes ist mündlich oder schriftlich Beschwerde zulässig. Sie hat keine aufschiebende Wirkung. Die Frist für die Einreichung beträgt 14 Tage vom Ausspruch der Maßnahmen angerechnet.
Diese Beschwerden sind keine Eingaben im Sinne des Eingabengesetzes.

Neufassung des § 236 StGB (Gefangenenmeuterei) nach dem 3. Strafrechtsänderungsgesetz vom 28.06.1979

§ 236 StGB – Gefangenenmeuterei

1. Ein Inhaftierter, der sich mit einem oder mehreren Inhaftierten zusammenschließt, um den mit der Bewachung oder Beaufsichtigung Beauftragten Widerstand zu leisten, sie tätlich anzugreifen oder zu nötigen oder gegen die Verwirklichung gesetzlich festgelegter Vollzugsmaßnahmen Widerstand zu leisten, wird mit Freiheitsstrafe bis zu fünf Jahren bestraft.

2. Ist die Tatbeteiligung von untergeordneter Bedeutung oder ist die Tat ohne Zusammenschluß mit anderen begangen worden, kann der Täter mit Freiheitsstrafe bis zu zwei Jahren oder

Haftstrafe bestraft werden.

3. Der Versuch ist strafbar.

4. Rädelsführer werden mit Freiheitsstrafe von zwei bis zu zehn Jahren bestraft.

Der Leiter

9.2 Chronik

1244 Die Burg wird erstmals urkundlich erwähnt. Die Schreibweisen variieren: Stalburg, Stalberg, Stallburg, Stallburch. Sie wurde von Siedlern für den Grafen von Schönberg erbaut.

1287 Erstmals geht aus einer Urkunde ein Adelsgeschlecht hervor, welches Stollberg besaß. Ein Erkenbert, Burggraf von Stalburg, wird in der Urkunde des Markgrafen Dittrich erwähnt.

1365 Kaiser Karl IV. weilte längere Zeit auf der Stalburg.

1367 In Gegenwart des Kaisers Karl IV. werden die Burg und die Stadt Stollberg an dessen Sohn verkauft. Seitdem gilt sie als Lehen der böhmischen Krone.

1422 Die Herrschaft geht auf die sächsischen Markgrafen über und somit an das Haus Wettin.

1473 Nachdem sich die Burg zwischenzeitlich im Besitz des Burggrafen von Eger befand, erwirbt sie der Kurfürst und Bischof von Meißen.

1546 Stollberg geht an den sächsischen Kurfürst August I., der die Stalburg zu einem Jagdschloss umbaut.

1602 Ein verheerendes Feuer zerstört große Teile der Anlage.

1721 Die zerstörte Burganlage dient der Bevölkerung als Steinbruch.

1812 Auf dem Areal der zerstörten Burg entsteht ein neues Amtshaus.

1815 Wiederaufbau der alten Anlage, in der bis 1856 das Rentamt und das Justizamt untergebracht sind.

1862 Die bisherige Anlage wird abgetragen und das erste Gebäude des »Königlich-sächsischen Weiberzuchthauses« gebaut (Nordflügel).

1863 Der Westflügel wird fertiggestellt.

1886 Das Weiberzuchthaus wird nach Waldheim verlegt.

In Hoheneck finden Erweiterungsarbeiten statt. Wirtschaftsgebäude, Südflügel und Verwaltungstrakt werden errichtet.

1889 Hoheneck wird Landesstrafanstalt für Männer.

1933 Reichstagsabgeordnete der KPD (u. a. Johann Knöchel und Dalmatius Kanjetzny) werden in Hoheneck inhaftiert.

1939 Das Jugendgefängnis Bautzen wird nach Hoheneck verlegt.

1940 In Hoheneck grassiert eine Scharlachepidemie.

1945 Ende Juli wird das Jugendgefängnis durch die Sowjets geräumt.

1946 Etwa 1.000 Jugendliche sind in Hoheneck inhaftiert.

1949 Nach der erneuten Räumung werden fortan v. a. Strafgefangene inhaftiert, die nach SMAD-Befehl 201 verurteilt wurden. Eine Abteilung für weibliche Strafgefangene wird gegründet.

1950 Am 11. Februar kommen 1.119 Frauen und 30 Kleinkinder und Babys aus dem sowjetischen Speziallager Sachsenhausen nach Hoheneck. Die Strafvollzugsanstalt Hoheneck ist eine von sieben Spezialstrafanstalten, die direkt dem Justizministerium unterstellt sind.

Im April kommt es zum ersten Ausbruch aus dem Gefängnis. Zwei Frauen gelingt zeitweise die Flucht. Zum ersten Jahrestag der DDR findet eine erste Amnestie statt. 15 Strafgefangene werden im Oktober 1950 aus Hoheneck entlassen.

1952 Volkspolizei-Kommandeur Hagge wird Leiter der Anstalt (weitere Informationen unbekannt).

1953 Im Oktober treten die Strafgefangenen in den Hungerstreik, der letztlich drei Tage aufrechterhalten wird.

1954 Im Januar 1954 erfolgt eine Amnestie.

Leiter der Anstalt wird Ahlborn (weitere Informationen unbekannt).

Drei SMT-Verurteilte versuchen zu fliehen und verstecken sich in einem Mistwagen.

1956 Hoheneck wird der Bezirksbehörde der Deutschen Volkspolizei Karl-Marx-Stadt unterstellt. Bei einer erneuten Amnestie werden nahezu alle SMT-Verurteilten entlassen.

1956/57 Leiter der Anstalt wird ein gewisser Pannier (weitere Informationen unbekannt).

1960 Amnestie, bei der 107 Frauen entlassen werden.

1961 Es erfolgt eine einheitliche Einkleidung der Strafgefangenen. Leiter der Anstalt wird Oberstleutnant Robert Schroetter.

1962 Das Haftarbeitslager Himmelmühle wird aufgelöst, und die strafgefangenen Frauen werden nach Hoheneck überstellt.

1963 Leiter der Anstalt wird Major Rudy Petry.

1964 Amnestie anlässlich des 15. Jahrestages der DDR, bei der insgesamt 16.000 Gefangene aus Gefängnissen der DDR entlassen werden.

1965 Aus dem Jugendhaus Hohenleuben werden Jugendliche nach Hoheneck überstellt und in einer eigenen geschlossenen Abteilung untergebracht. Major Hermann Kühnel wird Anstaltsleiter.

1968 Das neue StGB und das neue Strafvollzugs- und Wiedereingliederungsgesetz treten in Kraft. Der Strafvollzugsdienst wird nun im Dreischichtsystem durchgeführt.

1969 Neuer Leiter des Gefängnisses wird Major Heinz Scholz.

1971 Eröffnung des Außenarbeits-Kommandos Esda in Thalheim. Es findet der letzte, temporär geglückte Ausbruch statt.

1972 Seit Jahresbeginn leitet Hauptmann Heinz Georgi die Anstalt. Das Außenarbeitskommando wird wieder aufgelöst. Das Ministerium für Staatssicherheit installiert eine operative Arbeitsgruppe in Hoheneck. Erstmals gibt es einen medizinischen Leiter in Hoheneck.

1974 Das Strafvollzugskommando Freiberg wird als sogenanntes Standkommando der Strafvollzugsanstalt Hoheneck unterstellt. Hoheneck weist im Mai eine Rekordüberbelegung auf. Das neue Strafvollzugsgesetz tritt in Kraft. Insgesamt folgen drei Anstaltsleiter aufeinander. Nach Hauptmann Harry Grunewald folgt Major Gerhard Schulze, bevor Oberstleutnant Wolfgang Veit übernimmt.

1976 Die 1965 gegründete Jugendabteilung wird geschlossen. Freiberg wird nun als Strafvollzugsabteilung in Form einer Außenstelle von Hoheneck geführt.

1977 Das neue Strafvollzugsgesetz tritt in Kraft.

1987 Die umfangreichste Amnestie in der Geschichte der DDR findet statt.

1989 Am 6. Dezember kommt es zur letzten Amnestie. Um den Jahreswechsel besetzen die Strafgefangenen das Dach der Anstalt.

1990 Die JVA Stollberg wird als einziges sächsisches Frauengefängnis weitergeführt.

1991 Der Verein »Frauenkreis der ehemaligen Hoheneckerinnen« gründet sich.

2001 Ende April wird das Gefängnis geschlossen.

2002 Der Freistaat Sachsen verkauft das Gefängnis an einen privaten Investor.

2011 Bundespräsident Dr. Christian Wulff besucht das ehemalige Gefängnis im Beisein ehemals inhaftierter Frauen.

2012 Hoheneck wird in den Katalog der institutionell zu fördernden Einrichtungen des Sächsischen Gedenkstättenstiftungsgesetzes aufgenommen.

2014 Die Stadt Stollberg kauft das Areal Stalburg.

2019 Die Konzeption für eine Gedenkstätte entsteht.
2024 Eröffnung der Gedenkstätte Hoheneck im Beisein von Bundespräsident Frank-Walter Steinmeier.

9.3 Abkürzungsverzeichnis

ADW	Archiv des Diakonischen Werkes der Evangelischen Kirche
BArch	Bundesarchiv
BArch/StUA	Bundesarchiv/Stasi-Unterlagen-Archiv
BDVP	Bezirksbehörde der Deutschen Volkspolizei
BND	Bundesnachrichtendienst
BRD	Bundesrepublik Deutschland
BV	Bezirksverwaltung des Ministeriums für Staatssicherheit
DDR	Deutsche Demokratische Republik
DVP	Deutsche Volkspolizei
FDJ	Freie Deutsche Jugend
GI	Geheimer Informator
GPA	Gefangenenpersonalakte
GTW	Gefangenentransportwagen
HA	Hauptabteilung des Ministeriums für Staatssicherheit
HKK	Haftkarteikarte
HO	Handelsorganisation
HVDVP	Hauptverwaltung Deutsche Volkspolizei
IGfM	Internationale Gesellschaft für Menschenrechte
IM	Inoffizieller Mitarbeiter (MfS)
IMS	Inoffizieller Mitarbeiter zur politisch-operativen Durchdringung und Sicherung des Verantwortungsbereichs (MfS)
JVAW	Justizvollzugsanstalt Waldheim

KD	Kreisdienststelle des Ministeriums für Staatssicherheit
KHA	Krankenhausabteilung
KPD	Kommunistische Partei Deutschlands
KPdSU	Kommunistische Partei der Sowjetunion
KSZE	Konferenz für Sicherheit und Zusammenarbeit in Europa
LDP	Liberal-Demokratische Partei Deutschlands
LPG	Landwirtschaftliche Produktionsgenossenschaft
MdI	Ministerium des Innern
MfS	Ministerium für Staatssicherheit
MUDr.	Medicinae universae doctor
MTA	Medizinisch-technische Assistentin
MTW	Mannschaftstransportwagen
NVA	Nationale Volksarmee
o.D.	ohne Datum
op.	operativ
OPK	Operative Personenkontrolle (MfS)
OV	Operativer Vorgang (MfS)
SBZ	Sowjetische Besatzungszone
SED	Sozialistische Einheitspartei Deutschlands
SG	Strafgefangene(r)
SMAD	Sowjetische Militäradministration in Deutschland
SMT	Sowjetisches Militärtribunal
SPD	Sozialdemokratische Partei Deutschlands
SächsStA	Sächsisches Staatsarchiv
StGB	Strafgesetzbuch
StVA	Strafvollzugsanstalt

StVE	Strafvollzugseinrichtung
StVG	Strafvollzugsgesetz
SV	Strafvollzug
SVWG	Strafvollzugs- und Wiedereingliederungsgesetz
UdSSR	Union der Sozialistischen Sowjetrepubliken
VEB	Volkseigener Betrieb
VP	Volkspolizei
VPKA	Volkspolizeikreisamt
VS	Verschlusssache
VSV	Verwaltung Strafvollzug
VZD	Vollzugsdienst
VZAL	Vollzugsabteilungsleiter
WKL	Wäsche-Kombinat Lößnitz
ZKD	Zentraler Kurierdienst
ZW	Zentralwerkstatt

9.4 Personenverzeichnis

10 Quellen- und Literaturverzeichnis

10.1 Archivquellen

Archiv der Internationalen Gesellschaft für Menschenrechte (IGfM)
Bestand Doris Wels

Archiv des Diakonischen Werkes
BSt: 48
ZBB: 1619; 1622; 1697; 2117; 2672

Bundesarchiv (BArch)
DO1: 3432; 3450; 3453; 3457; 3466, 3523; 3697; 3740; 3743; 3767; 3768; 3780; 11973; 12178; 28479; 28513; 28560; 28563; 28575; 28577; 28578; 28586; 28587; 40045; 58514
DP1: 30031; 30034

Bundesarchiv/Stasi-Unterlagen-Archiv (BArch/StUA)
MfS BdL/Dok Nr.: 2658; 8273; 10359; 500284; 500316
MfS Bezirksverwaltung Karl-Marx-Stadt AGI: 553/64 I; 632/70
MfS Bezirksverwaltung Karl-Marx-Stadt AIM: 2626/82 II; 2921/84 I; 2921/84 II; 4593/86 I; 4593/86 III
MfS Bezirksverwaltung Karl-Marx-Stadt AKG: 1864 II; 2738; 8809
MfS Bezirksverwaltung Karl-Marx-Stadt KD Stollberg: 59; 62; 146; 235; 258
MfS Bezirksverwaltung Karl-Marx-Stadt KD Stollberg: ZMA 9412; 9414
MfS Bezirksverwaltung Karl-Marx-Stadt SVG XIV: 1111/76 Nr. 405

MfS Bezirksverwaltung Karl-Marx-Stadt XIV: 645/77; 688/70; 1536/75 I; 1536/75 II; 2536/80; 2534/82; 2534/82 II
MfS HA VII: 2047; 4183
MfS ZAIG: 8873 II
MfS ZKG: 20163

Justizvollzugsanstalt Waldheim (JVAW)
Haftkarteikarte Dorothee Fischer
GPA: 55/59; 506/59; 299/60; 596/60; 669/60; 187/61; 48/65; 119/65; 395/68; 31/78; 321/79; 195/81; 113/86; 259/89
Strafvollzugseinrichtung Hoheneck: Chronik der Jahre 1200–1970.

Polizeidirektion Chemnitz-Erzgebirge
Bauunterlagen Hoheneck: 639; 644; 647

Sächsisches Staatsarchiv (SächsStA)
11018 Ministerium der Justiz: 1601
11125 Ministerium des Kultus und öffentlichen Unterrichts: 10984
11380 Landesregierung Sachsen, Ministerium der Justiz und Hauptabteilung Justiz beim Ministerpräsidenten: 858; 1031; 1032; 1041
20250 Bezirksbehörde der Deutschen Volkspolizei Leipzig: 0983
30067 Untersuchungsgefängnis Plauen: 80
30068 Gefangenenanstalt Hoheneck: 55; 61; 67
30441 Bezirksbehörde der Deutschen Volkspolizei Karl-Marx-Stadt: 5358; 5369
30441 Bezirksbehörde der Deutschen Volkspolizei Karl-Marx-Stadt, 25: 133; 134; 253
30441 Bezirksbehörde der Deutschen Volkspolizei Karl-Marx-Stadt, 25.1: 142; 146; 339; 845; 846

10.2 Literatur und gedruckte Quellen

Ahrberg, Edda / Harder, Dorothea (Hg.): Abgeholt und verschwunden (1). Von sowjetischen Militärtribunalen Verurteilte aus Sachsen-Anhalt und ihre Angehörigen, Magdeburg 2009.

Ansorg, Leonore: Die juristische Aufarbeitung von DDR-Unrecht im Strafvollzug. Ermittlungsverfahren gegen ehemalige Angehörige der Strafvollzugsanstalt Brandenburg nach 1989, in: Deutschland-Archiv 38 (2005), S. 589–596.

Ansorg, Leonore: Politische Häftlinge im Strafvollzug der DDR. Die Strafvollzugsanstalt Brandenburg, Berlin 2005.

Aris, Nancy / Heitmann, Clemens (Hg.): Via Knast in den Westen. Das Kaßberg-Gefängnis und seine Geschichte, Leipzig 2013.

Aris, Nancy: Das lässt einen nicht mehr los. Opfer politischer Gewalt erinnern sich, Leipzig 2020.

Austenat, Elke: Die Austenats. Eine deutsche Familie, Berlin 2011.

Ayaß, Wolfgang: »Asoziale« im Nationalsozialismus, Stuttgart 1995.

Bastian, Uwe/Neubert, Hildigund: Schamlos ausgebeutet. Das System der Haftzwangsarbeit politischer Gefangener des SED-Staates, Berlin 2003.

Bechler, Margret: Warten auf Antwort. Ein deutsches Schicksal, Berlin 1998.

Beckmann, Andreas/Kusch Regina: Gott in Bautzen. Gefangenenseelsorge in der DDR, Berlin 1994.

Beleites, Johannes: »Asoziales Verhalten«. Stigmatisierung, Bevormundung und niedere Instinkte, in: Horch und Guck 60 (2008) 2, S. 4–5.

Beleites, Johannes: Abteilung XIV. Haftvollzug (Anatomie der Staatssicherheit. Geschichte – Struktur – Methoden. MfS-Handbuch), Berlin 2009.

Bertram, Andreas/Planer-Friedrich, Jens/Sarstedt, Regine (Hg.): Wein mit zuviel Wermut. Die soziale, individuelle und wirtschaftliche Situation der ehemaligen Antragsteller auf Ausreise aus der DDR und die Frage ihrer Identität, Berlin 2003.

Boll, Friedhelm: Paul, Herrmann und Dorothee Kreutzer, in: Fricke, Karl Wilhelm/Steinbach, Peter/Tuchel, Johannes (Hg.): Opposition und Widerstand in der DDR. Politische Lebensbilder, München 2002, S. 102–109.

Borchert, Jens: Erziehung im DDR-Strafvollzug. Theoretische und gesetzliche Grundlangen sowie die Durchführung in der Strafvollzugseinrichtung Torgau, Herbholzheim 2002.

Brey, Hans-Michael: Doppelstaat DDR. Menschenrechtsverletzungen der Deutschen Volkspolizei, Frankfurt am Main 1999.

Bruscha, Brunhilde: Als Gefangene in Bautzen, Waldheim, Hoheneck 1946–1954, Schwäbisch Gmünd 2004.

Buchholz, Erich: Strafrecht, in: Heuer, Uwe-Jens (Hg.): Die Rechtsordnung der DDR. Anspruch und Wirklichkeit, Baden-Baden 1995.

Buddrus, Michael: »... im Allgemeinen ohne besondere Vorkommnisse«. Dokumente zur Situation des Strafvollzugs der DDR nach der Auflösung der sowjetischen Internierungslager 1949–1951, in: Deutschland Archiv 26 (1996), S. 10–33.

Décarpes, Pascal: Der DDR-Strafvollzug vor und nach der Wende. Die Umgestaltung des Gefängnislebens zwischen Herrschaft, Rechtsstaat und Willkür, in: Kott, Sandrine/Droit, Emmanuel (Hg.): Die ostdeutsche Gesellschaft. Eine transnationale Perspektive, Berlin 2006, S. 88–103.

Dölling, Birger: Strafvollzug zwischen Wende und Wiedervereinigung. Kriminalpolitik und Gefangenenprotest im letzten Jahr der DDR, Berlin 2009.

Dust-Wiese, Alexandra: ...und schreie in den Wind... Gedichte aus Hoheneck, Böblingen 1987.

Dust-Wiese, Alexandra: Oh Gott, waren wir begeistert, daß Stalin tot war, in: Schacht, Ulrich (Hg.): Hohenecker Protokolle. Aussagen zur Geschichte der politischen Verfolgung von Frauen in der DDR, Dresden 2004, S. 68–79.

Eberle, Henrik: GULag DDR? Ökonomische Aspekte des Strafvollzugs in den 50er und 60er Jahren, in: Timmermann, Heiner (Hg.): Die DDR – Recht und Justiz als politisches Instrument, Berlin 2000, S. 111–140.

Ebert, Dorothea/Proksch, Michael: Und plötzlich waren wir Verbrecher. Geschichte einer Republikflucht, München 2010.

Eisenfeld, Bernd: Die Ausreisebewegung – eine Erscheinungsform widerständigen Verhaltens, in: Poppe, Ulrike/Eckert, Rainer/Kowalczuk, Ilko-Sascha (Hg.): Zwischen Selbstbehauptung und Anpassung. Formen des Widerstandes und der Opposition in der DDR, Berlin 1995, S. 192–223.

Erices, Rainer/Gumz, Antje: »Hier läuft bald gar nichts mehr«. BStU-Quellen zur Entwicklung des Gesundheitswesens in der DDR, in: Frewer, Andreas/Erices, Rainer (Hg.): Medizinethik in der DDR. Moralische und menschenrechtliche Fragen im Gesundheitswesen, Stuttgart 2015, S. 15–27.

Essig, Karen: Die Entwicklung des Strafvollzuges in den neuen Bundesländern. Bestandsaufnahme und Analyse unter besonderer Berücksichtigung der Situation der Strafvollzugsbediensteten aus der ehemaligen DDR, Mönchengladbach 2000.

Feustel, Angelika: Osthippie. Eine Jugend in Deutschland, Leipzig 2011.

Finn, Gerhard: Die Frauen von Hoheneck. Protokoll einer Anhörung, Berlin/Bonn o. D.

Finn, Gerhard: Die politischen Häftlinge der Sowjetzone, 1945–1959, Köln 1989.

Finn, Gerhard: Politischer Strafvollzug in der DDR, Köln 1981.

Foitzik, Jan: Sowjetische Militäradministration in Deutschland (SMAD) 1945–1949. Struktur und Funktion, Berlin 1999.

Franke, Uta: Sand im Getriebe. Die Geschichte der Leipziger Oppositionsgruppe um Heinrich Saar 1977 bis 1983, Leipzig 2007.

Fricke, Karl Wilhelm/Engelmann, Roger: »Konzentrierte Schläge«. Staatssicherheitsaktionen und politische Prozesse in der DDR, 1953–1956, Berlin 1998.

Fricke, Karl Wilhelm: Zur Menschen- und Grundrechtssituation politischer Gefangener in der DDR, Köln 1988.

Friedrich-Ebert-Stiftung (Hg.): Kriminalität, Strafvollzug und Resozialisierung in der DDR, Bonn 1977.

Geiger, Manfred/Steinert, Erika: Straffällige Frauen und das Konzept der »Durchgehenden sozialen Hilfe«, Stuttgart 1993.

Gerth, Gunhild: Angst vor so viel Macht, in: Schacht, Ulrich (Hg.): Hohenecker Protokolle. Aussagen zur Geschichte der politischen Verfolgung von Frauen in der DDR, Dresden 2004, S. 118–136.

Gesetz- und Verordnungsblatt für das Königreich Sachsen 1871.

Gesetzblatt der Deutschen Demokratischen Republik, Teil 1, Nr. 78, 11.12.1957.

Gesetzblatt der Deutschen Demokratischen Republik, Teil I, Nr. 1, 12.1.1968.

Giersch, Jutta: Wir hungern noch, wir hungern noch, in: Schacht, Ulrich: Hohenecker Protokolle. Aussagen zur Geschichte der politischen Verfolgung von Frauen in der DDR, Dresden 2004, S. 45–67.

Gieseke, Jens: Die Stasi. 1945–1990, München 2011.

Gieseke, Jens: Volkspolizei und Staatssicherheit. Zum inneren Sicherheitsapparat der DDR, in: Lange, Hans-Jürgen (Hg.): Die Polizei der Gesellschaft. Zur Soziologie der Inneren Sicherheit, Opladen 2003, S. 93–120.

Gilek, Bettina: Amnestie als Auslegungssache, in: Schacht, Ulrich (Hg.): Hohenecker Protokolle. Aussagen zur Geschichte der politischen Verfolgung von Frauen in der DDR, Dresden 2004, S. 229–244.

Gollin, Annegret: »Tramper Uschi«, in: Bohley, Bärbel/Praschl, Gerald/Rosenthal, Rüdiger: Mut. Frauen in der DDR, München 2005, S. 74–98.

Grandke, Wolfgang: Zu den Begriffen Spionage, Abwerbung, Terror und ihre Abgrenzung von anderen Arten der Staatsverbrechen, in: Schriftenreihe der Deutschen Volkspolizei 7 (1957), S. 16–29.

Harrland, Harri: Entwicklung und Bekämpfung der Kriminalität in der DDR im Spiegel der Statistik, in: Neue Justiz 13 (1965), S. 401–406.

Hergert, Kerstin: Das Begreifen, daß die Dummen die Macht haben, in: Schacht, Ulrich (Hg.): Hohenecker Protokolle. Aussagen zur Geschichte der politischen Verfolgung von Frauen in der DDR, Dresden 2004, S. 245–256.

Hiekel, Frank: Das Gefängnisgeld der DDR. »Wertgutscheine« als Ersatzzahlungsmittel im Strafvollzug des Ministeriums des Innern von 1975–1990, in: Klewin, Silke/Reinke, Herbert/Sälter, Gerhard (Hg.): Hinter Gittern. Zur Geschichte der Inhaftierung zwischen Bestrafung, Besserung und politischem Ausschluss vom 18. Jahrhundert bis zur Gegenwart, Leipzig 2010, S. 255–268.

Hilger, Andreas / Morré, Jörg: SMT-Verurteilte als Problem der Stalinisierung. Die Entlassungen Tribunalverurteilter aus sowjetischer und deutscher Haft, in: Hilger, Andreas / Schmeitzner, Mike / Schmidt, Ute (Hg.): Sowjetische Militärtribunale. Band 2. Die Verurteilung deutscher Zivilisten 1945–1955, Köln / Weimar / Wien 2003, S. 685–750.

Internationale Gesellschaft für Menschenrechte (Hg.): Menschenrechte in der DDR und Berlin (Ost), Frankfurt am Main 1986.

Interview mit Ingeborg Blaschke. »Kontraproduktive Kriminalisierung«. Der juristische Blick auf »Asoziale« in der DDR, in: Horch und Guck 60 (2/2008), S. 28–31.

Johannsen, Lasse O.: Die rechtliche Behandlung ausreisewilliger Staatsbürger in der DDR, Frankfurt am Main 2007.

Karl-Günter: Erziehung zum Hass. Geistige Militarisierung in der DDR, Bonn 1987.

Katzer, Nikolaus: »Eine Übung im Kalten Krieg«. Die Berliner Außenministerkonferenz von 1954, Köln 1994.

Kempowski, Walter: Ein Kapitel für sich, München / Wien 1975.

Kochan, Thomas: Blauer Würger. So trank die DDR, Berlin 2011.

Korzilius, Sven: Asozialität mit Tradition. Die Entstehung und Entwicklung des §249 StGB der DDR, in: Horch und Guck 60 (2/2008), S. 14–19.

Krüger, Waltraud: Ausreiseantrag, Magdeburg 1990.

Kühnel, Hermann/Hässelbarth, Willi/Schmidt, Armin/Czepluch, Ulrich/Meusel, Dieter: Handbuch für SV-Angehörige der operativen Dienste, Berlin (Ost) 1982.

Kuschel, Franziska: Innere Sicherheit, in: Bösch, Frank/Wirsching, Andreas (Hg.): Abschlussbericht zur Vorstudie zum Thema »Die Nachkriegsgeschichte des Bundesministeriums des Innern (BMI) und des Ministeriums des Innern der DDR (MdI) hinsichtlich möglicher personeller und sachlicher Kontinuitäten zur Zeit des Nationalsozialismus«, Potsdam/Berlin 2015, S. 120–130.

Laßleben, Wolfgang: Zur Rehabilitierung von Verurteilungen nach § 249 StGB/DDR, in: Horch und Guck 60 (2/2008), S. 42–45.

Latotzky, Alexander: Kindheit hinter Stacheldraht. Mütter mit Kindern in sowjetischen Speziallagern und DDR-Haft, Leipzig 2004.

Lehmann, Elke: Entlassungstermin in die DDR, in: Schacht, Ulrich (Hg.): Hohenecker Protokolle. Aussagen zur Geschichte der politischen Verfolgung von Frauen in der DDR, Dresden 2004, S. 137–151.

Lindenberger, Thomas: »Asoziale Lebensweise«. Herrschaftslegitimation, Sozialdisziplinierung und die Konstruktion eines »negativen Milieus« in der SED-Diktatur, in: Geschichte und Gesellschaft 31 (2005), S. 227–254.

Lindenberger, Thomas: Volkspolizei. Herrschaftspraxis und öffentliche Ordnung im SED-Staat 1952–1968, Köln / Weimar / Wien 2003.

Lindman, Kai: Die Behelfszahlungsmittel und Marken der Strafvollzugseinrichtungen der DDR, Sassenburg 2004.

Lindner, Sebastian / Werner, Eva: Hoheneck unterm Hakenkreuz. Männer- und Jugendstrafvollzug 1933–1945. Forschungsbericht, Dresden 2014 (unveröffentlicht).

Maddrell, Paul: Blütezeit der Spionage. Westliche Nachrichtendienste im geteilten Deutschland 1945–1961, in: Meinke, Annett: Duell im Dunkel. Spionage im geteilten Deutschland, Köln / Weimar / Wien 2002, S. 25–33.

Matz-Donath, Annerose: »Kämpferinnen und Opfer«. Politisch verfolgte Frauen in der sowjetischen Besatzungszone, in: Kaff, Brigitte (Hg.): »Gefährliche politische Gegner«. Widerstand und Verfolgung in der sowjetischen Zone / DDR, Düsseldorf 1995, S. 46–105.

Menschenrechte 1 (1977).

Menschenrechte 2+3 (1981).

Menschenrechte 3 (2009).

Menschenrechte 3+4 (1989).

Menschenrechte 5 (1982).

Menschenrechte 5 (1983).

Messerschmidt, Beate: Hinter doppelten Mauern. Eine deutsche Geschichte, Frankfurt am Main / Wien 1999.

Meyer, Juliane: Humanmedizin unter Verschluss. Die medizinische Versorgung und Behandlung politischer Häftlinge in den Strafvollzugsanstalten der DDR, Berlin 2013.

Ministerium des Innern (Hg.): Arbeitseinsatz Strafgefangener, Berlin (Ost) 1982.

Ministerium des Innern (Hg.): Geschichte der Deutschen Volkspolizei. 1945–1961. Band 1, Berlin (Ost) 1987.

Ministerium des Innern (Hg.): Gesundheitsschutz Strafgefangener und Verhafteter, Berlin (Ost) 1981.

Ministerium des Innern (Hg.): Schlag nach für Strafvollzugsangehörige, Berlin (Ost) 1980.

Ministerium des Innern, Verwaltung Strafvollzug (Hg.): Besonderheiten des Vollzugs der Freiheitsstrafe an Jugendlichen, Berlin (Ost) 1988.

Morré, Jörg: Vom Niedergang des Erziehungsgedankens im Strafvollzug der DDR, in: Klewin, Silke / Reinke, Herbert / Sälter, Gerhard (Hg.): Hinter Gittern. Zur Geschichte der Inhaftierung zwischen Bestrafung, Besserung und politischen Ausschluss vom 18. Jahrhundert bis zur Gegenwart, Leipzig 2010, S. 241–254.

Müller, Jörg: Strafvollzugspolitik und Haftregime in der SBZ und in der DDR. Sachsen in der Ära Ulbricht, Göttingen 2012.

Nayhauß, Dirk von/Riepl, Maggie: Der dunkle Ort. 25 Schicksale aus dem DDR-Frauengefängnis Hoheneck, Berlin 2012.

Neue Justiz 12 (1979).

Nooke, Maria: Geglückte und gescheiterte Fluchten nach dem Mauerbau, in: Henke, Klaus-Dietmar (Hg.): Die Mauer. Errichtung, Überwindung, Erinnerung, München 2011, S. 163–180.

Oleschinski, Brigitte/Pampel, Bert: »Nazis«, »Spione«, »Sowjetfeinde«? Die SMT-Verurteilten im April 1953 in Torgau, in: Deutschland-Archiv 28 (1995), S. 456–466.

Plogstedt, Sybille: Knastmauke. Das Schicksal von politischen Häftlingen der DDR nach der deutschen Wiedervereinigung, Gießen 2010.

Possekel, Ralf: Stalins Pragmatismus. Die Internierungen in der SBZ als Produkt sowjetischer Herrschaftstechniken (1945–1950), in: Reif-Spirek, Peter/Ritscher, Bodo (Hg.): Speziallager in der SBZ. Gedenkstätten mit »doppelter Vergangenheit«, Berlin 1999, S. 149–181.

Raschka, Johannes: »Für kleine Delikte ist kein Platz in der Kriminalitätsstatistik«. Zur Zahl politischer Häftlinge während der Amtszeit Honeckers, Dresden 1997.

Raschka, Johannes: Justizpolitik im SED-Staat. Anpassung und Wandel des Strafrechts während der Amtszeit Honeckers, Köln / Weimar / Wien 2000.

Richardt, Hans: Der Arbeitseinsatz von Strafgefangenen unter dem Gesichtspunkt der rechtlichen und ökonomischen Bedeutung der Verträge mit den sozialistischen Betrieben, in: Schriftenreihe der Deutschen Volkspolizei 11 (1960), S. 1197–1213.

Rollmann, Dietrich: Strafvollzug in Deutschland. Situation und Reform, Frankfurt am Main 1967.

Sachße, Christoph/Tennstedt, Florian: Geschichte der Armenfürsorge in Deutschland. Vom Spätmittelalter bis zum Ersten Weltkrieg, Stuttgart 1980.

Sauer, Heiner/Plumeyer, Hans-Otto: Der Salzgitter-Report. Die Zentrale Erfassungsstelle berichtet über Verbrechen im SED-Staat, Esslingen/München 1991.

Schacht, Carola: Ich wurde während des Prozesses fast nur angeschrien, in: Schacht, Ulrich (Hg.): Hohenecker Protokolle. Aussagen zur Geschichte der politischen Verfolgung von Frauen in der DDR, Dresden 2004, S. 152–191.

Schacht, Ulrich: »Papa, mach du!«. Eine Rückkehr nach Hoheneck, in: Schacht, Ulrich (Hg.): Hohenecker Protokolle. Aussagen zur Geschichte der politischen Verfolgung von Frauen in der DDR, Dresden 2004, S. 15–27.

Schacht, Ulrich: Annerose Matz-Donath, in: Fricke, Karl Wilhelm/Steinbach, Peter/Tuchel, Johannes (Hg.): Opposition und Widerstand in der DDR. Politische Lebensbilder, München 2002, S. 282–288.

Schirrmeister, Karl-Günter: Erziehung zum Hass. Geistige Militarisierung in der DDR, Bonn 1987.

Schlegel, Elke: 5 Monate und 24 Tage. Frauenzuchthaus Hoheneck – eine Extremerfahrung, Lahnstein 2021.

Schlicke, Birgit: Knast-Tagebuch. Erinnerungen einer politischen Gefangenen an Stasi-Haft und das Frauenzuchthaus Hoheneck, Wiesbaden 2001.

Schmidt, Angelika: November. Meine Zeit als politische Gefangene im Frauengefängnis Hoheneck, Berlin 2020.

Schnell, Gabriele: Das »Lindenhotel«. Berichte aus dem Potsdamer Geheimdienstgefängnis, Berlin 2009.

Schroeder, Klaus: Der SED-Staat. Partei, Staat und Gesellschaft 1949–1990, München 2000.

Sélitrenny, Rita: Doppelte Überwachung. Geheimdienstliche Ermittlungsmethoden in den DDR-Untersuchungshaftanstalten, Berlin 2003.

Sorger, Karin: Das Geheimnis des Glücks ist die Freiheit. Das Geheimnis der Freiheit aber ist der Mut. Der lange Weg von Ost nach West, Aachen 2016.

Staatliche Zentralverwaltung für Statistik (Hg.): Statistisches Jahrbuch der Deutschen Demokratischen Republik 1959, Berlin (Ost) 1960.

Staatliche Zentralverwaltung für Statistik (Hg.): Statistisches Jahrbuch der Deutschen Demokratischen Republik 1960/61, Berlin (Ost) 1961.

Staatliche Zentralverwaltung für Statistik (Hg.): Statistisches Jahrbuch der Deutschen Demokratischen Republik 1962, Berlin (Ost) 1962.

Staatliche Zentralverwaltung für Statistik (Hg.): Statistisches Jahrbuch der Deutschen Demokratischen Republik 1963, Berlin (Ost) 1963.

Staatliche Zentralverwaltung für Statistik (Hg.): Statistisches Jahrbuch der Deutschen Demokratischen Republik 1964, Berlin (Ost) 1964.

Staatliche Zentralverwaltung für Statistik (Hg.): Statistisches Jahrbuch der Deutschen Demokratischen Republik 1965, Berlin (Ost) 1965.

Staatliche Zentralverwaltung für Statistik (Hg.): Statistisches Jahrbuch der Deutschen Demokratischen Republik 1966, Berlin (Ost) 1966.

Staatliche Zentralverwaltung für Statistik (Hg.): Statistisches Jahrbuch der Deutschen Demokratischen Republik 1967, Berlin (Ost) 1967.

Staatliche Zentralverwaltung für Statistik (Hg.): Statistisches Jahrbuch der Deutschen Demokratischen Republik 1968, Berlin (Ost) 1968.

Staatliche Zentralverwaltung für Statistik (Hg.): Statistisches Jahrbuch der Deutschen Demokratischen Republik 1969, Berlin (Ost) 1969.

Staatliche Zentralverwaltung für Statistik (Hg.): Statistisches Jahrbuch der Deutschen Demokratischen Republik 1970, Berlin (Ost) 1970.

Staatliche Zentralverwaltung für Statistik (Hg.): Statistisches Jahrbuch der Deutschen Demokratischen Republik 1971, Berlin (Ost) 1971.

Stadtverwaltung Stollberg (Hg.): Vergittertes Schloss. Hoheneck im Wandel der Zeit, Stollberg 2002.

Stötzer, Gabriele: Die bröckelnde Festung, München 2002.

Stötzer, Gabriele: Ein Gefängnis zu verkaufen, in: Horch und Guck 36 (4/2001), S. 58–60.

Stötzer, Gabriele: Zwangsarbeitsalltag. Häftlingsarbeit in Hoheneck, in: Horch und Guck 60 (2/2008), S. 36–39.

Strafgesetzbuch der Deutschen Demokratischen Republik vom 12. Januar 1968.

Süß, Sonja: Politisch mißbraucht? Psychiatrie und Staatssicherheit in der DDR, Berlin 1998.

Szewczyk, Hans: Der Alkoholiker. Alkoholmißbrauch und Alkoholkriminalität, Jena 1979.

Szkibik, Heinz: Sozialistischer Strafvollzug. Erziehung durch Arbeit, Berlin (Ost) 1969.

Thiemann, Ellen: Der Feind an meiner Seite. Die Spitzelkarriere eines Fußballers, München 2011.

Thiemann, Ellen: Stell dich mit den Schergen gut. Für mein Kind durch die Hölle des Frauenzuchthauses Hoheneck, München 2008.

Thiemann, Ellen: Zwangsarbeit Kunst, in: Stacheldraht 2 (2017), S. 15.

Trampota, Wendelgard: Russische zehn Minuten dauern Jahre, in: Schacht, Ulrich (Hg.): Hohenecker Protokolle. Aussagen zur Geschichte der politischen Verfolgung von Frauen in der DDR, Dresden 2004, S. 80–98.

Veith, Ines: Die Frau vom Checkpoint Charlie. Der verzweifelte Kampf einer Mutter um ihre Töchter, München 2006.

Veith, Ines: Gebt mir meine Kinder zurück. Zwangsadoption in der ehemaligen DDR, München 1991.

Veith, Ines: Hoheneck. Frauen in politischer Haft. 1950–1989. Erfahrungen und Erinnerungen, Dresden 2001.

Veith, Ines: Klipp, Klapp, Holz auf Stein. Frauen in politischer Haft, Hoheneck 1950–1989, Berlin 1996.

Verwaltung Strafvollzug der Hauptverwaltung der Deutschen Volkspolizei (Hg.): Grundfragen des Strafvollzugs der DDR, in: Schriftenreihe der Deutschen Volkspolizei 10 (1960), S. 1112–1127.

Vesting, Justus: »Da habe ich gedacht, das sind lauter wandelnde Leichen«. Haftzwangsarbeit in Bitterfeld, in: Horch und Guck 60 (2/2008), S. 32–35.

Wagner, Armin / Uhl, Matthias: BND contra Sowjetarmee. Westdeutsche Militärspionage in der DDR, Berlin 2008.

Wagner, Armin: Der Fall »Antenne«. Motiv und Praxis von Spionage im Kalten Krieg, in: APuZ 18–19 (2014), S. 37–41.

Warnecke, Marie-Luise: Zwangsadoptionen in der DDR, Berlin 2009.

Weil, Francesca: Zielgruppe Ärzteschaft. Ärzte als inoffizielle Mitarbeiter des Ministeriums für Staatssicherheit, Göttingen 2008.

Wentker, Hermann: Justiz in der SBZ/DDR 1945–1953. Transformation und Rolle ihrer zentralen Institutionen, München 2001.

Werkentin, Falco: Politische Strafjustiz in der Ära Ulbricht, Berlin 1995.

Werkentin, Falco: Zur Dimension politischer Inhaftierung in der DDR 1949–1989, in: Müller, Klaus-Dieter/Stephan, Annegret (Hg.): Die Vergangenheit lässt uns nicht los. Haftbedingungen politischer Gefangener in der SBZ/DDR und deren gesundheitliche Folgen, Berlin 1998, S. 139–152.

Werl, Rosel: Damit sie nicht vergessen sind. Von Sowjetischen Militärtribunalen verurteilt – in Hoheneck gestorben, in: Stacheldraht 8 (2011), S. 13–14.

Windmüller, Joachim: Ohne Zwang kann der Humanismus nicht existieren. Asoziale in der DDR, Frankfurt am Main 2006.

Wölbern, Jan-Philipp: Der Häftlingsfreikauf aus der DDR 1962/63–1989. Zwischen Menschenhandel und humanitären Aktionen, Göttingen 2014.

Wunschik, Tobias: »Volkspolizei und Staatssicherheit«, in: Engelmann, Roger (Hg.): Das MfS-Lexikon. Begriffe, Personen und Strukturen der Staatssicherheit der DDR, Berlin 2011, S. 321–324.

Wunschik, Tobias: »Zinker« und »Zellenrutscher«. Die Inoffiziellen Mitarbeiter der Staatssicherheit im Strafvollzug der DDR, in: Horch und Guck 11 (4/2003), S. 61–70.

Wunschik, Tobias: Das »Organ Strafvollzug« im Ministerium des Inneren der DDR, in: Timmermann, Heiner (Hg.): Die DDR – Politik und Ideologie als Instrument, Berlin 1999, S. 489–505.

Wunschik, Tobias: Der politische Strafvollzug der DDR. Ein »deutscher Sonderweg« im »Jahrhundert der Lager«?, in: Klewin, Silke / Reinke, Herbert / Sälter, Gerhard (Hg.): Hinter Gittern. Zur Geschichte der Inhaftierung zwischen Bestrafung, Besserung und politischen Ausschluss vom 18. Jahrhundert bis zur Gegenwart, Leipzig 2010, S. 193–217.

Wunschik, Tobias: Der Strafvollzug als Aufgabe der Deutschen Volkspolizei in den fünfziger Jahren, in: Archiv für Polizeigeschichte 3 (1997), S. 74–91.

Wunschik, Tobias: Die Haftanstalt Bützow-Dreibergen und die Staatssicherheit in den fünfziger und sechziger Jahren, in: Politische Memoriale e.V. Mecklenburg-Vorpommern (Hg.): Beiträge zur Geschichte des Strafvollzugs und der politischen Strafjustiz in Mecklenburg-Vorpommern, Rostock 2006, S. 135–147.

Wunschik, Tobias: Ein Regenmantel für Dertinger. Das instabile »Tauwetter« im Gefängniswesen der DDR, in: Engelmann, Roger / Großbölting, Thomas / Wentker, Hermann (Hg.): Kommunismus in der Krise. Die Entstalinisierung 1956 und die Folgen, Göttingen 2008, S. 297–325.

Wunschik, Tobias: Hauptabteilung VII. Ministerium des Innern, Deutsche Volkspolizei (Anatomie der Staatssicherheit. Geschichte – Struktur – Methoden. MfS-Handbuch), Berlin 2009.

Wunschik, Tobias: Hinter doppelten Mauern. Die Gefängnisse der DDR nach dem 13. August 1961, in: Timmermann, Heiner (Hg.): Die DDR zwischen Mauerbau und Mauerfall, Münster 2003, S. 557–574.

Wunschik, Tobias: Knastware für den Klassenfeind. Häftlingsarbeit in der DDR, der Ost-West-Handel und die Staatssicherheit (1970–1989), Göttingen 2014.

Wunschik, Tobias: Primat der Erziehung oder der Ökonomie? Der Arbeitseinsatz von Gefangenen in der DDR, in: Orte der Verwahrung. Die innere Organisation von Gefängnissen, Hospitälern und Klöstern seit dem Spätmittelalter, Leipzig 2010, S. 149–166.

Wunschik, Tobias: Selbstbehauptung und politischer Protest von Gefangenen im DDR-Strafvollzug, in: Neubert, Ehrhart/ Eisenfeld, Bernd (Hg.): Macht – Ohnmacht – Gegenmacht. Grundfragen zur politischen Gegnerschaft in der DDR, Bremen 2001, S. 267–292.

Zeng, Matthias: »Asoziale« in der DDR. Transformationen einer moralischen Kategorie, Münster 2000.

Zimmermann, Verena: »Den neuen Menschen schaffen«. Die Umerziehung von schwererziehbaren und straffälligen Jugendlichen in der DDR (1945–1990), München 2000.

Zolondek, Juliane: Lebens- und Haftbedingungen im deutschen und europäischen Frauenstrafvollzug, Mönchengladbach 2007.